Ensayo

Economía

Michael J. Sandel (Minneapolis, 1953) ocupa la cátedra Anne T. y Robert M. Bass de ciencias políticas en la Universidad de Harvard y es uno de los autores de referencia en el ámbito de la filosofía política, galardonado con el Premio Princesa de Asturias de Ciencias Sociales (2018). La clase sobre justicia que imparte en Harvard desde hace dos décadas es la más popular de la universidad. De sus numerosas obras se han publicado en castellano *El liberalismo y los límites de la justicia* (2000), *Contra la perfección* (2007), *Filosofía pública: ensayos sobre moral en política* (2008), *Justicia* (2011), *¿Hacemos lo que debemos?* (2011), *Lo que el dinero no puede comprar* (2012) y *La tiranía del mérito* (2020). Vive en Brookline, Massachusetts.

Michael J. Sandel

Lo que el dinero no puede comprar
Los límites morales del mercado

Traducción de
Joaquín Chamorro Mielke

DEBOLS!LLO

Título original: *What Money Can't Buy*

Primera edición en Debolsillo: marzo de 2019
Quinta reimpresión: marzo de 2022

© 2012, Michael J. Sandel
© 2013, 2019, Penguin Random House Grupo Editorial, S. A. U.
Travessera de Gràcia, 47-49. 08021 Barcelona
© 2013, Joaquín Chamorro Mielke, por la traducción
Diseño de la cubierta: Penguin Random House Grupo Editorial / Sergi Bautista
Fotografía de la cubierta: © Charlie Dean / Getty Images
Fotografía del autor: © Kiku Adatto

Printed in Spain – Impreso en España

ISBN: 978-84-663-4809-6
Depósito legal: B-2.139-2019

Impreso en Prodigitalk, S. L.

P 34809 B

Para Kiku, con amor

Índice

Introducción: mercados y moralidad

Hay algunas cosas que el dinero no puede comprar, pero en nuestros días no son muchas. Hoy casi todo se pone en venta. He aquí unos pocos ejemplos:

- *Una celda más cómoda dentro de una prisión: 82 dólares por noche.* En Santa Ana, California, y en otras ciudades, los delincuentes no violentos pueden pagar por un espacio mejor: una celda limpia, tranquila y alejada de las de los presos que no pueden pagarla.[1]
- *Acceso al carril especial si se conduce solo: 8 dólares en hora punta.* Mineápolis y otras ciudades intentan poner solución a las retenciones de tráfico ofreciendo a los conductores que viajan solos pagar por conducir por estos carriles despejados con tarifas que varían según la densidad del tráfico.[2]
- *Vientres de alquiler de mujeres indias: 6.250 dólares.* Cada vez más parejas occidentales recurren a madres de alquiler que se ofrecen en la India, donde esta práctica es legal y el precio menor de un tercio del que se paga en Estados Unidos.[3]
- *Derecho a emigrar a Estados Unidos: 500.000 dólares.* Los extranjeros que inviertan 500.000 dólares y creen como mínimo diez puestos de trabajo en una zona de elevado desempleo reciben una tarjeta verde que los hace titulares de un permiso de residencia permanente.[4]
- *Derecho a cazar un rinoceronte negro en peligro de extinción: 150.000 dólares.* Sudáfrica ha empezado a conceder a algunos

hacendados permisos para vender a cazadores el derecho a matar un número limitado de rinocerontes con el fin de que los hacendados tengan un incentivo para mantener y proteger la especie amenazada.[5]

- *El número de teléfono móvil de su médico: 1.500 o más dólares al año.* Un número creciente de médicos personales ofrecen su número de teléfono móvil y citas en el mismo día a pacientes dispuestos a pagar sumas anuales que van de 1.500 a 25.000 dólares.[6]

- *Derecho a emitir a la atmósfera una tonelada de dióxido de carbono: 13 euros.* En la Unión Europea funciona un mercado de emisiones de carbono que permite a las compañías comprar y vender el derecho a contaminar el aire.[7]

- *Admisión de su hijo en una universidad prestigiosa.* Aunque no se indica el importe, funcionarios de algunas prestigiosas universidades contaron a *The Wall Street Journal* que aceptan a estudiantes no muy brillantes cuyos padres sean personas adineradas y estén dispuestos a hacer sustanciales contribuciones económicas.[8]

No todo el mundo puede permitirse comprar estas cosas. Pero hoy existen múltiples maneras nuevas de hacer dinero. Si usted necesita ganar dinero extra, se le ofrecen algunas posibilidades innovadoras:

- *Alquilar un espacio de su frente (o de otra parte de su cuerpo) para exhibir publicidad comercial: 777 dólares.* Air New Zealand contrató a treinta personas que debían rasurar sus cabezas y llevar tatuajes temporales con este eslogan: «¿Buscando una oportunidad? Ponga rumbo a Nueva Zelanda».[9]

- *Hacer de cobaya humana con el fin de probar la seguridad de una nueva sustancia para una compañía farmacéutica: 7.500 dólares.* Se puede cobrar más o menos, dependiendo de lo invasivo que pueda ser el procedimiento para probar el efecto de la sustancia y del malestar que pueda ocasionar.[10]

- *Combatir en Somalia o en Afganistán para una compañía militar privada: de 250 dólares al mes a 1.000 dólares al día.* El pago varía según la cualificación, la experiencia y la nacionalidad.[11]

- *Hacer cola toda una noche ante el Congreso de Estados Unidos para guardar el sitio a un miembro de un* lobby *que desea asistir a una sesión del Congreso: 15-20 dólares la hora.* Este paga a una empresa dedicada a este menester que alquila a personas sin hogar o en otras situaciones para estar en la cola.[12]

- *Si estás en segundo grado en un colegio de bajo rendimiento escolar, lee un libro: 2 dólares.* Para animar a la lectura, los colegios pagan a los niños por cada libro leído.[13]

- *Si usted es obeso, pierda seis kilos en cuatro meses: 378 dólares.* Compañías y seguros médicos ofrecen incentivos económicos para perder peso y adoptar hábitos saludables.[14]

- *Compre el seguro de vida de una persona enferma o anciana, pague las primas anuales mientras esté viva y luego obtenga los beneficios del seguro cuando fallezca: potencialmente millones (dependiendo de la póliza).* Esta forma de apostar sobre vidas de extraños se ha convertido en una industria que mueve 30.000 millones. Cuanto antes muera el extraño, mejor para el inversor.[15]

Vivimos en una época en que casi todo puede comprarse o venderse. A lo largo de las últimas tres décadas, los mercados, y los mercados de valores, han llegado a gobernar nuestras vidas como nunca antes lo habían hecho. Y esta situación no es algo que hayamos elegido deliberadamente. Es algo que casi se nos ha echado encima.

Cuando terminó la guerra fría, los mercados y el pensamiento mercantil gozaba de un prestigio sin igual. Ningún otro mecanismo para organizar la producción y distribución de bienes había demostrado tanta eficacia en generar bienestar y prosperidad. Pero desde que un número creciente de países de todo el mundo ha aceptado los mecanismos del mercado en el funcionamiento de sus economías, algo ha venido sucediendo. Los valores del mercado empezaron entonces a desempeñar un papel cada vez mayor en la vida social. Y la economía fue convirtiéndose en un dominio de dimensiones imperiales. En la actualidad, la lógica del comprar y vender no se aplica solo a los bienes materiales, sino que gobierna cada vez más otros aspectos de la vida. Es hora de preguntarse si queremos vivir de esta manera.

LA ERA DEL TRIUNFALISMO DEL MERCADO

Los años que condujeron a la crisis financiera de 2008 fueron los de un vertiginoso período de fe en el mercado y de desregulación. La era comenzó a principios de la década de 1980, cuando Ronald Reagan y Margaret Thatcher proclamaron su convicción de que los mercados, no los gobiernos, tenían la llave de la prosperidad y la libertad. Y continuó en la década de 1990 con el liberalismo favorable a los mercados de Bill Clinton y Tony Blair, que moderaron, pero consolidaron, la fe en los mercados como medio fundamental para lograr el bien común.

Ahora, esta fe suscita dudas. La era del triunfalismo del mercado ha tocado a su fin. La crisis financiera hizo más que poner en duda la capacidad de los mercados para repartir el riesgo de manera razonable. También extendió la sensación de que los mercados se han alejado de la moral y de que necesitamos algún modo de recuperarla. Pero lo que esto signifique, o el modo en que debamos hacerlo, no es algo obvio.

Hay quien dice que la falta de moral en el corazón del triunfalismo del mercado se debe a la codicia, la cual incita a asumir riesgos de manera irresponsable. La solución sería, de acuerdo con este punto de vista, frenar la codicia, exigir una integridad y una responsabilidad mayores a los banqueros y los ejecutivos de Wall Street y establecer regulaciones sensatas para que no vuelva a producirse una crisis similar.

Este es como mucho un diagnóstico parcial. Aunque es cierto que la codicia tuvo algo que ver en la crisis financiera, hubo otra cosa que jugó un papel mayor. El cambio más funesto que se produjo durante las últimas tres décadas no fue un aumento de la codicia. Fue la expansión de los mercados, y de los mercados de valores, hacia esferas de la vida a las que no pertenecen.

Para afrontar esta situación necesitamos hacer algo más que arremeter contra la codicia; necesitamos repensar el papel que los mercados deben desempeñar en nuestra sociedad. Necesitamos un debate público acerca de lo que pueda significar mantener a los mercados en su sitio. Y para este debate necesitamos reflexionar sobre los límites morales del mercado. Necesitamos preguntarnos si hay ciertas cosas que el dinero no debe comprar.

La intromisión de los mercados, y del pensamiento orientado a los mercados, en aspectos de la vida tradicionalmente regidos por normas no mercantiles es uno de los hechos más significativos de nuestro tiempo.

Considérese la proliferación de colegios, hospitales y prisiones concebidos como instituciones lucrativas y el recurso en la guerra a contratistas militares privados. (En Irak y Afganistán, los contratistas privados superaron en número a las compañías militares estadounidenses.)[16]

Considérese el eclipse de las fuerzas policiales públicas por las empresas de seguridad privadas, especialmente en Estados Unidos y Gran Bretaña, donde el número de guardias de seguridad supera en más del doble al de oficiales de la policía pública.[17]

O considérese el agresivo marketing de las compañías farmacéuticas que invitan a consumir sus medicamentos en los países ricos. (Si el lector ha visto alguna vez los anuncios de televisión en las noticias de la tarde en Estados Unidos, se le podrá perdonar que haya pensado que la mayor crisis sanitaria del mundo no es la ocasionada por la malaria, o la oncocercosis, o la enfermedad del sueño, sino por la epidemia rampante de disfunción eréctil.)

Considérese también el alcance de la publicidad comercial en los colegios públicos, la venta de «derechos de denominación» a parques y espacios públicos, el marketing de óvulos y esperma «a la carta» en la reproducción asistida, el recurso a las madres de alquiler en países en vías de desarrollo, la compra y la venta, por compañías y países, del derecho a contaminar, o el sistema de financiación de campañas que casi permite la compra y la venta de resultados electorales.

Estos usos mercantiles en los ámbitos de la salud, la educación, la seguridad pública, la seguridad nacional, la justicia penal, la protección medioambiental, el ocio, la procreación y otros bienes sociales habrían resultado inauditos para la mayoría de la gente hace treinta años. Hoy nos hemos acostumbrado a ellos.

TODO EN VENTA

¿Por qué nos preocupa que vayamos hacia una sociedad en la que todo está en venta?

Por dos motivos: uno es la producción de desigualdad, y el otro la corrupción. Consideremos la desigualdad. En una sociedad en la que todo está en venta, la vida resulta difícil para las personas con recursos modestos. Cuantas más cosas puede comprar el dinero, más importancia adquiere la abundancia (o su ausencia).

Si la única ventaja de la abundancia fuese la posibilidad de comprar yates y coches deportivos o de disfrutar de vacaciones de lujo, las desigualdades en ingresos y en riqueza no importarían mucho. Pero cuando el dinero sirve para comprar más y más cosas —influencia política, cuidados médicos, una casa en una urbanización segura y no en un barrio donde la delincuencia campa a sus anchas, el acceso a colegios de élite y no a los que cargan con el fracaso escolar—, la distribución de ingresos y de riqueza cuenta cada vez más. Donde todas las cosas buenas se compran y se venden, tener dinero supone la mayor de las diferencias.

Esto explica por qué las últimas décadas han sido particularmente duras para las familias pobres y las de clase media. No solo se ha ensanchado la brecha entre ricos y pobres, sino que la mercantilización de todo ha abierto aún más la herida de la desigualdad al hacer que el dinero adquiera más importancia.

El segundo motivo de que no nos guste que todo se ponga en venta es más difícil de describir. No es la desigualdad o la justicia lo que aquí nos preocupa, sino la tendencia corrosiva de los mercados. Poner un precio a las cosas buenas de la vida puede corromperlas. Porque los mercados no solo distribuyen bienes, sino que también expresan y promueven ciertas actitudes respecto a las cosas que se intercambian. Pagar a niños por leer libros podrá hacer que lean más, pero también les enseña a ver en la lectura una tarea más que una fuente de satisfacción en sí. Adjudicar plazas para el primer curso escolar al mejor postor podrá incrementar los beneficios del colegio, pero también mina su integridad y el valor de su diploma. Contratar mercenarios extranjeros para que combatan en nuestras guerras podrá ahorrar vidas de nuestros ciudadanos, pero corrompe el significado de ciudadanía.

Los economistas a menudo dan por supuesto que los mercados son inertes, que no afectan a los bienes intercambiados. Pero esto no es cierto. Los mercados dejan su marca. En ocasiones, los valores mercantiles desplazan a valores no mercantiles que merecen ser protegidos.

Naturalmente, la gente no está de acuerdo sobre qué valores merecen protegerse y por qué. Así, para decidir cuánto dinero estaríamos o no estaríamos dispuestos a pagar, hemos de decidir qué valores deberían establecerse para los diversos ámbitos de la vida social y cívica. Cómo entender esto es de lo que trata este libro.

He aquí un adelanto de la respuesta que espero poder ofrecer: cuando decidimos que ciertos bienes pueden comprarse y venderse, decidimos, al menos de manera implícita, si es apropiado tratarlos como mercancías, como instrumentos de provecho y de uso. Pero no todos los bienes se valoran propiamente de esta manera.[18] El ejemplo más obvio son los seres humanos. La esclavitud fue tan atroz porque trataba a las personas como mercancías que podían comprarse y venderse en subastas. Este trato no puede valorar adecuadamente a los seres humanos; como seres merecedores de dignidad y respeto, y no como instrumentos de ganancias y objetos de uso.

Algo similar puede decirse de otros bienes y prácticas que merecen respeto. No permitimos que haya un mercado en el que se compren y vendan niños. Aunque los compradores no maltraten a los niños comprados, un mercado de niños expresaría y fomentaría una forma falsa de valorarlos. Los niños no son percibidos como bienes de consumo, sino como seres dignos de amor y protección. O considérense los derechos y las obligaciones de la ciudadanía. Si se nos llama a formar parte de un jurado, no podemos pagar a un sustituto para que ocupe nuestro puesto. Ni permitimos que los ciudadanos vendan su voto aunque otros estén deseosos de comprarlo. ¿Por qué no? Porque creemos que los deberes cívicos no deben considerarse asuntos privados, sino que han de contemplarse como responsabilidades públicas. Adquirirlos es degradarlos, valorarlos falsamente.

Estos ejemplos ilustran un tema más amplio: algunas de las cosas buenas de la vida son corrompidas o degradadas si las convertimos en mercancías. Así, para decidir cuál es el sitio del mercado y cómo mantenerlo a distancia, hemos de decidir cómo valorar los bienes en cuestión —salud, educación, vida familiar, naturaleza, arte, deberes cívicos, etcétera—. Se trata de cuestiones políticas, no meramente económicas. Para resolverlas, tenemos que debatir, caso por caso, el significado moral de estos bienes y la manera adecuada de valorarlos.

Este es un debate que no tuvimos durante la era del triunfalismo del mercado. Y el resultado fue que sin darnos cuenta, sin decidirlo, pasamos de *tener* una economía de mercado a *ser* una sociedad de mercado.

La diferencia es esta: una economía de mercado es una herramienta —una herramienta valiosa y eficaz— para organizar la actividad productiva. Una sociedad de mercado es una manera de vivir en la que los valores mercantiles penetran en cada aspecto de las actividades humanas. Es un lugar donde las relaciones sociales están hechas a imagen del mercado.

El gran debate obviado en la política contemporánea tiene por asunto el papel y el alcance de los mercados. ¿Queremos una economía de mercado o una sociedad de mercado? ¿Cuál debería ser el papel de los mercados en la vida pública y en las relaciones personales? ¿Cómo podemos decidir qué bienes pueden comprarse y venderse y cuáles otros deben ser gobernados por valores no mercantiles? ¿Dónde no debe mandar el dinero?

INTRODUCCIÓN: MERCADOS Y MORALIDAD

Estas son las cuestiones que el presente libro quiere plantear. Dado que estas cuestiones tocan concepciones controvertidas de la sociedad y la vida buenas, no puedo prometer respuestas definitivas. Pero espero al menos provocar la discusión pública sobre estas cuestiones y proporcionar un marco filosófico para pensarlas.

REPENSANDO EL PAPEL DE LOS MERCADOS

Aunque el lector esté de acuerdo en que necesitamos lidiar con grandes cuestiones acerca de la moralidad de los mercados, puede que dude de que nuestro discurso público sirva de algo. Es una preocupación legítima. Cualquier intento de repensar el papel y el alcance de los mercados debería empezar reconociendo la existencia de dos obstáculos desalentadores.

Uno es la persistencia del poder y el prestigio del pensamiento mercantil incluso después del mayor fracaso del mercado en los años ochenta. El otro es el rencor y el vacío del discurso público. Estos dos hechos no son del todo independientes el uno del otro.

El primer obstáculo es desconcertante. La crisis financiera de 2008 se vio entonces comúnmente como un veredicto contra el acogimiento acrítico a los mercados que había prevalecido durante tres décadas en todo el espectro político. El consiguiente colapso de las entonces poderosas firmas financieras de Wall Street y la necesidad de un rescate masivo a expensas de los contribuyentes parecía que iban a inducir a una reconsideración de los mercados. Incluso Alan Greenspan, que como presidente de la Reserva Federal estadounidense había oficiado de sumo sacerdote de la fe en el triunfo del mercado, reconoció hallarse en «un horrorizado estado de incredulidad» y que su confianza en la capacidad de los libres mercados para autocorregirse había sido una equivocación.[19] La portada de *The Economist*, la optimista revista británica favorable a los mercados, mostró un manual de economía hundido en un charco bajo este titular: QUÉ ES LO QUE HA FALLADO EN LA CIENCIA ECONÓMICA.[20]

La era del triunfalismo del mercado ha tenido un efecto devastador. En este momento tendría que haber llegado la hora del juicio moral, de iniciar una temporada de serenas reflexiones sobre la fe en el mercado. Pero las cosas no han ido por este camino.

El espectacular fracaso de los mercados financieros poco hizo por deshinchar la fe general en ellos. De hecho, la crisis financiera desacreditó al gobierno más que a los bancos. En 2011, las encuestas revelaron que el público estadounidense culpaba al gobierno federal más que a las instituciones financieras de Wall Street de los problemas económicos a que se enfrentaba el país, con una diferencia de más de dos a uno.[21]

La crisis financiera ha dejado a Estados Unidos y a buena parte de la economía global en la peor situación económica desde la Gran Depresión, y a millones de personas sin trabajo. Sin embargo, no ha incitado a una reconsideración fundamental de los mercados. En vez de ello, su consecuencia política más notable en Estados Unidos ha sido el movimiento del Tea Party, cuya hostilidad hacia el gobierno y querencia por el libre mercado habrían hecho ruborizarse a Ronald Reagan. En la primavera de 2011, el movimiento Ocupa Wall Street extendió sus protestas a muchas ciudades de Estados Unidos y alrededor del mundo. Estas protestas iban dirigidas contra los grandes bancos y el poder empresarial, e insistían en la creciente desigualdad en salarios y en riqueza. A pesar de sus diferentes orientaciones ideológicas, tanto los activistas del Tea Party como los de Ocupa Wall Street dieron voz a la indignación popular por los rescates.[22]

A pesar de estas voces de protesta, el debate serio sobre el papel y el alcance de los mercados sigue estando casi ausente en nuestra vida política. Demócratas y republicanos discuten, como vienen haciendo desde hace largo tiempo, sobre impuestos, gastos y déficits presupuestarios, solo que ahora con mayor partidismo y poca aptitud para inspirar o persuadir. La desilusión con la política se ha hecho más profunda debido a que los ciudadanos se sienten cada vez más frustrados por un sistema político incapaz de actuar por el bien público o de tratar las cuestiones que más importan.

Este lamentable estado del discurso público es el segundo obstáculo para un debate sobre los límites morales del mercado. En un momento en que el argumento político consiste principalmente en hablar a gritos en la televisión por cable, verter la ponzoña partidista en las tertulias de la radio y excitar las disensiones ideológicas en los pasillos del Congreso, es difícil imaginar un debate público razonado sobre estas controvertidas cuestiones morales como la única manera de valorar la procreación, la infancia, la educación, la salud, el medio ambiente, la ciudadanía y otros bienes. Pero creo que este debate es posible, y también que daría vigor a nuestra vida pública.

Algunos ven en nuestra política rencorosa un exceso de convicción moral: son demasiados los que creen profundamente, y lo expresan con vehemencia, en sus propias convicciones y quieren imponerlas a los demás. Pienso que se trata de una mala interpretación de nuestra difícil situación. El problema de nuestra política no es el exceso de argumentos morales, sino su defecto. Nuestra política está recalentada porque es en su mayor parte inane y vacía de todo contenido moral y espiritual. No se compromete en cuestiones de calado, que son las que preocupan a la gente.

El vacío moral de la política contemporánea tiene diversos orígenes. Uno es el intento de desterrar del discurso público toda noción de la vida buena. Con la esperanza de evitar las luchas sectarias, a menudo insistimos en que los ciudadanos dejen atrás sus convicciones morales y espirituales cuando entren en el ámbito público. Pero, a pesar de su buena intención, la reluctancia a admitir en la política argumentos sobre la vida buena prepararon el camino al triunfalismo del mercado y a la continuidad del razonamiento mercantil.

El razonamiento mercantil vacía también, a su particular manera, la vida pública de argumentos morales. Parte del atractivo de los mercados estriba en que no emiten juicios sobre las preferencias que satisfacen. No se preguntan si ciertas maneras de valorar bienes son más nobles o más dignas que otras. Si alguien está dispuesto a pagar por sexo o un riñón, y un adulto consiente en vendérselo, la única pregunta que el economista hace es: «¿Cuánto?». Los mercados no reprueban nada. No discriminan entre las preferencias admirables y las bajas. Cada parte del contrato decide qué valor darles a las cosas intercambiadas.

Esta actitud de abstención de todo juicio relativo a valores está en el corazón del razonamiento mercantil y explica gran parte de su atractivo. Pero nuestra reluctancia a emplear argumentos morales y espirituales, junto con nuestra aceptación de los mercados, nos ha hecho pagar un alto precio: ha drenado el discurso público de toda energía moral y cívica, y ha contribuido a la política tecnocrática, de mera gestión, que hoy aqueja a muchas sociedades.

Un debate sobre los límites morales del mercado nos permitiría determinar, como sociedad, cuándo los mercados sirven al público y dónde no están en su sitio. Infundiría nuevo vigor a nuestra política al dar la bienvenida en el ámbito público a ideas discrepantes sobre la vida buena. ¿Por qué vías podrían discurrir los argumentos? Si estamos de acuerdo en que comprar y vender ciertos bienes los corrompe o los degrada, entonces hemos de creer que determinadas maneras de valorar esos bienes son más apropiadas que otras. Difícilmente tendría algún sentido hablar de corromper una actividad —la de la paternidad o la de la ciudadanía, por ejemplo— si no pensásemos que determinadas maneras de ser padre o ser ciudadano son mejores que otras.

Juicios morales como estos están detrás de las pocas limitaciones que observamos en los mercados. No permitimos que los padres vendan a sus hijos o que los ciudadanos vendan sus votos. Y una de las razones por las que no lo permitimos es, francamente, de orden moral: creemos que vender estas cosas las valora falsamente y cultiva actitudes perversas.

Pensar los límites morales del mercado hace inevitables estas cuestiones. Requiere que razonemos juntos y en público sobre cómo valorar los bienes sociales que tenemos en gran aprecio. Sería una estolidez esperar de un discurso público moralmente más vigoroso, aun en el mejor de los casos, un acuerdo sobre cada cuestión debatida. Pero contribuiría a una vida pública más sana. Y nos haría más conscientes del precio que pagamos por vivir en una sociedad donde todo se vende.

Cuando pensamos en la moralidad de los mercados, pensamos en primer lugar en los bancos de Wall Street y sus irresponsables manejos, en fondos y rescates protegidos y en la reforma reguladora. Pero el reto moral y político a que hoy nos enfrentamos es más profundo y más mundano: repensar el papel y el alcance de los mercados en nuestras prácticas sociales, en nuestras relaciones humanas y en la vida cotidiana.

1

Cómo librarse de las colas

A nadie le gusta esperar en una cola. Pero hay ocasiones en que podemos pagar por librarnos de la cola. Desde hace mucho tiempo sabemos que en los restaurantes de lujo una buena propina recibida por el *maître* puede abreviar la espera en una noche muy concurrida. Estas propinas son casi sobornos, y se dan con discreción. Ningún letrero en la ventana anuncia plaza al instante para todo aquel que esté dispuesto a deslizarle al encargado un billete de cincuenta dólares. Sin embargo, en los últimos años la venta del derecho a abreviar la espera ha salido de las sombras para aparecer como una práctica común.

LA VÍA RÁPIDA

Las largas colas ante los controles de seguridad de los aeropuertos hacen que los viajes en avión sean una dura prueba. Quienes adquieren un billete de primera clase o clase business pueden utilizar pasillos de prioridad que los conducen a la cabeza de la cola para la revisión de equipajes. British Airways llama a esto Fast Track, un servicio que también permite a los pasajeros de primera evitar la cola del control de pasaportes y de inmigración.[1]

Pero la mayoría de las personas no pueden permitirse volar en primera clase, por lo que las líneas aéreas han empezado a ofrecer a los pasajeros de tercera la posibilidad de comprar el privilegio de librarse de las colas en un servicio *à la carte*. Pagando 39 dólares más,

United Airlines vende embarques de prioridad para los vuelos de Denver a Boston con el derecho a saltarse la cola del control de seguridad. En Gran Bretaña, el Luton Airport de Londres ofrece otra opción más asequible de ir por la vía rápida: esperar en la larga cola de seguridad o pagar 3 libras por colocarse en la cabeza de la cola.[2]

Los detractores dicen que la posibilidad de adelantarse en el control de seguridad del aeropuerto no debería estar permitida. Los controles de seguridad, argumentan, son asunto de la defensa nacional, no un servicio como el del espacio extra para las piernas o los privilegios del embarque anticipado; las molestias que causa la tarea de evitar la presencia de terroristas en los aparatos deben sufrirlas todos los pasajeros por igual. Las líneas aéreas responden que someten a todo el mundo al mismo nivel de control, y que solo la espera varía cuando se paga. Como todos los pasajeros pasan por el escáner corporal, sostienen, una espera más breve en la cola de seguridad es una comodidad que ellos son libres de pagarse.[3]

Los parques de atracciones también han empezado a vender el derecho a saltarse la cola. Tradicionalmente, sus visitantes podían pasarse horas enteras esperando en la cola para disfrutar de las atracciones más populares. Ahora, Universal Studios Hollywood y otros parques temáticos ofrecen una manera de evitar la espera: por el doble del importe de la entrada normal ofrecen un pase que nos permite ir hasta la cabeza de la cola. En el acceso rápido a la terrorífica atracción de la Venganza de la Momia habrá menos carga moral que en el acceso privilegiado al control de seguridad de los aeropuertos, pero algunos observadores lamentan la práctica, que consideran igual de corrosiva de los hábitos cívicos sanos: «Atrás quedan los días en que la cola del parque temático era la gran igualadora, en la que toda familia que disfrutaba de horas de ocio esperaba democráticamente a que le llegara su turno»,[4] escribió un comentarista.

Es interesante que los parques de atracciones a menudo oculten los privilegios especiales que venden. Para evitar ofender a los clientes normales, algunos parques conducen a los clientes de primera hacia puertas traseras y entradas aparte; otros proporcionan un acompañante que, colocado en la cola, permite a los clientes VIP acortarla.

Esta necesidad de discreción sugiere que pagar por saltarse la cola conlleva —incluso en un parque de atracciones— la incómoda sensación de que lo justo es que uno espere su turno. Pero esta reticencia no se da en la taquilla online de los Estudios Universal, que por 149 dólares ofrece el pase a la cabeza de la cola con inequívoca franqueza: «Colóquese EN PRIMERA FILA en todos los aparatos, espectáculos y atracciones».[5]

Si al lector le abruma lo que sucede en las colas de los parques de atracciones, puede optar por una vista turística tradicional como la que ofrece el Empire State Building. Por 22 dólares (16 para los niños) puede subir con el ascensor hasta el observatorio de la planta ochenta y seis y disfrutar de una vista espectacular de la ciudad de Nueva York. Desafortunadamente, el lugar atrae a varios millones de visitantes al año, y la espera ante el ascensor a veces puede durar horas. Por eso, el Empire State Building ofrece ahora su propia vía rápida. Cuarenta y cinco dólares por persona es el precio de un *express pass* que permite acortar las colas: la del control de seguridad y la del ascensor. Los 180 dólares que tiene que desembolsar una familia de cuatro miembros pueden parecer un precio excesivo por subir rápidamente hasta la planta ochenta y seis. Pero como dice la página web donde es posible sacar el tíquet, el pase exprés es «una oportunidad fantástica» para «pasar la mayor parte de su tiempo en Nueva York —y en el Empire State Building— evitando colas y yendo derecho a las grandes vistas».[6]

CARRIL LEXUS

La moda de la vía rápida puede observarse también en las autopistas de Estados Unidos. Cada vez más, los que las utilizan para acudir al trabajo pueden comprar la posibilidad de evitar el tráfico denso y conducir velozmente por un carril exprés. Esta práctica comenzó en los años ochenta con los carriles especiales. Muchos estados crearon carriles exprés para conductores dispuestos a compartir el viaje con la esperanza de reducir las retenciones y la contaminación atmosférica. Los conductores solitarios sorprendidos usando los carriles especiales llevaban en sus coches grandes alerones. Algunos colocaban muñecas hinchables en el asiento del copiloto con la esperanza de engañar a las patrullas de tráfico. En un episodio de la comedia televisiva *Curb Your Enthusiasm*, Larry David utiliza una ingeniosa manera de comprar el acceso a uno de estos carriles: al encontrarse en medio de un denso tráfico cuando se dirige a presenciar un partido de béisbol de los Dodgers, paga a una prostituta... no para tener sexo con ella, sino para poder conducir su coche hacia el estadio. Y, efectivamente, el carril especial le permite llegar allí a tiempo para presenciar el primer lanzamiento.[7]

Hoy muchos conductores pueden hacer lo mismo sin necesidad de llevar un pasajero. Por una suma de hasta 10 dólares, los conductores solitarios pueden comprar el derecho a usar estos carriles en horas punta. San Diego, Mineápolis, Houston, Denver, Miami, Seattle y San Francisco son algunas de las ciudades que ahora venden el derecho a un desplazamiento más rápido. El peaje varía según el estado del tráfico; cuanto más denso, más elevado es el precio. (En la mayoría de los sitios, los coches con dos o más ocupantes todavía pueden usar gratis los carriles exprés.) En la Riverside Freeway, al este de Los Ángeles, el tráfico en horas punta avanza a 25-35 km/h en los carriles normales, mientras que los conductores que usan el carril exprés corren a 95-105 km/h.[8]

Algunas personas ponen objeciones a la idea de comprar el derecho a saltarse la cola. Arguyen que la proliferación de sistemas de vía rápida amplía las ventajas de la opulencia y deja al pobre al final de la cola. Quienes se oponen a los carriles exprés los llaman «carriles Lexus», y dicen que son injustos con los conductores de recursos modestos. Otros no están de acuerdo. Aducen que no hay nada malo en cobrar por un servicio más rápido. Federal Express cobra un recargo por el reparto nocturno. La tintorería local cobra un dinero extra por el servicio en el mismo día. Pero a nadie le parece injusto que FedEx le entregue su paquete, o la tintorería le lave sus camisas, antes que a otros.

Para un economista, las largas colas para adquirir bienes o usar servicios son antieconómicas e ineficientes, una señal de que el sistema de precios ha fallado en equilibrar la oferta y la demanda. Permitir que la gente pague por un servicio más rápido en aeropuertos, parques de atracciones o autopistas mejora la eficiencia económica al dejar que ella ponga precio a su tiempo.

EL NEGOCIO DE LAS COLAS

Donde no se nos permite pagar por ponernos en la cabeza de la cola, podemos a veces pagar a alguien que se ponga a ella por nosotros. Cada verano, el Teatro Público de la ciudad de Nueva York representa obras de Shakespeare al aire libre en Central Park. Las entradas para las funciones de la tarde se despachan a la 1 h p.m., y la cola para adquirirlas se forma horas antes. En 2010, cuando Al Pacino hizo de Shylock en *El mercader de Venecia*, la demanda de entradas fue particularmente elevada.

Muchos neoyorquinos quisieron ver la representación, pero no encontraron tiempo para esperar en la cola. Cuando el *New York Daily News* difundió la noticia, este problema había generado una industria artesanal: gente ofreciéndose a esperar en la cola para que los dispuestos a pagar por ello se asegurasen sus entradas. Estos guardacolas anunciaban sus servicios en Craigslist y otras páginas web. A cambio de guardar cola y soportar la espera podían cobrar a sus ocupados clientes hasta 125 dólares por entrada para las representaciones al aire libre.[9]

El teatro trató de disuadir a los guardacolas de sus actividades comerciales diciendo que esto era «contrario al espíritu de las representaciones de Shakespeare en el parque». La misión del Teatro Público, una empresa subvencionada sin ánimo de lucro, es hacer que el gran teatro sea asequible a un amplio público de todas las condiciones sociales. Andrew Cuomo, a la sazón fiscal general de Nueva York, presionó a Craigslist para que dejase de anunciar entradas y servicios de guardacolas. «Vender entradas que se sabe que son gratuitas —dijo— impide a Nueva York disfrutar de los beneficios que proporciona esta institución subvencionada por los contribuyentes.»[10]

Central Park no es el único lugar donde pueden hacer dinero los que se colocan y esperan en las colas. En Washington, el negocio de las colas se ha convertido casi en parte integrante del gobierno. Cuando los comités del Congreso dan información en la sala de conferencias acerca de la legislación propuesta, reservan algunos asientos para la prensa y dejan otros para el público general, en los que se sientan los primeros en llegar y ser atendidos. Dependiendo del asunto y del tamaño de la sala, las colas para las conferencias pueden formarse un día o más antes, a veces bajo la lluvia o con frío invernal. Los miembros de los *lobbies* empresariales no se pierden estas conferencias para poder charlar distendidamente còn los legisladores durante los descansos y saber si la legislación afectará a sus industrias. Pero estos personajes no están dispuestos a pasarse horas en la cola para asegurarse un asiento. Su solución: pagar miles de dólares a empresas profesionalmente dedicadas a guardar colas que pagan a personas para que cumplan este menester.

Estas empresas reclutan a jubilados, mensajeros y, cada vez más, indigentes para que desafíen a los elementos y guarden un puesto en la cola. Ellos están ya esperando fuera de las salas, y cuando la cola empieza a moverse, van entrando en los pasillos de los edificios oficiales del Congreso y permanecen fuera de las salas de conferencias. Poco antes de comenzar la conferencia llegan los adinerados miembros de los *lobbies*, reemplazan a los desaliñados guardacolas y ocupan sus asientos en la sala de conferencias.[11]

Las empresas dedicadas a esta forma de guardar cola cobran a los miembros de los *lobbies* de 36 a 60 dólares por hora de servicio, lo que significa que conseguir un asiento en una sala de conferencias puede llegar a costar 1.000 dólares o más. A los que guardan cola se les paga de 10 a 20 dólares por hora. *The Washington Post* ha publicado editoriales contra esta práctica, que califica de «degradante» para el Congreso y «despectiva hacia el público». La senadora Claire McCaskill, una demócrata de Missouri, ha intentado desterrarla sin éxito. «La idea de que grupos con intereses especiales puedan comprar plazas en las conferencias del Congreso igual que se compran entradas para un concierto o para el rugby me resulta ofensiva», declaró.[12]

Este negocio se ha extendido recientemente desde el Congreso hasta el Tribunal Supremo de Estados Unidos. Cuando el tribunal oye argumentos orales en los grandes casos constitucionales, no es fácil estar allí. Pero quien esté dispuesto a pagar, puede recurrir a un guardacolas para conseguir un asiento de primera fila en la sala del más alto tribunal del país.[13]

La empresa LineStanding.com se presenta como empresa «líder en el negocio de las colas ante el Congreso». Cuando la senadora McCaskill propuso prohibir por ley esta práctica, Mark Gross, propietario de la empresa, la defendió. La comparó con la división del trabajo en la cadena de montaje de Henry Ford: «Cada trabajador de la cadena era responsable de su tarea específica». Del mismo modo que los miembros de los *lobbies* obran correctamente asistiendo a las conferencias y «analizando todos los testimonios», y los senadores y congresistas «tomando una decisión informada», los guardacolas también actúan correctamente… esperando. «La división del trabajo hace de Estados Unidos un gran lugar para trabajar —sentenció Gross—. Guardar cola por otro podrá parecer una práctica extraña, pero es una ocupación en sí honesta en una economía de libre mercado.»[14]

Oliver Gomes, un guardacolas profesional, está de acuerdo. Estaba viviendo en un albergue para indigentes cuando fue reclutado para esa ocupación. La CNN lo entrevistó cuando se hallaba guardándole la cola a un miembro de un *lobby* para una conferencia sobre el cambio climático. «El estar sentado en los pasillos del Congreso hizo que me sintiera algo mejor —declaró a la CNN—. Me elevaba y hacía que me sintiera como… bueno, como si fuera parte de esto, como si aportara algo desde este mínimo nivel.»[15]

Pero la oportunidad que Gomes encontró se tradujo en una frustración para algunos ecologistas. Cuando un grupo de ellos manifestó su deseo de asistir a una conferencia sobre el cambio climático, no pudieron hacerlo. Los guardacolas pagados por los miembros de los *lobbies* ya habían agotado todos los asientos libres en la sala de conferencias.[16] Naturalmente puede aducirse que si los ecologistas se hubieran preocupado lo suficiente por asistir a la conferencia, habrían hecho cola toda la noche. O podrían haber pagado a indigentes para hacerlo por ellos.

REVENTA DE VOLANTES PARA CITAS MÉDICAS

Guardar cola por alguien a cambio de dinero no es un fenómeno estadounidense. En una reciente visita que hice a China me enteré de que el negocio de las colas era ya algo rutinario en los principales hospitales de Pekín. Las reformas de los mercados llevadas a cabo en las dos últimas décadas han dado lugar a recortes en la financiación de hospitales y clínicas públicas, especialmente en zonas rurales. Así, pacientes del campo se desplazan ahora hasta los grandes hospitales públicos de la capital y forman largas colas en las salas de registro. Hacen cola toda la noche, y a veces durante días, para conseguir el volante para una cita con el médico.[17]

Los volantes para las citas son muy baratos —solo 14 yuanes (unos 2 dólares)—, pero no es fácil conseguir uno. Para no tener que acampar durante días y noches en la cola, algunos pacientes, desesperados por conseguir la cita, compran volantes a los revendedores. Los revendedores hacen negocio con el gran abismo abierto entre la oferta y la demanda. Pagan a personas por guardar cola para obtener los volantes y luego los revenden por cientos de dólares, más de lo que un campesino medio gana en unos meses. Las citas para consultar a especialistas destacados son particularmente caras, y codiciadas por los revendedores como si fuesen plazas de preferencia para la World Series de béisbol. El diario *Los Angeles Times* describía así la reventa de volantes fuera de la sala de registros de un hospital de Pekín: «Doctor Tang. Doctor Tang. ¿Quién quiere un volante para el doctor Tang? Reumatología e inmunología».[18]

Hay algo desagradable en la reventa de volantes para ver a un médico. Para empezar, el sistema beneficia a los indeseables intermediarios más que a quienes atienden a los pacientes. El doctor Tang podría preguntarse por qué, si una cita de reumatología vale 100 dólares, la mayor parte de ese dinero tiene que ir a las manos de los revendedores y no a las suyas o a su hospital. Los economistas estarían de acuerdo y aconsejarían a los hospitales elevar sus precios. De hecho, algunos hospitales de Pekín han puesto ventanillas especiales para obtener volantes en las que las citas son más caras y las colas más cortas.[19] Estos volantes de importe más elevado son la versión sanitaria del pase sin espera en los parques de atracciones o la vía rápida en los aeropuertos: la posibilidad de pagar por evitar la cola.

Pero sin considerar quién se beneficia del exceso de demanda, si los revendedores o el hospital, la vía rápida hacia la consulta del reumatólogo plantea una cuestión más esencial: ¿está bien que ciertos pacientes puedan saltarse la cola para recibir atención médica porque pueden permitirse pagar un dinero extra?

Los revendedores y las ventanillas para volantes especiales de Pekín plantean vivamente esta pregunta. Pero esta misma pregunta puede plantearse a propósito de una forma más sutil de evitar las colas cada vez más practicada en Estados Unidos: la aparición de médicos personales.

MÉDICOS PERSONALES

Aunque los hospitales estadounidenses no están invadidos de revendedores, la atención médica a menudo requiere largas esperas. Las citas médicas tienen que programarse con semanas, y a veces meses, de antelación. Si alguien necesita acudir a una consulta, puede que tenga que poner a prueba su paciencia en la sala de espera para ser atendido durante diez o quince minutos en la consulta del doctor. La razón: las compañías aseguradoras no pagan mucho a los médicos de atención primaria por las citas rutinarias. Para poder vivir decentemente, los médicos generales tienen listas de tres mil o más pacientes, y a menudo han de atender a toda prisa veinticinco o treinta citas al día.[20]

Muchos pacientes y médicos se sienten frustrados con este sistema, que deja poco tiempo a los médicos para conocer a sus pacientes o responder a sus preguntas. Por eso, un número cada vez mayor de médicos ofrece ahora una forma mejor de atenderles conocida como *concierge medicine*. Del mismo modo que el conserje de un hotel de cinco estrellas, el médico personal está al servicio del paciente las veinticuatro horas. Por unas cuotas anuales que van de 1.500 a 25.000 dólares, los pacientes tienen aseguradas citas para el mismo día o el siguiente, consultas sin esperas y sin prisas, y acceso las veinticuatro horas al médico por correo electrónico y teléfono móvil. Y si necesita ver a un buen especialista, el médico personal le acortará el tiempo de espera.[21]

Para proporcionar tan atento servicio, los médicos personales reducen drásticamente el número de pacientes que han de atender. Los médicos que deciden convertir su práctica en un servicio como este envían una carta a los pacientes que tienen asignados ofreciéndoles elegir entre contratar por una iguala anual el nuevo servicio sin esperas o buscarse otro profesional.[22]

Una de las primeras prácticas de este género, y una de las más caras, es MD² («MD Squared»), fundada en Seattle en 1996. Por una cuota anual de 15.000 dólares por persona (25.000 por familia), la compañía promete «acceso pleno, ilimitado y exclusivo a su médico personal».[23] Cada médico atiende solo a cincuenta familias. Como explica la compañía en su página web, la «disponibilidad y el nivel de servicio que ofrecemos nos exigen que limitemos nuestra práctica a unas pocas personas selectas».[24] Según un artículo publicado en la revista *Town & Country*, la sala de espera de MD² «se parece más al vestíbulo del Ritz-Carlton que a un gabinete médico». Pero pocos pacientes van allí. La mayoría son «directivos y propietarios de empresas que no quieren perder ni una hora del día yendo a la consulta del médico y prefieren recibir atención en la privacidad de su hogar o de su despacho».[25]

Otras prácticas de este género están concebidas para la clase media alta. MDVIP, una cadena de médicos personales con fines de lucro y radicada en Florida, ofrece citas para el mismo día y rapidez en el servicio (responde a la llamada del paciente al segundo toque) por 1.500-1.800 dólares al año, y acepta pagos de los seguros por los procedimientos sanitarios normales. Los médicos participantes reducen su lista de pacientes a seiscientos, lo que les permite pasar más tiempo con cada uno.[26] La compañía asegura a los pacientes que «la espera no forma parte de su experiencia en atención sanitaria». Según *The New York Times*, una práctica MDVIP en Boca Raton pone en la sala de espera macedonia de frutas y esponjoso bizcocho. Pero como siempre hay pocas personas, si acaso hay alguna, esperando, estos manjares nadie los toca.[27]

Para los médicos personales y los clientes que les pagan, esta atención practica la medicina como debe ser. Los médicos pueden ver de ocho a doce pacientes al día, en vez de treinta, y aun así salen adelante económicamente. Los médicos afiliados a MDVIP se quedan con dos tercios de la cuota anual (un tercio para la compañía), lo que significa que atender a seiscientos pacientes supone 600.000 dólares al año solo en igualas, sin contar el dinero procedente de las compañías aseguradoras. Para los pacientes que pueden permitírselo, las consultas sin prisas y el acceso a un doctor las veinticuatro horas son lujos por los que vale la pena pagar.[28]

Naturalmente, el inconveniente de este sistema de atención médica para unos pocos es que todos los demás han de pasar a engrosar las nutridas listas de otros médicos.[29] Ello suscita la misma objeción que se ha puesto a todos los sistemas de vía rápida: que es injusto con aquellos que tienen que languidecer en los carriles lentos.

La asistencia de los médicos personales difiere sin duda de la que crea ventanillas especiales para adquirir volantes y del sistema de reventas que encontramos en Pekín. Quienes pueden permitirse que les atienda un médico personal encuentran por lo general asistencia médica en cualquier circunstancia, mientras que los que no pueden permitirse comprar su volante a los revendedores de Pekín están condenados a días y noches de espera.

Pero los dos sistemas tienen esto en común: cada uno permite al adinerado saltarse la cola para recibir atención médica. En Pekín la gente se salta la cola de forma más descarada que en Boca Raton. Hay una diferencia abismal entre el clamor de la gente en la sala de registro y la calma en la sala de espera con el bizcocho intacto. Pero esto es solo porque, a la hora en que el paciente del médico personal acude a su cita, ya se ha producido, fuera de su vista, la formación de la cola con la imposición de la cuota.

EL RAZONAMIENTO MERCANTIL

Las historias que acabamos de comentar son signos de los tiempos. En aeropuertos y parques de atracciones, en los pasillos del Congreso y en las salas de espera de los doctores, la ética de la cola —«el primero en llegar es el primero al que se atiende»— está siendo desplazada por la ética del mercado —«uno recibe según lo que pague».

Y este desplazamiento refleja algo más serio: la penetración creciente del dinero y de los mercados en esferas de la vida que antes no se regían por normas mercantiles.

Vender el derecho a adelantarse en la cola no es el ejemplo más grave de esta tendencia. Pero reflexionar sobre lo que está bien y lo que está mal en las esperas de las colas y sobre las reventas de entradas y otras formas de adelantarse en una cola puede ayudarnos a percibir la condición moral, y los límites morales, del razonamiento mercantil.

¿Hay algo malo en pagar a alguien para que se coloque en una cola o en revender entradas? La mayoría de los economistas dirán que no. Ellos sienten escasa simpatía por la ética de la cola. Si yo quiero pagar a una persona indigente para que espere en la cola por mí, dirán, ¿de qué tiene que quejarse nadie? Si he vendido mi entrada en vez de usarla, ¿por qué tienen que decirme que no haga tal cosa?

La defensa de los mercados frente a las colas se basa en dos argumentos. Uno habla de respeto a la libertad individual, y el otro de maximización del bienestar o de utilidad social. El primero es un argumento libertario. Sostiene que la gente ha de ser libre para comprar y vender lo que le plazca mientras no vulnere los derechos de nadie. Los libertarios se oponen a que existan leyes contra la reventa de entradas por la misma razón que se oponen a que haya leyes contra la prostitución o contra la venta de órganos humanos: creen que tales leyes vulnerarían la libertad individual al interferir en elecciones que hacen personas adultas por su propia voluntad.

El segundo argumento en favor de los mercados, más familiar entre los economistas, es utilitario. Dice que los intercambios benefician a compradores y vendedores por igual, y así favorecen nuestro bienestar colectivo o la utilidad social. El hecho de que la persona que me guarda la cola y yo hayamos hecho un trato demuestra que ambos queremos salir beneficiados. Pagar 125 dólares para poder asistir a una representación de Shakespeare sin tener que esperar en una cola es algo que me beneficia; de lo contrario, no habría pagado a quien espera en la cola por mí. Y ganar 125 dólares por pasar unas horas en una cola beneficia a quien decide hacer tal cosa; de lo contrario, no habría aceptado esa tarea. Ambos salimos beneficiados de ese intercambio; nuestra utilidad se incrementa. Esto es lo que los economistas piensan cuando dicen que los mercados libres reparten los bienes de manera eficiente. Al permitir a las personas hacer tratos mutuamente ventajosos, los mercados reparten los bienes entre aquellos que más los valoran, lo cual puede medirse por su disposición a pagar por ellos.

Mi colega Greg Mankiw, economista, es autor de uno de los manuales de economía más utilizados en Estados Unidos. Mankiw pone el ejemplo de la reventa de entradas para ilustrar las virtudes del libre mercado. Empieza explicando que la eficiencia económica consiste en repartir bienes de una manera que maximice «el bienestar económico de todos en una sociedad». Luego observa que los mercados libres contribuyen a alcanzar esta meta haciendo llegar «la oferta de bienes a los compradores que más los valoran, lo cual puede medirse por su disposición a pagar por ellos».[30] Consideremos las reventas de entradas: «Si una economía ha de repartir sus escasos recursos de forma eficiente, los bienes deben llegar a aquellos consumidores que más los valoran. La reventa de entradas es un ejemplo de la eficiencia de los mercados... Al fijar el mercado el precio más alto que puede soportar, los vendedores conseguirán que los consumidores más dispuestos a pagar por las entradas las obtengan».[31]

Si el argumento del libre mercado es correcto, las empresas dedicadas a la reventa de entradas y a guardar colas no tendrían que ser

vilipendiadas por vulnerar la integridad de las colas; habría que elo-
giarlas por favorecer la utilidad social haciendo que bienes con precios bajos estén a disposición de quienes más dinero estén dispuestos
a pagar por ellos.

MERCADOS *VERSUS* COLAS

¿Qué defensa tiene entonces la ética de la cola? ¿Por qué querer
desterrar a los guardacolas y vendedores de entradas de Central Park
o del Capitolio? Un portavoz del festival de Shakespeare en el parque razonaba de la siguiente manera: «Están quitando un sitio y una
entrada a alguien que quiere estar aquí y desea fervientemente asistir
a una representación de Shakespeare en el parque. Queremos que la
gente tenga esa experiencia gratis».[32]

La primera parte del argumento está viciada. Los guardacolas no
reducen el número total de personas que asistirán a la función; solo
deciden *quién* asistirá. Es cierto que, como dice el portavoz, los guardacolas retiran entradas que de otro modo irían a manos de personas
que se encuentran muy atrás en la cola y están deseosas de asistir a la
representación. Pero los que se hacen con esas entradas también están deseosos de asistir a ella. Por eso desembolsan 125 dólares para
que se las consiga un guardacolas.

Lo que el portavoz seguramente quería decir es que la venta de
entradas gratuitas es injusta con quienes no pueden permitirse pagar
los 125 dólares. Esta práctica sitúa a la gente corriente en desventaja y
hace que le resulte difícil conseguir entradas. Este es un argumento más
sólido. Cuando un guardacolas o un vendedor saca una entrada, alguien
que está detrás de él en la cola sale perdiendo, alguien que puede no
estar en condiciones de pagar el precio que pide el vendedor.

Los defensores del libre mercado podrían replicar lo siguiente: si
el teatro verdaderamente quiere que todas las plazas las ocupe gente
deseosa de ver la representación y maximizar el placer que esta proporcione, tendría que querer que las entradas fuesen para quienes más
las valoran. Y estos son los que más pagarían por una entrada. La me-

CÓMO LIBRARSE DE LAS COLAS

jor manera de llenar el teatro de un público que obtenga el máximo placer de la representación sería entonces dejar operar al libre mercado, bien vendiendo entradas al precio que el mercado pueda soportar, o bien permitiendo a los guardacolas y vendedores ofrecerlas al mejor postor. Ofrecer entradas a quienes están dispuestos a pagar el precio más alto por ellas es la mejor manera de determinar quién valora más la representación de la obra de Shakespeare.

Pero este argumento no es convincente. Aunque el principal objetivo fuese maximizar la utilidad social, los mercados libres no lo lograrían con más efectividad que las colas. La razón es que la disposición a pagar por un bien no demuestra quiénes son los que más lo valoran. Quienes más desean ver la obra de Shakespeare, o ver jugar a los Red Sox, pueden no estar en condiciones de pagar la entrada. Y en algunos casos, quienes más pagan por las entradas pueden no valorar demasiado la experiencia.

He observado, por ejemplo, que las personas que ocupan las plazas caras del estadio de béisbol a menudo llegan tarde y se marchan antes. El hecho de que puedan permitirse ocupar las plazas que están detrás de la base puede que tenga que ver más con su capacidad adquisitiva que con su pasión por el juego. A ellas no les interesa tanto como a algunos aficionados, especialmente si son jóvenes, que no pueden permitirse ocupar asientos de primera fila, pero que pueden decir cuál es el promedio de bateo de cada jugador en la alineación inicial. Como los precios del mercado reflejan tanto los recursos que se tienen como la disposición a pagar, son indicadores imperfectos respecto a quién valora más un bien particular.

Este es un hecho bien conocido, incluso obvio. Pero hace poner en duda la afirmación del economista de que los mercados son siempre mejores que las colas para que aquellos que más valoran los bienes puedan adquirirlos. En ciertos casos, la disposición a guardar cola —para sacar entradas de teatro o de béisbol— puede ser un mejor indicador respecto a quién desea verdaderamente asistir que la disposición a pagar.

Los defensores de la reventa de entradas arguyen que la cola «discrimina en favor de la gente que tiene más tiempo libre».[33] Esto es cierto, pero solo en el mismo sentido en que los mercados «discriminan» en favor de la gente que tiene más dinero. Del mismo modo que los mercados reparten bienes sobre la base de los recursos que se tienen y la disposición a pagar, las colas reparten bienes sobre la base de los recursos de tiempo y la disposición a esperar. Y no hay razón para suponer que la disposición a pagar por un bien mide mejor el valor que este tiene para una persona que la disposición a esperar.

Así, la defensa utilitarista de los mercados frente a las colas se basa en hechos muy contingentes. Unas veces son los mercados los que acercan los bienes a quienes más los valoran; otras veces son las colas. Que en algunos casos los mercados o las colas cumplan mejor esta tarea, es una cuestión empírica, no algo que un razonamiento económico abstracto pueda decidir de antemano.

MERCADOS Y CORRUPCIÓN

Pero el argumento utilitarista a favor de los mercados frente a las colas se expone a otra objeción más fundamental: las consideraciones utilitaristas no son las únicas que interesan. Ciertos bienes tienen un valor que va más allá de la utilidad que proporcionan a compradores y vendedores individuales. La manera en que un bien se distribuye puede ser parte de lo que hace de él la clase de bien que es.

Pensemos de nuevo en las representaciones estivales de Shakespeare que lleva a cabo el Teatro Público. «Queremos que la gente tenga esa experiencia gratis», dijo el portavoz cuando manifestó su oposición a que se pagara a los guardacolas. ¿Por qué? ¿Mermaría la compra y la venta de entradas esa experiencia? La mermaría, desde luego, para aquellos que desearían ver la representación, pero no pueden pagarse una entrada. Pero la de la justicia no es la única cuestión. Algo se ha perdido cuando el teatro público y gratuito se ha convertido en una mercancía, algo que va más allá de la desilusión que experimentan quienes ven que tienen que pagar un precio por asistir.

El Teatro Público concibe sus representaciones gratuitas al aire libre como un festival público, como una especie de celebración cívica. Es, por así decirlo, un regalo que la ciudad se hace a sí misma. Por supuesto que la cantidad de plazas no es ilimitada; la ciudad entera no puede asistir en una tarde. Pero la idea es acercar a Shakespeare a todo el mundo sin fijarse en sus recursos. Pagar por la admisión, o permitir que los vendedores de entradas se beneficien de lo que se ha concebido como un obsequio, es contrario a esta finalidad. Sería como si la ciudad hiciera pagar a la gente por admirar los fuegos artificiales del 4 de Julio.

Consideraciones similares explican por qué está mal pagar por que le guarden a uno la cola ante el Capitolio. Una objeción es la de la justicia: es injusto que los adinerados miembros de los *lobbies* puedan acaparar el mercado de las conferencias del Congreso y privar a los ciudadanos de a pie de la oportunidad de asistir a ellas. Pero esta desigualdad en el acceso no es el único aspecto perturbador de esta práctica. Supongamos que se imponga a los primeros una tasa cuando contratan los servicios de las empresas de guardacolas y el dinero así recaudado se utilice para que estos servicios sean asequibles a los ciudadanos de a pie. Las ayudas para estos podrían consistir, por ejemplo, en vales liquidables con las tasas descontadas a las empresas de guardacolas. Este plan podría paliar la injusticia del sistema actual. Pero quedaría una objeción más por hacer: convertir el acceso al Congreso en un producto a la venta, lo mancilla y lo degrada.

Desde un punto de vista económico, permitir el libre acceso a las conferencias del Congreso «deprecia» el bien, favoreciendo la formación de colas. La industria de las colas pone remedio a esta ineficiencia al estabilizar un precio en este mercado. El mercado reparte las plazas de la sala de conferencias entre quienes están dispuestos a pagar más por ellas. Pero esto valora equivocadamente el bien que es el gobierno representativo.

Podremos ver esto más claramente si nos preguntamos por qué el Congreso «deprecia» la asistencia a sus deliberaciones en el sitio mismo en que se producen. Supongamos que el Congreso está haciendo un esfuerzo supremo por reducir el endeudamiento nacional y decide cobrar por la asistencia a sus conferencias, digamos que

1 dólar por un asiento en primera fila en el Comité de Gastos de la Cámara. Mucha gente objetaría que esto es una forma de corrupción no solo porque la tasa de admisión es injusta con quienes no pueden pagarla, sino también por cobrar al público por asistir a una conferencia del Congreso.

A menudo asociamos la corrupción al dinero obtenido de forma ilícita. Pero el concepto de corrupción abarca mucho más que los sobornos y los pagos ilícitos. Corromper un bien o una práctica social significa degradarlos, darles un valor inferior al que les corresponde. Cobrar la asistencia a las conferencias del Congreso es una forma de corrupción en este sentido. Trata la labor del Congreso como si fuese un negocio y no una institución del gobierno representativo.

Los cínicos replicarán que el Congreso es ya un negocio en la medida en que vende de forma rutinaria influencias y favores a gente especialmente interesada. ¿Por qué no reconocer esto abiertamente y cobrar por la asistencia? La respuesta es que los grupos de presión, el tráfico de influencias y los tratos de favor, lacras que afectan al Congreso, son ejemplos de corrupción. Estas lacras representan la degradación de un gobierno que se ocupa del interés público. Toda acusación de corrupción lleva implícita una concepción de las intenciones y los fines que una institución (en este caso, el Congreso) debe cumplir. La industria de las colas del Capitolio, una extensión de la industria de los *lobbies*, es corrupta en este sentido. No es ilegal, y los pagos se efectúan a la luz pública. Pero degrada al Congreso al tratarlo como fuente de beneficios privados y no como instrumento del bien público.

¿QUÉ HAY DE MALO EN LA REVENTA DE ENTRADAS?

¿Por qué unos ejemplos de adelantamientos en las colas, de suplencias en ellas y de reventa de entradas los consideramos objetables y otros no? La razón es que los valores del mercado corroen ciertos bienes, pero son idóneos para otros. Antes de que podamos decidir si un bien puede ser repartido por los mercados o las colas, o de cualquier otra manera, tenemos que decidir qué clase de bien es y cómo debería valorarse.

No siempre es fácil decidir esto. Consideremos tres ejemplos de bienes «depreciados» que recientemente han dado ocasión a la venta de entradas: los campings del Parque Nacional de Yosemite, las masas al aire libre dirigidas por el papa Benedicto XVI y los conciertos en directo de Bruce Springsteen.

Venta de plazas en Yosemite

El Parque Nacional de Yosemite, en California, atrae a más de cuatro millones de visitantes al año. De unos novecientos de sus principales campings pueden reservarse plazas con antelación a un coste nominal de 20 dólares por noche. Las reservas pueden registrarse, por teléfono u online, a partir de las 7.00 a.m. del día 15 de cada mes y hasta con cinco meses de antelación. Pero no es fácil conseguir una plaza. La demanda es tan alta, especialmente en verano, que los campings están totalmente ocupados unos minutos después de ofrecerse sus plazas.

Pero en 2011, *The Sacramento Bee* informó de la existencia de revendedores que ofrecían en Craigslist plazas en Yosemite por 100-150 dólares la noche. El Servicio de Parques Nacionales, que prohíbe la reventa de reservas, se vio inundado de quejas por las reventas, e intentó evitar aquel comercio ilícito.[34] De acuerdo con la lógica estándar del mercado, no está claro el porqué: si el Servicio de Parques Nacionales quiere maximizar el bien que la sociedad obtiene de Yosemite, tendría que querer que los campings los usaran quienes más valoran la experiencia que ofrecen, lo cual se mediría por su disposición a pagar. Y entonces, en vez de intentar acabar con los revendedores, tendría que darles la bienvenida. O bien tendría que elevar los importes que cobra por las reservas de plazas al precio máximo que tolera el mercado y eliminar el exceso de demanda.

Pero la indignación pública por las reventas de los campings de Yosemite rechaza esta lógica mercantil. El periódico que reveló esta

historia sacó un editorial condenando las reventas con el título de
LOS REVENDEDORES INVADEN EL PARQUE YOSEMITE: ¿ES
QUE NO HAY NADA SAGRADO? Consideraba las reventas como
un chanchullo que había que impedir, no como un servicio a la utilidad social. «Las maravillas de Yosemite nos pertenecen a todos
—sentenció el editorial—, no a quienes se pueden permitir gastarse
dinero extra en un revendedor.»[35]

Tras la oposición a la reventa de plazas de camping en Yosemite
hay dos objeciones; una referida a la justicia, y la otra a la manera
apropiada de valorar un parque nacional. La primera objeción es que
la reventa es injusta con las personas de recursos modestos que no
pueden permitirse pagar 150 dólares por una noche de camping. La
segunda objeción, implícita en la pregunta retórica del editorial
(«¿No hay nada sagrado?»), se basa en la idea de que hay cosas que
no pueden venderse. De acuerdo con esta idea, los parques nacionales no son simples objetos de uso o fuentes de utilidad social. Son
lugares de bellos parajes naturales dignos de admiración y respeto. El
acceso de los revendedores a semejantes lugares sería algo parecido a
un sacrilegio.

Misas papales a la venta

He aquí otro ejemplo de conflicto de los valores de mercado con
un bien sagrado: cuando el papa Benedicto XVI hizo su primera
visita a Estados Unidos, la demanda de entradas para sus misas en los
estadios de la ciudad de Nueva York y de Washington excedió en
mucho el número de plazas —incluso en el Yankee Stadium—. Las
diócesis y parroquias católicas locales distribuyeron entradas gratuitas. Y cuando apareció la inevitable venta —una entrada vendida
online costaba más de 200 dólares—, representantes de la Iglesia
condenaron esta práctica arguyendo que la participación en un rito
religioso no debe comprarse ni venderse. «No puede haber un mercado de entradas —dijo una portavoz de la Iglesia—. Nadie puede
pagar por celebrar un sacramento.»[36]

Quienes compraron estas entradas puede que no estén de acuerdo. Ellos pudieron celebrar el sacramento porque habían pagado. Pero la portavoz de la Iglesia intentaba, creo, exponer un punto de vista diferente: aunque sea posible ser admitido en una misa papal por haber pagado a un vendedor de entradas, el espíritu del sacramento es mancillado cuando la experiencia se ha puesto a la venta. Mancillar bienes sagrados convirtiéndolos en instrumentos para obtener ganancias implica valorarlos equivocadamente.

El mercado y Springsteen

Pero ¿qué decir de un acontecimiento que es en parte un asunto comercial y en parte no? En 2009, Bruce Springsteen dio dos conciertos en el estado de New Jersey, del que es natural. Puso el precio máximo de las entradas en 95 dólares, aunque podría haber sido mucho más alto y aun así haber llenado el estadio. Este precio limitado dio lugar a una reventa desenfrenada de entradas e hizo perder a Springsteen mucho dinero. Los Rolling Stones habían puesto hacía poco un precio de 450 dólares por las mejores plazas en su gira de conciertos. Los economistas que estudiaron los precios de las entradas de un concierto anterior de Springsteen concluyeron que, por poner un precio inferior al del mercado, Springsteen había renunciado a ganar unos 4 millones de dólares aquella tarde.[37]

¿Por qué no poner entonces el precio de mercado? Para Springsteen, mantener los precios de las entradas relativamente asequibles es una manera de ser leal con sus fans de la clase trabajadora. Es también una manera de dar a entender lo que pretende con sus conciertos. Son operaciones comerciales con las que hace dinero, eso es indudable, pero solo lo son en parte. También son celebraciones cuyo éxito depende del carácter y de la composición del público. La actuación no consiste solamente en cantar, sino también en la relación entre el que actúa y su público, y el espíritu que anima a los congregados.

En un artículo del *New Yorker* sobre el aspecto económico de los conciertos de rock, John Seabrook señala que los conciertos en vivo no son enteramente mercancías o bienes de mercado; tratarlos como si lo fuesen significa restarles valor: «Las grabaciones son mercancías, los conciertos son eventos sociales, y si se intenta convertirlos en mercancías ajenas a la experiencia viva, se corre el riesgo de arruinar la experiencia entera».Y cita a Alan Krueger, un economista que ha estudiado los precios de los conciertos de Springsteen: «Todavía existe un elemento de los conciertos de rock que se parece más a una fiesta que a un comercio». Una entrada para asistir a un concierto de Springsteen, explica Krueger, no es solo un bien mercantil. Es en ciertos aspectos un regalo. Si Springsteen elevase el precio por encima de lo que el mercado puede tolerar, echaría a perder la gratuidad de la relación con sus fans.[38]

Hay quien verá en esto meras relaciones públicas, una estrategia consistente en renunciar hoy a ciertos ingresos para preservar cierta bondad y de ese modo maximizar ganancias a largo plazo. Pero no es esta la única manera de interpretarlo. Springsteen puede creer, y tiene derecho a creerlo, que tratar sus conciertos en vivo como puros bienes mercantiles significaría degradarlos, valorarlos de manera equivocada. Al menos en este sentido tendría algo en común con el papa Benedicto.

LA ÉTICA DE LA COLA

Hemos examinado diversas maneras de pagar para evitar las colas: contratar guardacolas, adquirir entradas a (re)vendedores o comprar directamente privilegios a, por ejemplo, una línea aérea o un parque de atracciones. Cada una de estas transacciones sustituye la ética de la cola (esperar a que nos llegue el turno) por la ética del mercado (pagar por un servicio más rápido).

Los mercados y las colas —pagar y esperar— son maneras diferentes de repartir bienes, y cada una es apropiada para las diferentes actividades. La ética de la cola —«el primero en llegar es el primero al que se sirve»— se basa en el principio igualitario. Nos pide ignorar el privilegio, el poder y los bolsillos abultados, al menos para ciertos fines. «Espere su turno —se nos reprende como a niños—. Respete la cola.»

Este principio parece apto para toboganes, paradas de autobús y colas para ir al servicio en un teatro o un estadio. Nos sienta mal que alguien se salte la cola delante de nosotros. Cuando alguien con una necesidad urgente pide permiso para adelantarse en la cola, la gente suele consentírselo. Pero le parecería chocante que alguien situado al final de la cola ofreciera 10 dólares por adelantarse, o que la administración de un centro instalase lavabos exprés de pago al lado de los gratuitos para acomodar a clientes adinerados (o desesperados).

Pero la ética de la cola no rige en todos los casos. Si pongo mi casa en venta, no tengo obligación de aceptar la primera oferta que se me haga solo por ser la primera. Vender mi casa y esperar al autobús son asuntos diferentes, y se rigen por normas diferentes. No hay razón para pensar que tiene que haber un único principio —el de hacer cola o pagar— que determine el reparto de todos los bienes.

A veces las normas cambian, y no está claro qué principio debe prevalecer. Pensemos en el mensaje grabado que oímos una y otra vez cuando esperamos a que nuestro banco, nuestro sistema sanitario o la televisión por cable nos atienda al teléfono: «Su llamada será atendida por orden de entrada». Esto es la esencia de la ética de la cola. Es como si la entidad tratase de aliviar nuestra impaciencia con el bálsamo de la justicia.

Pero no hemos de tomarnos estos mensajes grabados demasiado en serio. Porque hoy en día algunas llamadas son atendidas con más rapidez que otras. Podemos llamar a esto salto de cola telefónico. Cada vez son más los bancos, líneas aéreas y sistemas de tarjetas de crédito que proporcionan números de teléfono especiales a sus mejores clientes o reconducen sus llamadas hacia centrales de llamadas para élites donde recibirán una rápida atención. La tecnología de estas centrales permite a las compañías «clasificar» las llamadas entrantes y dar un servicio más rápido a las que proceden de zonas de gente adinerada. Recientemente, Delta Airlines propuso dar a las personas que más utilizan sus servicios una controvertida ventaja: la opción de pagar 5 dólares más por hablar con un agente que atendiese a los clientes en Estados Unidos en vez de reconducir su llamada a una central de llamadas de la India. La desaprobación pública hizo que Delta abandonara esta idea.[39]

¿Qué hay de malo en contestar primero las llamadas de los mejores (o más prometedores) clientes? Depende del tipo de bien que se venda. ¿Las llamadas son por un descubierto bancario o por una apendicectomía?

Los mercados y las colas no son, por supuesto, las únicas maneras de distribuir cosas. Algunos bienes los repartimos según méritos, otros según necesidades, y otros más por sorteo o por azar. Las universidades admiten a los estudiantes más capacitados y prometedores, no a los primeros que solicitan acceso u ofrecen más dinero por una plaza en el primer curso. Las salas de urgencias de los hospitales tratan a los pacientes según la urgencia de su situación, no por el orden de llegada o su disposición a pagar un dinero extra para que los atiendan antes. Los miembros de los jurados se eligen por sorteo; si nos llaman para este menester, no podemos pagar a nadie para que ocupe nuestro lugar.

La tendencia de los mercados a desplazar las colas y otras formas no mercantiles de distribuir bienes domina de tal modo la vida moderna que apenas la notamos ya. Es asombroso que la mayoría de los sistemas que hemos examinado para evitar colas mediante pagos —en aeropuertos y parques de atracciones, en los festivales de Shakespeare y en las conferencias del Congreso, en centrales de llamadas y en consultas médicas, en autopistas y en parques nacionales— sean un fenómeno reciente, difícilmente imaginable hace tres décadas. La desaparición de la cola en estos lugares puede que parezca un dato curioso. Pero no son estos los únicos lugares que los mercados han invadido.

2

Incentivos

DINERO POR ESTERILIZACIÓN

Cada año nacen miles de bebés de madres drogadictas. Algunos nacen con la misma adicción, y gran cantidad de ellos sufrirán abusos o abandonos. Barbara Harris, fundadora del llamado Proyecto Prevención, radicado en Carolina del Norte y con fines humanitarios, tiene una solución basada en el mercado: ofrecer a mujeres drogadictas 300 dólares por someterse a esterilización o a control de natalidad por largo tiempo. Más de tres mil mujeres han aceptado su ofrecimiento desde que puso en marcha este programa en 1997.[1]

Los críticos de este proyecto lo califican de «moralmente reprobable» y de «soborno para esterilizarse». Argumentan que ofrecer a drogadictas un incentivo económico para suspender su capacidad reproductiva viene a ser una coacción, especialmente porque el programa se dirige a mujeres vulnerables de barrios pobres. En vez de ayudar a las que allí acuden a vencer su adicción, se lamentan los críticos, el dinero la subvenciona. Y, en efecto, un folleto de promoción del programa dice: «No dejes que un embarazo arruine tu hábito».[2]

Harris admite que lo más frecuente es que sus clientas empleen el dinero en comprar más droga. Pero cree que esto es un pequeño precio que ha de pagar por prevenir que nazcan niños con adicción a las drogas. Algunas de las mujeres que aceptan el dinero por su esterilización han estado embarazadas una docena o más de veces; muchas tienen ya multitud de hijos en centros de acogida. «¿Por qué el derecho de una mujer a procrear va a ser más importante que el derecho de un hijo a tener una vida normal?», se pregunta Harris. Ella habla desde la experiencia. Ella y su marido adoptaron cuatro niños nacidos de una adicta al crack de Los Ángeles. «Haría cualquier cosa por prevenir el sufrimiento de los niños. No creo que nadie tenga derecho a hacer que otro ser humano adquiera a la fuerza su adicción.»[3]

En 2010, Harris llevó su sistema de incentivación a Gran Bretaña, donde la idea de esterilizar por dinero encontró una fuerte oposición en la prensa —un artículo del *Telegraph* la tildó de «proposición repulsiva»— y en la Asociación Médica Británica. Harris extendió su proyecto sin desanimarse a Kenia, donde paga 40 dólares a mujeres infectadas de sida por colocarse dispositivos intrauterinos, una forma de contracepción duradera. En Kenia y en Sudáfrica, adonde Harris planea llevar próximamente su programa, los profesionales de la salud y los defensores de los derechos humanos han manifestado su indignación y su oposición.[4]

Desde el punto de vista del mercado, no se entiende por qué el programa tiene que causar indignación. Aunque algunos críticos dicen que les recuerda la eugenesia nazi, el programa de dinero por esterilización es un acuerdo voluntario entre partes privadas. El Estado no está implicado, y nadie es esterilizado contra su voluntad. Algunos arguyen que las drogadictas, desesperadas por la necesidad de dinero, no están en condiciones de hacer una verdadera elección voluntaria cuando se les ofrece dinero fácil. Pero si su juicio se halla tan severamente afectado, replica Harris, ¿cómo podemos esperar que puedan tomar decisiones sensatas en lo referente a dar a luz y criar hijos?[5]

Considerado como una transacción comercial, el trato beneficia a ambas partes e incrementa la utilidad social. La drogadicta recibe 300 dólares a cambio de renunciar a su capacidad para tener hijos. A cambio de los 300 dólares, Harris y su organización tendrán la seguridad de que la drogadicta no engendrará más niños drogadictos en el futuro. De acuerdo con la lógica estándar del mercado, el intercambio es económicamente eficiente. Proporciona el bien —en este caso, el control de la capacidad reproductiva de la drogadicta— a la persona (Harris) que está dispuesta a pagar más dinero por él y que, por tanto, se supone que más lo valora.

¿Por qué entonces tanto escándalo? Por dos razones que juntas arrojan luz sobre los límites morales del razonamiento mercantil. Unos arguyen que la esterilización por dinero es un trato coactivo, y otros la llaman soborno. Son dos objeciones diferentes. Cada una aduce una razón diferente para oponerse a la invasión del mercado en dominios que no son los suyos.

En la objeción de la coacción subyace la preocupación por que una mujer drogadicta que consiente ser esterilizada por dinero no actúe libremente. Aunque nadie le pone una pistola en la cabeza, el incentivo económico puede resultar demasiado tentador. Dada su adicción y, en la mayoría de los casos, su pobreza, su elección de ser esterilizada a cambio de 300 dólares no puede ser realmente libre. Puede, en efecto, hallarse coaccionada por la necesidad de su situación. Naturalmente, la gente puede estar en desacuerdo respecto a qué incentivos y qué circunstancias hacen que esto pueda equivaler a una coacción. Para valorar el estatus moral de cualquier transacción comercial, primero tenemos que preguntarnos bajo qué condiciones las relaciones comerciales reflejan libertad de elección y bajo qué condiciones ejercen algún tipo de coacción.

La objeción del soborno es diferente. No se refiere a las condiciones bajo las cuales se hace un trato, sino a la naturaleza del bien que se compra y se vende. Consideremos un caso típico de soborno. Si un tipo sin escrúpulos soborna a un juez o a un funcionario para obtener un beneficio o un favor ilícito, esta indigna transacción puede ser enteramente voluntaria. Ninguna de las dos partes puede sufrir coacción alguna, y ambas salen ganando. Lo que hace al soborno censurable no es que sea coactivo, sino corruptor. La corrupción consiste en comprar y vender algo (un veredicto favorable o una influencia política, por ejemplo) que no puede estar en venta.

A menudo asociamos la corrupción a beneficios ilícitos obtenidos por funcionarios públicos. Pero, como hemos visto en el capítulo anterior, el término corrupción tiene un significado más amplio: corrompemos un bien, una actividad o una práctica social siempre que los hacemos descender a un nivel inferior al que les es propio. Así, y para poner un ejemplo extremo, tener hijos para venderlos y obtener un beneficio es una corrupción de la paternidad, pues trata a los niños como cosas que pueden ser usadas en vez de seres que deben ser amados. La corrupción política puede contemplarse bajo esta misma luz: cuando un juez acepta un soborno para emitir un veredicto corrompido, actúa como si su autoridad judicial fuese un instrumento de provecho personal en vez de un pilar de la confianza pública. Degrada y ensucia su oficio al hacerlo descender a un nivel inferior al que le es propio.

Esta noción más amplia de corrupción está en la base de la acusación de que el sistema de esterilización por dinero es una forma de soborno. Quienes lo llaman soborno sugieren que, sea o no coactivo el trato, es en sí corrupto. Y la razón de que sea corrupto es que ambas partes —el comprador (Harris) y el vendedor (la drogadicta)— valoran el bien vendido (la capacidad procreadora de la vendedora) de forma equivocada. Harris trata a las mujeres drogadictas y seropositivas como máquinas de tener hijos dañadas que pueden pararse mediante una suma de dinero. Quienes aceptan su oferta consienten en este trato degradante. Tal es la fuerza moral de la acusación de soborno. Como los jueces y los funcionarios públicos corruptos, las mujeres que aceptan ser esterilizadas a cambio de dinero venden algo que no puede venderse. Utilizan su capacidad reproductiva como una herramienta para obtener una ganancia en vez de tratarla como un don o un atributo que ha de ejercerse conforme a normas de responsabilidad y protección.

Podría argumentarse, en respuesta a esto, que la analogía es imperfecta. Un juez que acepta un soborno a cambio de un veredicto corrompido vende algo que no puede venderse; el veredicto no es algo de su propiedad. Pero una mujer que consiente en ser esterilizada por dinero vende algo que le pertenece: su capacidad reproductiva. Aparte del dinero, la mujer no hace nada malo si elige ser esterilizada (o no tener hijos), pero no así el juez que emite un veredicto injusto incluso en ausencia de soborno. Si una mujer tiene derecho a renunciar a su capacidad para tener hijos por razones particulares suyas, algunos razonarán que también tiene derecho a hacerlo por un precio.

Si aceptamos este argumento, entonces la esterilización a cambio de dinero no es en absoluto un soborno. Así, a la hora de determinar si la capacidad reproductiva de una mujer puede ser objeto de una transacción comercial, hemos de preguntarnos qué clase de bien es: ¿podemos considerar nuestros cuerpos como propiedades nuestras y usarlos y disponer de ellos como nos plazca, o hay usos de nuestro cuerpo que equivalen a la autodegradación? Esta es una cuestión sustancial y controvertida que se plantea también en los debates sobre la prostitución, las madres de alquiler y la compraventa de óvulos y de esperma. Antes de poder decidir si las relaciones mercantiles son apropiadas en ciertos dominios, hemos de entender qué normas deben regir nuestra vida sexual y procreativa.

EL ENFOQUE ECONÓMICO DE LA VIDA

La mayoría de los economistas prefieren no tratar de cuestiones morales, al menos no como economistas. Dicen que su tarea es explicar el comportamiento de la gente, no juzgarlo. Ellos insisten en que lo que hacen no es decirnos qué normas deben regir esta o aquella actividad o cómo debemos valorar este o aquel bien. El sistema de precios reparte bienes de acuerdo con las preferencias de la gente; no dice que esas preferencias sean dignas, o admirables, o apropiadas a determinadas circunstancias. Pero, a pesar de sus declaraciones, los economistas cada vez se enredan más en cuestiones morales.

Esto sucede por dos razones: una refleja un cambio en el mundo, y la otra un cambio en la manera en que los economistas entienden su objeto.

En las últimas décadas, los mercados y el pensamiento orientado al mercado han invadido esferas de la vida tradicionalmente regidas por normas no mercantiles. Cada vez es más frecuente poner precios a bienes no económicos. Los 300 dólares que Harris ofrece son un ejemplo de esta tendencia.

Al mismo tiempo, los economistas han reescrito su disciplina, haciéndola más abstracta y más ambiciosa. En el pasado, los economistas trataban de temas reconocidamente económicos —inflación, desempleo, ahorros, inversiones, tipos de interés y comercio exterior—. Explicaban cómo los países prosperaban y cómo el sistema de precios alineaba la oferta y la demanda en el mercado de futuros de la panceta de cerdo y otros bienes de mercado.

Pero recientemente muchos economistas se han propuesto llevar a cabo un proyecto más ambicioso. Lo que los economistas ofrecen ya no es, argumentan, solamente una serie de explicaciones relativas a la producción y el consumo de bienes materiales, sino también una ciencia del comportamiento humano. En el corazón de esta ciencia hay una idea simple pero poderosa: en todos los ámbitos de la vida, el comportamiento humano puede explicarse partiendo de que la gente decide qué hacer después de sopesar los costes y los beneficios de las opciones que se le ofrecen y elige la que cree que le proporcionará el mayor bienestar o la máxima utilidad.

Si esta idea es correcta, entonces todo tiene un precio. El precio puede ser explícito, como el de los coches, las tostadoras o la panceta, o venir implícito, como el del sexo, el matrimonio, los hijos, la educación, la actividad criminal, la discriminación racial, la participación política, la protección medioambiental y hasta la vida humana. Seamos o no conscientes de ello, la ley de la oferta y la demanda gobierna la provisión de todas estas cosas.

La tesis más influyente sobre este modo de considerar las cosas la enunció Gary Becker, un economista de la Universidad de Chicago, en *The Economic Approach to Human Behavior* (1976). Este autor rechaza la noción anticuada de que la ciencia económica es «el estudio de la distribución de bienes materiales». La persistencia de la óptica tradicional se debe, especula él, «a la reluctancia a someter ciertos tipos de comportamiento humano al "frío" cálculo de la ciencia económica». Becker trata de arrancarnos de esta reluctancia.[6]

Según Becker, la gente actúa para maximizar su bienestar, cualquiera que sea la actividad que desarrolle. Este principio, «aplicado resueltamente a todos los casos, constituye el núcleo del enfoque económico» del comportamiento humano. El enfoque económico se aplica cualesquiera que sean los bienes en cuestión. Explica lo mismo las decisiones de vida o muerte que «la elección de una marca de café». Se aplica tanto a elegir pareja como a comprar un bote de pintura. Y continúa Becker: «He llegado al convencimiento de que el enfoque económico es un enfoque comprehensivo que puede aplicarse a todo el comportamiento humano, al que involucra precios reales y al que juega con precios sombra, a las decisiones repetidas y a las infrecuentes, a las decisiones grandes y a las pequeñas, a los fines emocionales y a los maquinales, a las personas ricas y a las pobres, a los hombres y a las mujeres, a los adultos y a los niños, a las personas brillantes y a las estúpidas, a los pacientes y a los terapeutas, a los hombres de negocios y a los políticos, a los profesores y a los alumnos».[7]

Becker no quiere decir que pacientes y terapeutas, hombres de negocios y políticos, profesores y alumnos piensen que sus decisiones obedecen a imperativos económicos. Pero eso es solo porque a menudo no somos capaces de ver el origen de nuestras acciones. «El enfoque económico no supone» que la gente «sea necesariamente consciente de sus esfuerzos maximizadores o pueda verbalizar o describir de una manera informativa» las razones de su comportamiento. Sin embargo, quien es capaz de percibir las señales de los precios implícitos en cada situación humana se da cuenta de que todo nuestro comportamiento, por alejado que esté de los asuntos materiales, puede explicarse y predecirse como un cálculo racional de costes y beneficios.[8]

Becker ilustra su tesis con un análisis económico del matrimonio y el divorcio:

> De acuerdo con el enfoque económico, una persona decide casarse cuando la utilidad esperada del matrimonio excede la esperada de la soltería o de la búsqueda adicional de una pareja más apropiada. De forma similar, una persona casada pone fin a su matrimonio cuando la utilidad anticipada de permanecer soltera o de casarse con otra excede la pérdida de utilidad de la separación, incluidas en ella las

pérdidas causadas por la separación física de sus hijos, la división de los bienes, las costas legales, etcétera. Como son muchas las personas que buscan pareja, puede decirse que existe un *mercado* matrimonial.[9]

Hay quienes piensan que esta óptica del cálculo priva al matrimonio de todo romanticismo. Aducen que el amor, el compromiso y las obligaciones son ideales que no pueden reducirse a términos monetarios. Insisten en que un buen matrimonio no tiene precio, en que es algo que el dinero no puede comprar.

Para Becker, esta es una sombra de sentimentalismo que impide pensar con claridad. «Con un ingenio digno de admiración si le diesen un uso mejor», escribe, quienes se oponen al enfoque económico explican el comportamiento humano como un resultado turbio e impredecible de «la ignorancia y la irracionalidad, de unos valores que con frecuencia cambian sin explicación, de la costumbre y la tradición, de la conformidad de algún modo inducida por normas sociales». Becker tiene poca paciencia con esta turbiedad. Una atención bien enfocada a los ingresos y al efecto de los precios, cree él, presta a la ciencia social un fundamento más sólido.[10]

¿Puede entenderse toda acción humana en analogía con el mercado? Economistas, politólogos, juristas y otros continúan debatiendo esta cuestión. Pero lo sorprendente es lo poderosa que se ha vuelto esta imagen mercantil no solo en ámbitos académicos, sino también en la vida cotidiana. Las últimas décadas han sido testigos de un cambio, operado en un grado notable, en la concepción de las relaciones sociales, que las reconstruye a imagen de las relaciones mercantiles. Una medida del alcance de esta transformación la da el uso creciente de incentivos monetarios para resolver problemas sociales.

Niños pagados para sacar buenas notas

Pagar a alguien para que se someta a una esterilización es un ejemplo descarado. He aquí otro: distritos escolares de Estados Unidos tratan hoy de mejorar el rendimiento escolar pagando a los niños por sacar buenas notas o altas puntuaciones en pruebas normalizadas. La idea de que los incentivos económicos pueden remediar los males de nuestros colegios hace tiempo que está muy presente en el movimiento por la reforma educativa.

Yo asistí a un colegio público de secundaria que era muy bueno, pero demasiado competitivo, en Pacific Palisades, California. Ocasionalmente oía hablar de niños a los que sus padres pagaban por cada sobresaliente en su cartilla de notas. Esto nos parecía a casi todos escandaloso. Pero a nadie se le ocurrió que el propio colegio pudiera pagar las buenas notas. Recuerdo que Los Angeles Dodgers hacían por aquellos años una promoción en la que daban entradas gratuitas a alumnos de los colegios que figuraban en el cuadro de honor. No teníamos nada que objetar a esta práctica, y mis amigos y yo asistimos a unos cuantos partidos. Pero ninguno de nosotros concebíamos aquello como un incentivo; más bien lo veíamos como un dispendio.

Ahora, las cosas son distintas. Los incentivos económicos se contemplan cada vez más como un recurso para mejorar la educación, en especial la de alumnos de colegios urbanos de bajos rendimientos.

La portada de un número reciente de la revista *Time* planteaba la cuestión sin rodeos: «¿Pueden los colegios sobornar a los niños?».[11]

Roland Fryer Jr., un profesor de economía de Harvard, está tratando de averiguarlo: Fryer, un afroamericano que creció en barrios difíciles de Florida y Texas, cree que los incentivos económicos pueden ayudar a motivar a los niños de colegios de zonas urbanas deprimidas. Con la ayuda de fondos procedentes de fundaciones, ha puesto a prueba esta idea en varios de los distritos escolares más grandes de Estados Unidos. Desde 2007, año en que puso en práctica su proyecto, ha pagado 6,3 millones de dólares a alumnos de 261 colegios urbanos con predominio de niños afroamericanos e hispanos de familias con bajos ingresos. En cada ciudad empleó diferentes sistemas de incentivación.[12]

- En la ciudad de Nueva York, los colegios participantes pagaron a alumnos de cuarto curso 25 dólares por obtener buenas puntuaciones en pruebas normalizadas. Los de séptimo curso podían ganar 50 dólares por prueba. La media de los alumnos de séptimo curso alcanzó un total de 231,55 dólares.[13]

- En Washington, los colegios pagaron a alumnos de doce a catorce años recompensas por asistencia, buena conducta y entrega de los deberes. Los chicos aplicados pudieron llegar a ganar 100 dólares cada dos semanas. El alumno medio sumó alrededor de 40 dólares en el pago semanal, y un total de 532,85 dólares en todo el curso escolar.[14]

- En Chicago, los colegios ofrecieron a alumnos de noveno curso dinero por obtener buenas notas en sus asignaturas: 50 dólares por un sobresaliente, 35 por un notable y 20 por un aprobado. El alumno más brillante obtuvo durante todo el curso escolar la bonita suma de 1.875 dólares.[15]

- En Dallas, los colegios pagaron a alumnos de segundo curso 2 dólares por cada libro leído. Para recibir este dinero, los alumnos tuvieron que pasar una prueba ante el ordenador para demostrar que habían leído el libro.[16]

Estos pagos arrojaron resultados desiguales. En la ciudad de Nueva York, el pago a los niños por las buenas notas no consiguió mejorar su rendimiento escolar. El premio a las buenas notas en Chicago consiguió mejorar la asistencia, pero no así los resultados en las pruebas normalizadas. En Washington, los pagos ayudaron a algunos alumnos (hispanos, varones y alumnos con problemas de conducta) a mejorar en materia de lectura. Los mejores resultados se obtuvieron con alumnos de segundo curso en Dallas; los chicos que recibieron 2 dólares por cada libro leído vieron aumentada su puntuación en comprensión de la lectura al terminar el año escolar.[17]

El proyecto de Fryer es uno de los muchos intentos recientes de pagar a los chicos para mejorar en el colegio. Otro programa de este género ofrece dinero por buenas notas en la prueba de cualificación para estudios universitarios. En las clases preparatorias de este examen, los alumnos de secundaria deben tratar con material de nivel universitario en matemáticas, historia, ciencias, inglés y otras materias. En 1996, Texas lanzó el Programa de Incentivos para las Pruebas de Cualificación, que paga a los alumnos de 100 a 500 dólares (dependiendo del colegio) por obtener un aprobado (una puntuación de 3 o más)* en esta prueba. Sus profesores son también recompensados con una suma de 100 a 500 dólares por cada alumno que aprueba el examen, además de un plus en su sueldo. El programa de incentivación, que ahora se aplica en sesenta colegios de secundaria de Texas, trata de mejorar la preparación para la universidad de alumnos pertenecientes a minorías con bajos ingresos. Una decena de estados ofrece ahora incentivos económicos a alumnos y profesores para aprobar este examen.[18]

Algunos programas de incentivación se dirigen a los profesores más que a los alumnos. Aunque las asociaciones de profesores han recelado de las propuestas de pago por rendimiento, la idea de pagar a profesores por el rendimiento escolar de sus alumnos es popular entre votantes, políticos y algunos reformadores de la educación. Desde 2005, distritos escolares de Denver, de la ciudad de Nueva York, de Washington, del condado de Guilford, de Carolina del Norte y de Houston han implementado sistemas de incentivación económica para profesores. En 2006, el Congreso creó el Fondo de Incentivos a Profesores para conceder retribuciones por rendimiento a profesores de colegios de bajo rendimiento escolar. La administración de Obama incrementó los fondos para este programa. Recientemente, un proyecto de incentivación con fondos privados en Nashville ofreció a profesores de matemáticas de colegios para alumnos de doce a catorce años bonificaciones de hasta 15.000 dólares por mejorar las puntuaciones de los exámenes de sus alumnos.[19]

Las bonificaciones de Nashville, aunque eran considerables, no tuvieron prácticamente impacto alguno en el rendimiento de los alumnos en matemáticas. Pero el programa de incentivos para las

---

* 3 = cualificado; 4 = muy cualificado; 5 = sumamente cualificado. *(N. del T.)*

pruebas de cualificación de Texas y de otras partes tuvieron un efecto positivo. Muchos alumnos, incluidos los de familias con bajos ingresos y los pertenecientes a minorías, se han animado a estudiar materias preparatorias. Y muchos están superando los exámenes normalizados que los cualifican para la universidad. Esta es una buena noticia. Pero no confirma la idea económica común sobre los incentivos económicos según la cual cuanto más se les paga, tanto más trabajarán los estudiantes y tanto mejores serán los resultados. El asunto es más complejo que todo eso.

Los programas de incentivos para las pruebas de cualificación que han tenido éxito ofrecen a estudiantes y profesores más que dinero; transforman la cultura del colegio y las actitudes de los alumnos hacia el rendimiento en los estudios. Estos programas proporcionan formación especial a profesores y equipos de laboratorio, y organizan sesiones tutoriales después de las horas de colegio y los sábados. Un exigente colegio urbano de Worcester, Massachusetts, ofreció clases preparatorias a todos los alumnos, y no a una élite preseleccionada, y reclutó alumnos utilizando pósters de estrellas del rap que «invitaban a chicos que vestían vaqueros medio caídos e idolatraban a raperos como Lil Wayne a recibir las clases más difíciles». Parece que el incentivo de los 100 dólares por pasar la prueba al final del año los motivó más por su efecto expresivo que por el dinero en sí mismo. «Hay algo que mola en este dinero —dijo un alumno a *The New York Times*—. Hay un gran extra.» Las sesiones tutoriales dos veces a la semana después del colegio y las dieciocho horas de clases del sábado que ofrecía el programa también ayudaban.[20]

Un economista que examinó detenidamente el programa de incentivos para las pruebas de cualificación en colegios de alumnos de familias con bajos ingresos de Texas observó algo interesante: el programa conseguía estimular el rendimiento escolar, mas no de la manera predicha por el «efecto del precio» estándar (cuanto más se paga, mejores son las notas). Aunque algunos colegios pagaban 100 dólares por superar la prueba y otros hasta 500 dólares, los resultados no eran mejores en los colegios que ofrecían mayores sumas. Alumnos y profesores no actuaban «simplemente como maximizadores de ingresos», escribió C. Kirabo Jackson, autor del estudio.[21]

¿Qué estaba sucediendo? El dinero tenía un efecto expresivo —hacía que el rendimiento escolar «molase»—. Esta es la razón de que la cantidad no fuese decisiva. Aunque en la mayoría de los colegios solo las asignaturas preparatorias de inglés, matemáticas y ciencias contaban para estos incentivos económicos, el programa también inducía a una mayor implicación en otras asignaturas, como historia y ciencias sociales. Los programas de incentivos para las pruebas de cualificación han dado resultado no por sobornar a los estudiantes para que mejoren, sino porque modifican las actitudes hacia el rendimiento y la cultura escolar.[22]

SOBORNOS SANITARIOS

La sanidad es otra área donde los incentivos económicos están en boga. Cada vez es más frecuente que médicos, compañías aseguradoras y empleadores paguen a la gente por estar sana —por tomar sus medicamentos, por dejar de fumar o por perder peso—. Se podría pensar que prevenir la enfermedad o evitar los alimentos nocivos para la salud serían motivaciones suficientes. Pero, sorprendentemente, muchas veces no es este el caso. De un tercio a la mitad de los pacientes no toman las medicaciones que los médicos les prescriben. Cuando su situación empeora, el resultado general son miles de millones de dólares anuales en gastos sanitarios adicionales. Por eso, médicos y aseguradoras están ofreciendo incentivos económicos con el fin de motivar a los pacientes para que tomen sus medicinas.[23]

En Filadelfia, los pacientes a los que se prescribe warfarina, un anticoagulante sanguíneo, pueden ganar de 10 a 100 dólares de recompensa por tomar el medicamento. (Un pastillero informatizado registra las tomas del medicamento y les dice si ese día han ganado dinero). Los participantes en el sistema de incentivos hacen una media de 90 dólares al mes por seguir las prescripciones. En Gran Bretaña, algunos pacientes con trastorno bipolar o esquizofrenia reciben 15 libras por ponerse su inyección mensual de sustancias antipsicóticas. A las chicas adolescentes se les ofrece 45 libras en vales de compra para adquirir y recibir la vacuna que las protege contra un virus de transmisión sexual que puede producir cáncer cervical.[24]

El hábito de fumar acarrea grandes costes a compañías que proporcionan seguros sanitarios a sus empleados. Así, en 2009 General Electric comenzó a pagar a algunos de sus empleados para que dejaran de fumar; 750 dólares si lo consiguen durante un año. Los resultados fueron tan prometedores que GE ha ampliado la oferta a todos sus empleados de Estados Unidos. La cadena de supermercados Safeway ofrece primas de seguros de salud más bajas a los trabajadores que no fuman y tienen bajo control el peso, la tensión arterial y el colesterol. Un número creciente de compañías utilizan una combinación de incentivos y amenazas para motivar a los empleados en la mejora de su salud. El 80 por ciento de las grandes compañías estadounidenses ofrecen hoy incentivos económicos a quienes participan en programas de vida sana. Y casi la mitad penalizan a los empleados con hábitos poco saludables, normalmente haciéndoles pagar más por su seguro sanitario.[25]

La pérdida de peso es la meta más atrayente, por más difícil que sea de alcanzar, en los experimentos con incentivos económicos. El *reality show* de la NBC *The Biggest Loser* escenifica la moda actual de pagar a las personas por bajar de peso. Ofrece 250.000 dólares al concursante que consiga la mayor pérdida proporcional de peso durante la temporada.[26]

Médicos, investigadores y empleadores han intentado ofrecer incentivos más modestos. En un estudio realizado en Estados Unidos, una recompensa de unos cientos de dólares motivó a participantes obesos para perder unos seis kilos en cuatro meses. (Desafortunadamente, las pérdidas de peso resultaron pasajeras.) En Gran Bretaña, donde el Servicio Nacional de Salud gasta el 5 por ciento de su presupuesto en tratamientos de enfermedades relacionadas con la obesidad, este servicio intentó pagar a personas con sobrepeso hasta 425 libras por perder peso y no recuperarlo en dos años. El sistema recibe el nombre de Libras por Libras.[27]

Hay dos cuestiones que se plantean acerca del sistema de pagar a la gente por adquirir hábitos saludables. ¿Funciona este sistema? ¿Es objetable?

Desde un punto de vista económico, la justificación del pago a personas por preocuparse de su salud es simplemente un asunto de costes y beneficios. La única cuestión real es si el sistema de los incentivos funciona. Si el dinero motiva a la gente para que tome sus medicamentos, deje de fumar o vaya a un gimnasio, reduciendo así la necesidad posterior de costosos tratamientos, ¿qué tiene de objetable?

Pero muchos hacen objeciones. El recurso a los incentivos económicos para promover hábitos saludables es causa de virulentas controversias morales. Una objeción habla de justicia, y otra de soborno. La primera se plantea, de maneras diferentes, a ambos lados del espectro político. Algunos conservadores arguyen que las personas con sobrepeso deben adelgazar por ellas mismas; pagarles para que adelgacen (y encima con dinero de los contribuyentes) premia de manera injusta la conducta indolente. Estos críticos ven los incentivos económicos como una «recompensa a la indulgencia más que una forma de tratamiento». En esta objeción subyace la idea de que «todos podemos controlar nuestro peso», por lo que es injusto pagar a quienes no lo hacen —especialmente si el dinero de los pagos procede, como a veces en Gran Bretaña, del Servicio Nacional de Salud—. «Pagar a alguien por abandonar malos hábitos es lo último en la mentalidad del Estado nodriza, pues lo exime de toda responsabilidad por su salud.»[28]

Algunos progresistas manifiestan la preocupación contraria: las recompensas económicas por cuidar la salud (y las penalizaciones de la mala salud) pueden suponer una injusta desventaja para las personas que se hallan en situaciones sanitarias que no pueden controlar. Permitir que empresas o aseguradoras sanitarias discriminen entre los sanos y los no sanos a la hora de establecer las cuotas es injusto con quienes, sin tener culpa alguna, están menos sanos y corren mayores riesgos. Una cosa es ofrecer a todo el mundo un descuento para el gimnasio y otra muy distinta imponer cuotas de seguros basadas en estados de salud que muchas personas no pueden controlar.[29]

La objeción de soborno es más esquiva. Es corriente que la prensa llame sobornos a los incentivos para cuidar la salud. Pero ¿lo son? En el programa de dinero por esterilización, el soborno es claro. Se paga a las mujeres para que renuncien a su capacidad reproductiva no por su propio bien, sino con una finalidad externa: impedir que nazcan más niños con drogadicción. Se les paga para que actúen, en no pocos casos, contra su propio interés.

Pero no puede decirse lo mismo de los incentivos económicos para que la gente deje de fumar o pierda peso. Cualquiera que sea la finalidad externa a la que sirva (reducir los costes sanitarios de las empresas o del servicio nacional de salud), el dinero anima a quien lo recibe a adquirir hábitos que benefician su salud. ¿Dónde está entonces el soborno?[30] O, para plantear la cuestión de forma ligeramente diferente: ¿por qué parece justa la acusación de soborno cuando el hábito saludable beneficia a la persona sobornada?

Lo parece, creo, porque sospechamos que el móvil monetario desplaza otros motivos mejores. Y lo hace de esta manera: la buena salud no solo la determina el nivel normal de colesterol y el índice de masa corporal. También la determinan la actitud correcta hacia nuestro bienestar físico y tratar a nuestro cuerpo con cuidado y respeto. Pagar a la gente por tomar sus medicamentos contribuye poco a desarrollar esta actitud, y hasta puede debilitarla.

Esta es la razón de que los sobornos sean manipuladores. Rehúyen la persuasión e imponen la razón externa sobre la intrínseca. «¿No le preocupa su bienestar lo suficiente como para dejar de fumar o perder peso? Pues preocúpese, porque le voy a pagar 750 dólares.»

Los sobornos para cuidar nuestra salud nos tientan para que hagamos algo que deberíamos hacer de todos modos. Nos inducen a hacer una cosa buena a cambio de una cosa mala. A veces, ser tentados de este modo nos ayuda. No es fácil dejar de fumar o perder peso por propia voluntad. Pero hay ocasiones en que debemos sobreponernos a la manipulación. De lo contrario, la disposición a ser sobornados puede convertirse en un hábito.

Si los sobornos sanitarios son eficaces, preocuparse por la corrupción de las actitudes positivas con respecto a la salud puede parecer exagerado. Si el dinero puede curar nuestra obesidad, ¿por qué pensar en manipulaciones? Una respuesta es que una verdadera preocupación por nuestro bienestar físico es parte del respeto hacia nosotros mismos. Otra respuesta es más práctica: si las actitudes que preservan la salud están ausentes, los kilos pueden retornar cuando los incentivos se acaban.

Esto es lo que parece haber sucedido con los sistemas de adelgazamiento mediante pagos que hasta ahora se han estudiado. En el pago por dejar de fumar parece que hay un rayo de esperanza. Pero incluso el estudio más optimista averiguó que más del 90 por ciento de los fumadores a los que se les pagó por terminar con su hábito volvieron a fumar seis meses después de que cesaran los incentivos. En general, los incentivos económicos parecen funcionar mejor si hacen que la gente se someta a algo específico —una cita médica o una inyección— en vez de tratar de cambiar hábitos y comportamientos prolongados.[31]

El sistema de pagar por estar sano puede fracasar porque no cultiva los valores que sustentan la buena salud. Si esto es cierto, la pregunta del economista («¿Funcionan los incentivos económicos?») y la pregunta del moralista («¿Son objetables?») están más cerca una de otra de lo que parece a primera vista. Que un incentivo «funcione», depende de su objetivo. Y el objetivo propiamente dicho puede incluir valores y actitudes que los incentivos económicos socavan.

INCENTIVOS PERVERSOS

Un amigo mío solía pagar un dólar a los niños cada vez que escribían una nota de agradecimiento. (Al leer esas notas, solía decirle que estaban escritas bajo coacción.) Esta táctica puede funcionar o no a largo plazo. Puede resultar que si los niños escriben las suficientes notas de agradecimiento, terminen aprendiendo el sentido real de las mismas y continúen manifestando su gratitud por los regalos que reciben aunque no les paguen por ello. También es posible que aprendan la lección opuesta y vean en las notas de agradecimiento una incomodidad que soportarán por dinero. En este caso, el hábito no se asentará, y dejarán de escribir esas notas cuando ya no les paguen. Peor aún: los sobornos podrán corromper su educación moral y hacer que les cueste entender la virtud de la gratitud. Aunque incremente la producción a corto plazo, el soborno para escribir notas de agradecimiento habrá fracasado al inculcar una manera equivocada de valorar el bien en cuestión.

Una dilema similar se plantea en el caso de las buenas notas: ¿por qué no pagar a un niño para que saque buenas notas o para que lea un libro? El objetivo es motivarlo para que estudie o lea. El pago es un incentivo para lograr esa finalidad. La ciencia económica enseña que la gente responde a los incentivos. Y si algunos niños pueden ser motivados a leer libros por amor a la lectura, con otros no sucederá así. ¿Por qué entonces no seguir usando el dinero como incentivo?

Porque puede resultar que —como el razonamiento económico sugiere— dos incentivos funcionen mejor que uno. Pero también puede resultar que el incentivo monetario socave el incentivo intrínseco, haciendo que se lea menos y no más. O que se lea más a corto plazo, pero por una razón equivocada.

En este escenario, el mercado es un instrumento, pero no un instrumento inocente. Lo que comienza siendo un mecanismo de mercado se convierte en una norma de mercado. La preocupación obvia es que el pago pueda acostumbrar a los niños a ver en la lectura de libros una manera de hacer dinero, minando así, o desplazando, o corrompiendo el amor a la lectura.

El empleo de incentivos monetarios para que la gente pierda peso, o lea libros, o se esterilice refleja la lógica de la concepción económica de la vida, pero también la propaga. Cuando Gary Becker escribió, a mediados de la década de 1970, que todo lo que hacemos puede explicarse suponiendo que calculamos costes y beneficios, se refería a «precios sombra», los precios imaginarios que se dice van implícitos en las alternativas que se nos ofrecen y en las elecciones que hacemos. Así, cuando, por ejemplo, una persona decide permanecer casada en vez de divorciarse, no fija precios; la persona considera más bien el precio implícito de una ruptura —el precio económico y el precio emocional— y decide que los beneficios del divorcio no le interesan.

Pero los sistemas de incentivos que actualmente tanto abundan van más allá. Al poner un precio real y explícito a actividades que están muy lejos de los fines materiales, sacan a la luz los precios sombra de Becker y los hacen reales. Ellos proclaman la sugerencia beckeriana de que todas las relaciones humanas son en última instancia relaciones mercantiles.

El propio Becker hizo una interesante propuesta en esta línea, una solución mercantil al polémico debate sobre política de inmigración: Estados Unidos debería abandonar su complejo sistema de cupos, sistemas de puntos, preferencias familiares y listas de espera y simplemente vender el derecho a inmigrar. Dada la demanda, Becker propone fijar el precio de la admisión en 50.000 dólares o tal vez más.[32]

Los inmigrantes dispuestos a pagar una gran suma por entrar, razona Becker, tendrían automáticamente unas características deseables. Serían probablemente jóvenes, capacitados, ambiciosos y trabajadores, y probablemente no harían uso de las ayudas sociales o los subsidios de desempleo. La primera vez que Becker propuso vender el derecho a inmigrar (en 1987), muchos consideraron extravagante esta idea. Pero, para quienes estaban imbuidos de conceptos económicos, era una manera sensata, sencillamente obvia, de aplicar el razonamiento mercantil para zanjar una cuestión por lo demás espinosa: ¿cómo decidir a qué inmigrantes conviene admitir?

Julian L. Simon, también economista, propuso por la misma época un plan similar. Sugirió fijar un cupo anual de admisión de inmigrantes y subastar la admisión al mejor postor hasta agotar el cupo. Vender el derecho a inmigrar es justo, argumentaba Simon, «porque discrimina de acuerdo con el estándar de una sociedad orientada al mercado: la capacidad para pagar y la disposición a hacerlo». Para salir al paso de la objeción de que su plan permitiría entrar solo a los pudientes, Simon sugirió permitir a los ganadores en la subasta tomar prestada del gobierno parte de la suma y devolverla después con el impuesto correspondiente. Y si no pudieran devolverla, observaba, siempre podrían ser deportados.[33]

Algunos encontraron ofensiva la idea de vender el derecho a inmigrar. Pero en una época de creciente fe en el mercado, lo esencial de la propuesta de Becker-Simon pronto encontró el camino de la legalización. En 1990, el Congreso dispuso que los extranjeros que invirtieran 500.000 dólares en Estados Unidos podrían inmigrar con sus familias y permanecer en el país durante dos años, transcurridos los cuales podrían recibir una tarjeta verde permanente si la inversión creaba al menos diez puestos de trabajo. El plan de dinero por tarjeta verde fue el remate del sistema de evitación de colas, una vía rápida hacia la ciudadanía. En 2011, dos senadores propusieron un proyecto de ley para ofrecer un incentivo económico similar con el fin de reanimar el mercado de viviendas de lujo, que se hallaba deprimido a consecuencia de la crisis financiera. El extranjero que comprara una vivienda por 500.000 dólares recibiría un visado que le permitiría vivir con su cónyuge y sus hijos menores de edad en Estados Unidos tanto tiempo como tuviera la vivienda en propiedad. Un titular de *The Wall Street Journal* resumió así el trato: COMPRE UNA CASA Y OBTENDRÁ UN VISADO.[34]

Becker propuso cobrar a refugiados que sufrían persecuciones por su admisión. El libre mercado, sostenía, haría fácil decidir qué refugiados aceptar: los suficientemente motivados como para pagar el precio: «Por razones obvias, los refugiados políticos y los perseguidos en sus propios países estarían dispuestos a pagar una suma considerable por ser admitidos en una nación libre. Un sistema de pagos automáticamente evitaría pérdidas de tiempo preguntándoles si verdaderamente estaría en peligro su integridad física si se les obligara a regresar a su país».[35]

Proponer que un refugiado que sufre persecución entregue 50.000 dólares es una muestra de insensibilidad, además de otro ejemplo de la incapacidad por parte del economista de distinguir entre disposición a pagar y posibilidad de hacerlo. Consideremos entonces otra propuesta del mercado para resolver el problema del refugiado, una propuesta que no hace a los refugiados pagar de su bolsillo. Peter Schuck, un profesor de derecho, propuso lo siguiente: dejar que un organismo internacional asigne a cada país un cupo anual de refugiados de acuerdo con su riqueza nacional. Y luego permitir a las naciones comprar y vender entre ellas estas obligaciones. Así, por ejemplo, si a Japón se le asignan veinte mil refugiados al año, pero no desea acogerlos, podría pagar a Rusia o a Uganda para que lo hicieran. De acuerdo con la lógica estándar del mercado, todos saldrían ganando. Rusia o Uganda obtendrían una nueva fuente de ingresos nacionales, y Japón cumpliría sus obligaciones con los refugiados pagando por ellos, y así serían más los refugiados que encontrarían asilo.[36]

Hay algo desagradable en la idea de un mercado de refugiados aun si este aumentase el número de refugiados que encontrasen asilo. Pero ¿qué tiene exactamente de objetable? Es algo que tiene que ver con el hecho de que un mercado de refugiados cambia nuestra percepción de los refugiados, de lo que son y del modo como deben ser tratados. Y anima a los participantes en este mercado —los compradores, los vendedores y también las personas cuyo asilo se regatea— a pensar en los refugiados como cargas de las que hay que deshacerse o como fuentes de ingresos, en vez de ver en ellos a seres humanos en peligro.

Alguien podría reconocer el efecto degradante de un mercado de refugiados y, aun así, concluir que este sistema los beneficia más que los perjudica. Pero este ejemplo pone de manifiesto que los mercados no son meros mecanismos. Que encierran ciertas normas. Presuponen —y promueven— ciertas maneras de valorar los bienes que se intercambian.

Los economistas a menudo suponen que los mercados no tocan o contaminan los bienes que regulan. Pero esto no es cierto. Los mercados dejan su impronta en las normas sociales. Con frecuencia los incentivos mercantiles minan o desplazan los incentivos no mercantiles.

Un estudio sobre algunas guarderías de Israel demuestra que esto puede suceder. Las guarderías se enfrentaban a un problema familiar: lo padres a veces llegaban tarde a recoger a sus hijos, y una cuidadora debía permanecer con ellos hasta que llegasen los padres que se retrasaban. Para solucionar este problema, las guarderías les impusieron una multa por recogerlos tarde. ¿Qué sucedió? Las recogidas con retraso aumentaron.[37]

Ahora que sabemos que la gente responde a los incentivos, este es un resultado desconcertante. Esperaríamos que la multa redujese, y no aumentase, la incidencia de recogidas con retraso. ¿Qué había ocurrido? La introducción de un pago cambió las normas. Antes, los padres que llegaban tarde se sentían culpables; estaban causando molestias a las cuidadoras. Después, los padres consideraron la espera como un servicio por el cual estaban dispuestos a pagar. Trataron la multa como si fuese una tasa. Más que causar una molestia a las cuidadoras, simplemente les pagaban por trabajar más tiempo.

MULTAS *VERSUS* TARIFAS

¿Cuál es la diferencia entre una multa y una tarifa? Merece la pena reflexionar sobre esta distinción. Las multas suscitan una desaprobación moral, mientras que las tarifas son simplemente precios que no implican juicio moral alguno. Cuando se impone una multa por arrojar desperdicios en algún sitio, se está diciendo al que comete esta acción que lo que hace está mal. Arrojar una lata de cerveza al Gran Cañón no solo acarrea gastos de limpieza. Refleja una mala actitud de la que la sociedad quiere disuadirnos. Supongamos que la multa es de 100 dólares y un excursionista adinerado piensa que él no tiene por qué molestarse en sacar sus desperdicios del parque. El excursionista asume la multa como una tarifa, y arroja sus latas de cerveza al Gran Cañón. Aunque pague la multa, consideramos que lo que hace no está bien. Al tratar al Gran Cañón como un caro contenedor, no ha sido capaz de apreciarlo de la manera apropiada.

O consideremos las plazas de aparcamiento reservadas a discapacitados. Supongamos que un contratista ocupado y no discapacitado quiere aparcar cerca del sitio donde se está construyendo un edificio.

Por la comodidad de aparcar su coche en un sitio reservado a discapacitados está dispuesto a pagar una multa que seguramente será grande; él la considera un coste más en sus negocios. Aunque pague la multa, ¿no consideraremos que lo que hace está mal? Asume la multa como si fuera simplemente una cara tarifa de aparcamiento. Pero pasa por alto su significado moral. Al afrontar la multa como una tarifa, no respeta las necesidades de los discapacitados físicos ni la voluntad de la comunidad de acomodarlos al espacio público reservándoles algunas plazas de aparcamiento.

UNA MULTA DE TRÁFICO DE 170.000 EUROS

Cuando la gente asume las multas como tarifas, desacata las normas que las multas expresan. Y a menudo, la sociedad contraataca. Algunos conductores opulentos consideran las multas de tráfico el precio que tienen que pagar por conducir a la velocidad que les plazca. En Finlandia, la ley penaliza con dureza esta manera de pensar (y conducir) al basar las cuantías de las multas en los ingresos del infractor. En 2003, Jussi Salonoja, el heredero de veintisiete años de una fábrica de salchichas, fue multado con 170.000 euros por conducir a 80 kilómetros por hora en una zona con la velocidad limitada a 40 km/h. Salonoja, uno de los hombres más ricos de Finlandia, tenía unos ingresos de 7 millones de euros anuales. El récord anterior de multa de tráfico más cara lo tenía Anssi Vanjoki, un ejecutivo de Nokia, la empresa de telefonía móvil. En 2002 fue multado con 116.000 euros por conducir a toda velocidad por Helsinki en su Harley-Davidson. Un juez redujo la multa cuando Vanjoki demostró que sus ingresos habían disminuido debido a una caída de las ganancias de Nokia.[38]

Lo que hace que las multas de tráfico en Finlandia no puedan tratarse como tarifas no es solo el hecho de que varíen con los ingresos. Es el oprobio moral que conllevan; el juicio de que la infracción del límite de velocidad está mal. Los impuestos progresivos también varían con los ingresos, y sin embargo no son multas; su finalidad es aumentar las rentas públicas, no penalizar las actividades que generan altos ingresos. La multa de 170.000 euros de Finlandia demuestra que la sociedad no solo quiere cubrir los costes de las conductas arriesgadas; quiere también que el castigo se ajuste al delito, y a la cuenta bancaria del infractor.

Pero la actitud respetuosa con los límites de velocidad de algunos ricos que conducen deprisa no borra la diferencia entre una multa y una tarifa. En muchos lugares, que a uno lo paren y le pongan una multa constituye todavía un estigma. Nadie piensa que el agente estaba simplemente recaudando unas tarifas de circulación o entregando al infractor una factura por la comodidad de un desplazamiento más rápido hacia su puesto de trabajo. Recientemente me sorprendió la noticia de una inusitada propuesta que demuestra con más claridad lo que realmente es una multa de tráfico frente a una tarifa.

En 2010, Eugene «Gino» DiSimone, un candidato independiente a gobernador de Nevada, propuso una manera insólita de recaudar dinero para su estado: permitir que la gente pagara 25 dólares al día por superar el límite de velocidad indicado y conducir a 150 km/h por determinadas carreteras de Nevada. Quien quisiera tener la opción de circular de vez en cuando a esa velocidad tendría que comprar un transpondedor y marcar por teléfono móvil su cuenta siempre que necesitase circular algo más deprisa. Los 25 dólares se cargarían a su tarjeta de crédito, y sería libre de circular deprisa durante las veinticuatro horas siguientes sin que le parasen. Si un agente provisto de radar móvil detectaba su coche circulando a toda velocidad por la autopista, el transpondedor indicaría que era un usuario de pago, y no se le pondría ninguna multa. DiSimone estimó que este sistema aportaría 1.300 millones de dólares por lo menos al estado sin necesidad de aumentar los impuestos. A pesar de lo tentador de esta forma de llenar las arcas del estado, la Patrulla de Carreteras de Nevada advirtió de que este plan pondría en peligro la seguridad pública, y el candidato acabó derrotado.[39]

Viajes en el metro y alquileres de vídeos

En la práctica, la distinción entre multa y tarifa puede ser poco clara. Consideremos este caso: si viajamos en el metro de París sin pagar el billete de 1,5 euros, nos pueden multar con hasta 50 euros. La multa es una sanción por burlar el sistema de transporte viajando sin billete. Pero, recientemente, a un grupo de usuarios habituales sin billete se le ocurrió una manera más inteligente de convertir la multa en una tarifa, y en una tarifa modesta. Creó un fondo de seguros que les pagaría su multa si les sorprendían. Cada miembro paga unos 7 euros mensuales a dicho fondo (llamado *mutuelle des fraudeurs*), mucho menos que los 50 euros que cuesta adquirir el abono mensual.

Los miembros del movimiento de la *mutuelle* dicen que no es el dinero lo que los motiva, sino un compromiso ideológico: el de hacer que el transporte público sea gratuito. «Es una manera de resistir todos juntos», declaró un cabecilla del grupo a *Los Angeles Times*. «Hay cosas en Francia que se supone que deben ser gratuitas —escuelas, salud—. ¿Por qué no el transporte?» Aunque es improbable que los *fraudeurs* prevalezcan, su innovador sistema convierte una sanción por defraudar al transporte público en la prima mensual de un seguro que están dispuestos a pagar para así oponerse al sistema.[40]

Para decidir si una multa o una tarifa es apropiada, tenemos que entender cuál es la finalidad de la institución social en cuestión y las normas que deberían regirla. La respuesta variará según nos refiramos a llegar tarde a la guardería, a saltarse el torno del metro de París o… a devolver en el plazo establecido un DVD a la tienda de vídeos del barrio.

En los primeros tiempos de alquiler de vídeos, los recargos por los vídeos devueltos con retraso se trataban como sanciones. Si se devolvía tarde un vídeo, la persona que estaba al otro lado del mostrador adoptaba una determinada actitud. Era como si uno hubiera hecho algo moralmente malo al retener la película durante tres días más. Personalmente pensaba que esa actitud no era la conveniente. Después de todo, una tienda de vídeos no es una biblioteca pública. Las bibliotecas imponen multas, no tarifas, por devolver los libros con retraso. Esto es así porque su finalidad es organizar el libre préstamo de libros a los miembros de una comunidad. Por eso es natural que nos sintamos culpables cuando devolvemos un libro a la biblioteca después de que el plazo haya vencido.

Pero una tienda de vídeos es un negocio. Su finalidad es ganar dinero alquilando vídeos. Si tengo la película en mi casa más tiempo del permitido y pago los días de más, tendrían que considerarme un buen cliente, no lo contrario. O eso pienso yo. Esta norma ha ido cambiando poco a poco. Ahora parece que las tiendas de vídeos tratan las sanciones como tarifas.

La política del hijo único en China

A menudo, los dilemas morales son más importantes. Consideremos la controversia sobre la línea de separación, a veces difusa, entre una sanción y una tarifa: en China, la gente pudiente considera cada vez más la sanción por contravenir la política del hijo único impuesta por el gobierno como un precio que hay que pagar por tener un hijo de más. Esta política, en vigor desde hace más de tres décadas, y cuya finalidad es frenar el crecimiento de la población china, obliga a la mayoría de las parejas de las zonas urbanas a no tener más de un hijo. (A las familias rurales se les permite un segundo hijo si el primero es una niña.) La sanción varía de región en región, pero alcanza los 200.000 yuanes (unos 31.000 dólares) en las grandes ciudades —una suma en extremo elevada para el trabajador medio, pero fácilmente asumible para los ricos empresarios, las estrellas del deporte y otras celebridades—. Una información procedente de una agencia de noticias china cuenta el caso de una mujer embarazada y su marido, residentes en Guangzhou, que «entraron con paso decidido» en su oficina local de control de natalidad, pusieron el dinero sobre el mostrador y dijeron: «Aquí tienen 200.000 yuanes. Necesitamos cuidar a nuestro futuro hijo. Así que, por favor, no vengan a molestarnos».[41]

Los funcionarios de los centros de planificación familiar han intentado reforzar el aspecto punible de la sanción aumentando los importes de las multas a los transgresores adinerados, denunciado a las celebridades que vulneran la política de natalidad, prohibiéndoles aparecer en la televisión y advirtiendo a los ejecutivos con hijos de más que no obtendrán contratos del gobierno. «La sanción es pan comido para el rico —explicaba Zhai Zhenwu, profesor de sociología de la Universidad de Renmin—. El gobierno ha tenido que golpearles donde realmente les duele: en su fama, su reputación y su posición social.»[42]

Las autoridades consideran la multa como una penalización, y desean conservar el estigma a ella asociado. No quieren reducirla a un recargo. Y esto no se debe principalmente a que estén preocupadas por que los padres adinerados tengan demasiados hijos; el número de transgresores ricos es relativamente pequeño. Lo que está en juego es la norma que sustenta la política de natalidad. Si la sanción fuese un mero recargo, el Estado se encontraría en la indigna situación de estar vendiendo el derecho a tener hijos de más a quienes pueden y están dispuestos a pagar por él.

Permisos de procreación comercializables

Curiosamente, algunos economistas occidentales han propuesto una forma de plantear el control de la población basada en el mercado que es llamativamente parecida al sistema de meros recargos que los funcionarios chinos tratan de evitar. Estos economistas han instado a los países que necesitan limitar su población a establecer permisos de procreación vendibles. En 1964, el economista Kenneth Boulding propuso un sistema de licencias de procreación comercializables como una manera de abordar el problema de la superpoblación. Cada mujer recibiría un título (o dos, según la política al respecto) que le daría derecho a tener un hijo. Ella sería libre de usar el título o venderlo al precio vigente. Boulding imaginaba un mercado en el que las personas deseosas de tener hijos comprarían títulos (como decía textualmente) «a las pobres, las religiosas, las tías solteras, etcétera».[43]

El plan sería menos coactivo que un sistema de cupos como el de la política del hijo único. Sería también económicamente más eficiente, puesto que facilitaría los bienes (en este caso, los hijos) a los consumidores más dispuestos a pagar por ellos. Recientemente, dos economistas belgas resucitaron la propuesta de Boulding. Observaban que, como el rico probablemente compraría licencias de procreación al pobre, el sistema tendría la ventaja adicional de que reduciría la desigualdad al proporcionar al pobre una nueva fuente de ingresos.[44]

Unos imponen a la procreación toda clase de restricciones, mientras que otros creen que los derechos de reproducción pueden restringirse legítimamente para evitar la superpoblación. Dejemos de momento a un lado el desacuerdo de principio e imaginemos una sociedad que ha determinado poner en práctica un control obligatorio de la población. ¿Qué política encontraría menos objetable, un sistema de cupos que limitara a un solo hijo la descendencia de cada pareja y sancionara a quienes excedieran ese límite, o un sistema basado en el mercado que concediera a cada pareja un vale de procreación comercializable que autorizase a la portadora a tener un hijo?

Desde el punto de vista económico, sería claramente preferible la segunda política. La libertad de elegir usar el vale o venderlo beneficia a algunas personas y no perjudica a ninguna. Quienes comprasen o vendiesen vales saldrían ganando (por hacer tratos mutuamente ventajosos), y a quienes entrasen en este mercado no les iría peor que con el sistema de cupos; todavía podrían tener un hijo.

Y, sin embargo, hay algo perturbador en un sistema en el que las personas compran y venden el derecho a tener hijos. Por una parte, este sistema es injusto en condiciones de desigualdad. No nos agrada la idea de hacer de los niños un bien de lujo asequible a los ricos, pero no a los pobres. Si tener hijos es un aspecto capital del desarrollo humano, entonces es injusto condicionar el acceso a este bien a la posibilidad de pagar por él.

Más allá de la objeción de la justicia está la cuestión del soborno. En el corazón de la transacción mercantil hay una actividad moralmente inquietante: padres que desean un hijo extra tienen que inducir o tentar a otros eventuales padres a vender su derecho a tener un hijo. Moralmente, esto no es muy diferente de comprar el hijo único de una pareja después de nacido.

Los economistas podrán argüir que un mercado de niños, o del derecho a tenerlos, tiene la virtud de la eficiencia: distribuye los hijos entre quienes más los valoran, si se mide esta valoración por la posibilidad de pagar. Pero traficar con el derecho a procrear fomenta una actitud mercenaria en relación con los hijos que corrompe la paternidad. Un aspecto capital de la norma del amor paterno y materno es la idea de que los propios hijos son inalienables; es impensable ponerlos en venta. Comprar un hijo, o el derecho a tenerlo, a otro posible padre es arrojar una sombra sobre la paternidad como tal. ¿No quedaría la experiencia de querer a nuestros propios hijos mancillada si hubiésemos podido tener algunos de ellos por haber sobornado a otras parejas para que no los tuvieran? ¿No nos tentaría la idea de como mínimo ocultar este acto a nuestros hijos? Entonces hay razones para concluir que, cualesquiera sean sus ventajas, un mercado de permisos de procreación corrompería la paternidad de un modo que el cupo, aun siendo detestable, no conseguiría corromper.

Permisos de contaminación comercializables

La distinción entre una multa y una tarifa es también relevante en el debate sobre la manera de reducir los gases de efecto invernadero y las emisiones de dióxido de carbono. ¿Debe el gobierno poner límites a las emisiones y sancionar a las compañías que los superen? ¿O debe el gobierno establecer permisos de contaminación comercializables? La segunda opción viene a decir que polucionar no es como arrojar basuras, sino simplemente un coste de la actividad empresarial. ¿Pero es esto justo? ¿No les quedaría algún estigma moral a las compañías que lanzan al aire un exceso de sustancias contaminantes? Para dirimir esta cuestión no solo necesitamos calcular los costes y los beneficios; tenemos también que decidir qué actitudes queremos fomentar hacia el medio ambiente.

En la conferencia de Kioto sobre el calentamiento global (1997), Estados Unidos insistió en que toda norma sobre emisiones obligatoria para todo el planeta tendría que incluir un sistema de compraventa que permitiera a los países comprar y vender el derecho a contaminar. Así, por ejemplo, Estados Unidos podría cumplir sus obligaciones derivadas del Protocolo de Kioto, bien reduciendo sus propias emisiones de gases de efecto invernadero, o bien pagando por reducir emisiones en cualquier otro lugar. En vez de gravar los humos de los Hummer en casa, podría pagar por recuperar la selva amazónica o modernizar una vieja factoría de un país en vías de desarrollo que utilice el carbón.

En aquel momento escribí un artículo en *The New York Times* contra este sistema de comercialización. Aducía con preocupación que permitir a los países comprar el derecho a contaminar sería como permitir a la gente pagar por arrojar desperdicios donde no debe. Y que habría que intentar subrayar, no borrar, el estigma moral que conlleva atentar contra el medio ambiente. También me preocupaba que, al poder los países ricos comprar su exención del deber de reducir sus propias emisiones, estaríamos socavando todo sentido del sacrificio compartido necesario para la futura cooperación global en la protección medioambiental.[45]

El *Times* recibió un aluvión de cartas con comentarios mordaces, en su mayoría de economistas, algunos de ellos colegas míos de Harvard. Venían a decir que yo no tenía idea de las virtudes de los mercados, o de la eficacia del comercio, o de los principios elementales de la racionalidad económica.[46] En medio de aquel torrente de críticas recibí un comprensivo correo electrónico de mi antiguo profesor de economía. Me decía que comprendía lo que yo intentaba aclarar. Pero también me pidió un pequeño favor: no revelar públicamente la identidad de la persona que me había enseñado economía.

Desde entonces he reconsiderado en cierta medida mis ideas sobre el comercio de emisiones, aunque no por las razones doctrinales que los economistas proponen. A diferencia del acto de arrojar desperdicios a la carretera por la ventanilla del coche, el de emitir dióxido de carbono no es en sí objetable. Todos lo hacemos cuando respiramos. No hay nada intrínsecamente malo en echar CO_2 al aire. Lo que sí es objetable es hacerlo en exceso a consecuencia de una forma de vida en la que se derrocha la energía. Esta forma de vida, y las actitudes que comporta, es lo que debemos rechazar, y hasta estigmatizar.[47]

Una manera de reducir la contaminación es su regulación por el gobierno: exigir a los fabricantes de automóviles que cumplan normas más severas respecto a las emisiones; prohibir a las empresas químicas y papeleras verter residuos tóxicos a las vías fluviales; exigir a las factorías la instalación de filtros en sus chimeneas. Y si las compañías no se atienen a estas normas, sancionarlas. Esto es lo que Estados Unidos hizo en las primeras leyes, promulgadas a principios de la década de 1970, relativas al medio ambiente.[48] Las regulaciones, respaldadas por sanciones, serían una manera de conseguir que las compañías pagasen por su contaminación. También transmitirían un mensaje moral: «Sería una vergüenza para nosotros que arrojáramos mercurio y asbesto a lagos y ríos y ensuciáramos el aire con humos asfixiantes. Esto no solo es peligroso para nuestra salud; es que no es la manera de tratar a la Tierra».

Algunas personas se opusieron a estas regulaciones porque no aceptaban nada que impusiera mayores costes a la industria. Otras, más favorables a la protección medioambiental, buscaron otras maneras más eficientes de practicarla. Con el creciente prestigio de los mercados en los años ochenta y el arraigo de las formas de pensar basadas en la economía, algunos defensores del medio ambiente empezaron a mostrarse partidarios de ideas para salvar el planeta basadas en el mercado. No impongamos a cada fábrica normas sobre emisiones, pensaron; en vez de eso, pongamos un precio a la contaminación y dejemos que el mercado haga el resto.[49]

La manera más simple de poner precio a la contaminación es el impuesto. Un impuesto de emisiones puede verse como una tarifa más que como una multa; pero si es lo suficientemente alto, tiene la virtud de conseguir que quienes contaminan paguen por el daño que infligen. Precisamente por esta razón es políticamente difícil de promulgar una ley al respecto. Por eso los legisladores han aceptado una forma de solucionar el problema de la contaminación más amistosa con el mercado: el comercio de emisiones.

En 1990, el presidente George H. W. Bush legalizó un plan para reducir la lluvia ácida causada por las emisiones de dióxido de azufre procedentes de las centrales térmicas que usan el carbón como combustible. En vez de poner límites a cada central, la ley concedía a cada compañía una licencia para contaminar hasta una determinada cuota, y luego dejaba a las compañías comprar y vender las licencias entre ellas. Así, una compañía podía reducir sus propias emisiones, o bien comprar permisos de contaminación extra a otras compañías que hubieran conseguido contaminar por debajo de la cuota asignada.[50]

Las emisiones sulfurosas descendieron, y el sistema de compraventa se consideró en todas partes un éxito.[51] Más tarde, a finales de la década de 1990, la atención se centró en el calentamiento global. El Protocolo de Kioto sobre el cambio climático dio a los países a elegir entre reducir sus emisiones de gases de efecto invernadero o pagar a otro país para que redujera las suyas. Lo racional de este sistema es que reduce el coste de cumplir la norma. Si sale más barato volver a usar lámparas de queroseno en las aldeas de la India que disminuir las emisiones en Estados Unidos, ¿por qué no pagar por que se vuelvan a usar esas lámparas?

A pesar de este aliciente, Estados Unidos no se sumó al acuerdo de Kioto, y las posteriores conferencias sobre el clima global se han ido a pique. Pero lo que aquí me interesa son menos los acuerdos en sí que la forma en que ilustran los costes morales de un mercado global de derechos de contaminación.

El problema moral que plantea el mercado propuesto de permisos de procreación es que su sistema incita a unas parejas a sobornar a otras para que renuncien a la posibilidad de tener un hijo. Esto socava algo tan natural como el amor paterno al inducir a los padres a considerar los hijos bienes alienables, mercancías en venta. Aquí, la verdadera cuestión no es el soborno, sino el abandono de una obligación. Esta se plantea de forma más crucial en un escenario global que un escenario doméstico.

Cuando lo que está en juego es la cooperación global, permitir a los países ricos evitar reducciones significativas de su propia energía comprando a otros el derecho a contaminar (o pagando por programas que hacen posible que otros países contaminen menos) vulnera dos normas: consolida una actitud instrumental hacia la naturaleza y mina el espíritu de sacrificio compartido necesario para crear un entorno ético global. Si las naciones desarrolladas pueden comprar exenciones de la obligación de reducir sus emisiones de dióxido de carbono, entonces la imagen del excursionista en el Gran Cañón acabaría siendo aceptable. Solo que ahora, en vez de pagar una multa por arrojar desperdicios, el excursionista adinerado puede tirar impunemente su lata de cerveza a condición de que pague a otro por limpiar de basuras el Himalaya.

Es cierto que los dos casos no son idénticos. Los desperdicios son menos fungibles que los gases de efecto invernadero. La presencia de la lata de cerveza en el Gran Cañón no la compensa un paisaje prístino en otra parte del mundo. El calentamiento global, en cambio, es un daño acumulativo. Al cielo le da lo mismo en qué lugares del planeta se emite menos dióxido de carbono.

Pero a nosotros no nos da lo mismo moral y políticamente. Permitir a los países ricos comprar su exención de introducir cambios significativos en sus hábitos derrochadores refuerza una actitud negativa: la naturaleza es un vertedero para quienes pueden permitírselo. Los economistas suponen a menudo que encontrar la solución al calentamiento global es simplemente cuestión de diseñar el sistema acertado de incentivos y conseguir que los países lo suscriban. Pero esto pasa por alto un punto crucial: las normas importan. La acción global sobre el cambio climático puede requerir que encontremos el camino hacia una nueva ética medioambiental, hacia un nuevo régimen de actitudes con respecto al mundo natural que todos compartimos. Cualquiera que sea su eficacia, un mercado global del derecho a contaminar puede hacer más difícil fomentar los hábitos de sacrificio, de refrenamiento compartido, que requiere una ética medio-ambiental responsable.

Compensaciones por emisiones de dióxido de carbono

El uso creciente de deducciones de dióxido de carbono plantea una cuestión similar. Las compañías petroleras y las líneas aéreas invitan ahora a sus clientes a pagar dinero por neutralizar su contribución personal al calentamiento global. La página web de British Petroleum permite a sus clientes calcular la cantidad de CO_2 que sus hábitos automovilísticos producen y compensar sus emisiones mediante una contribución económica a proyectos de energía verde en el mundo en vías de desarrollo. Según esta página web, las emisiones del conductor medio británico pueden compensarse por un importe anual de unas 20 libras. British Airways ofrece un cálculo similar. Por 16,73 dólares podemos neutralizar nuestra parte de gases de efecto invernadero emitidos en un vuelo de ida y vuelta entre Nueva York y Londres. La línea aérea quiere paliar el daño que nuestro vuelo causa a la atmósfera enviando nuestros 16,73 dólares a una granja eólica de Mongolia Interior.[52]

Las compensaciones por el dióxido de carbono obedecen a un impulso loable: poner un precio al daño que nuestro uso de la energía ocasiona al planeta y pagar persona por persona ese precio para repararlo. Recaudar fondos para apoyar la reforestación y los proyectos de energía limpia en el mundo en vías de desarrollo son ciertamente cosas que merecen la pena. Pero las compensaciones también tienen su riesgo: que quienes las compran se consideren exonerados de toda responsabilidad por el cambio climático. El riesgo es, por tanto, que las compensaciones se conviertan, al menos para algunos, en un mecanismo llevadero para comprar el modo de librarse de los cambios, más fundamentales, de hábitos, actitudes y formas de vida que pueden ser necesarios para abordar el problema del clima.[53]

Los críticos de estas compensaciones las han comparado a las indulgencias, al dinero que en la Edad Media los pecadores pagaban a la

Iglesia para compensar sus faltas. Una página web, www.cheatneutral. com, parodia las compensaciones por el dióxido de carbono comparándolas con la adquisición y venta de compensaciones por infidelidad. Si alguien en Londres se siente culpable por engañar a su cónyuge, puede pagar a alguien en Manchester para que sea fiel, y así «compensar» la falta. La analogía moral no es perfecta: la traición no es objetable solo, o principalmente, porque incremente la cantidad de infelicidad en el mundo; es un mal causado a una persona particular que ningún acto virtuoso en otro lugar puede reparar. Las emisiones de dióxido de carbono, en cambio, no son malas en sí mismas, sino por acumulación.[54]

Aun así, los críticos tienen razón. Mercantilizar e individualizar las responsabilidad por los gases de efecto invernadero podría tener el mismo efecto paradójico que cobrar un recargo por recoger con retraso a los niños de la guardería, que es el de causar más comportamientos inadecuados y no menos. Y así es como lo hace: en la era del calentamiento global, conducir un Hummer es visto menos como un símbolo de estatus que como un símbolo de actitud derrochadora, de avidez de lujos. Los coches híbridos, en cambio, confieren cierta distinción. Pero las compensaciones por el dióxido de carbono podrían debilitar esta norma por parecer que conceden una licencia moral para contaminar. Si quienes conducen un Hummer pueden mitigar su sentimiento de culpa extendiendo un cheque a una organización que planta árboles en Brasil, puede que estén entonces menos dispuestos a cambiar su voraz automóvil por un híbrido. Tener un Hummer podrá entonces parecer más respetable que irresponsable, y la presión para conseguir respuestas más generales, colectivas, al cambio climático podría ceder terreno.

El escenario que acabo de describir es, desde luego, especulativo. Los efectos sobre normas que utilizan sanciones, recargos y otros incentivos monetarios no pueden predecirse con certeza y varían de caso en caso. Mi tesis es simplemente que los mercados reflejan y fomentan ciertas formas consideradas normales de valorar los bienes que se intercambian. Cuando se decide mercantilizar un bien, es necesario tener presente algo más que la eficiencia y la justicia distributa. También es preciso preguntarse si las normas del mercado están desplazando normas no mercantiles y, en caso de que así sea, si ello implica olvidarse de las que merecen ser protegidas.

No pretendo que promover las actitudes nobles hacia el medio ambiente, la paternidad o la educación deba siempre triunfar sobre toda consideración de la competencia. El soborno a veces es eficaz. Y en ocasiones puede ser justo recurrir a él. Pagando a niños con bajo rendimiento escolar para que lean libros se puede conseguir una considerable mejora en su aptitud para la lectura, y podemos decidir intentarlo con la esperanza de conseguir enseñarles a amar la lectura. Pero es importante recordar que los estamos sobornando, que estamos incurriendo en una práctica moralmente comprometida que sustituye una norma superior (leer por amor a la lectura) por otra inferior (leer para conseguir dinero).

Conforme los mercados y el pensamiento orientado al mercado van invadiendo esferas de la vida tradicionalmente regidas por normas no mercantiles —salud, educación, procreación, política de refugiados, protección medioambiental—, este dilema se plantea cada vez con mayor frecuencia. ¿Qué debemos hacer cuando la promesa de crecimiento económico, o de eficiencia económica, significa poner precio a bienes que consideramos que no tienen precio? En ocasiones nos invade la duda sobre si actuar comercialmente en mercados moralmente cuestionables con la esperanza de alcanzar fines valiosos.

DINERO POR CAZAR UN RINOCERONTE

Supongamos que se quiere proteger especies en peligro de extinción —el rinoceronte negro, por ejemplo—. De 1970 a 1992, la población africana de rinocerontes negros descendió de sesenta y cinco mil ejemplares a menos de dos mil quinientos. Aunque la caza de especies en peligro de extinción es ilegal, la mayoría de los países africanos han sido incapaces de proteger a los rinocerontes de los cazadores furtivos, que venden sus cuernos por grandes sumas de dinero en Asia y Oriente Próximo.[55]

En la década de 1990 y a principios de la de 2000, grupos protectores de la fauna y defensores sudafricanos de la biodiversidad comenzaron a considerar el empleo de incentivos mercantiles para proteger especies amenazadas. Si se permitía en haciendas privadas la venta a los cazadores del derecho a matar un número limitado de rinocerontes negros, los propietarios tendrían un incentivo para criarlos, protegerlos y alejar a los furtivos.

En 2004, el gobierno sudafricano obtuvo la aprobación de la Convención del Comercio Internacional de Especies Amenazadas para conceder licencias a cinco cazadores de rinocerontes negros. Los rinocerontes negros son animales peligrosos y difíciles de matar, y la oportunidad de cazar uno de ellos es muy apreciada entre los cazadores de trofeos. La primera caza legal en décadas costó la bonita suma de 150.000 dólares, que pagó un cazador norteamericano procedente de la industria financiera. Entre los que le siguieron hubo un multimillonario ruso del petróleo, que pagó por matar tres rinocerontes negros.

La solución mercantil parece efectiva. En Kenia, donde la caza de rinocerontes está todavía prohibida, la población de rinocerontes negros ha descendido de veinte mil a alrededor de seiscientos debido a que el país ha perdido gran parte de su vegetación autóctona con la proliferación de fincas agrícolas y ganaderas. Sin embargo, en Sudáfrica, donde los hacendados tienen ahora un incentivo monetario para dedicar grandes fincas a conservar la fauna, la población de rinocerontes negros ha empezado a recuperarse.

A quienes no les preocupe la caza de trofeos, vender el derecho a matar un rinoceronte negro es una forma razonable de utilizar incentivos mercantiles para salvar especies amenazadas. Si los cazadores están dispuestos a pagar 150.000 dólares por cazar un rinoceronte, los hacendados tendrán un incentivo para proteger a los rinocerontes, incrementando así su provisión. Se trata de un ecoturismo artificioso: «Venga y pague por cazar un rinoceronte negro en peligro de extinción. Será una experiencia inolvidable y al mismo tiempo servirá a la causa de su conservación».

Desde el razonamiento económico, la solución mercantil parece claramente la mejor. Beneficia a algunos y no perjudica a nadie. Los hacendados ganan dinero, los cazadores tienen la oportunidad de acechar y disparar a una criatura formidable y se aleja a una especie amenazada del abismo de la extinción. ¿Quién protestaría?

Depende de la condición moral de la caza de trofeos. Si creemos que es moralmente objetable matar animales salvajes como un deporte, el mercado de la caza de rinocerontes es una ganga diabólica, una especie de extorsión moral. Podemos reconocer su efecto positivo en la conservación de los rinocerontes y deplorar el hecho de que esto sea resultado de una satisfacción de lo que consideramos placeres perversos de cazadores acaudalados. Sería como salvar un viejo bosque de secuoyas de su destrucción permitiendo a quienes las talan vender a donantes adinerados el derecho a grabar sus iniciales en algunos árboles.

¿Qué hacer entonces? Podemos rechazar la solución mercantil aduciendo que la fealdad de la caza de trofeos sobrepasa los beneficios de la conservación. O podemos decidir pagar la extorsión moral y vender el derecho a cazar algunos rinocerontes con la esperanza de salvar a la especie de su extinción. La respuesta justa depende en parte de si el mercado quiere realmente producir el beneficio que promete. Pero también depende de si los cazadores de trofeos se equivocan al tratar la fauna como objeto de deporte, y si lo hacen, de la gravedad moral de esa equivocación.

Nuevamente nos encontramos con que el razonamiento mercantil se queda incompleto sin el razonamiento moral. No podemos decidir si comprar y vender el derecho a disparar contra los rinocerontes sin resolver antes la cuestión moral sobre la manera adecuada de valorarlos. Esta es, naturalmente, una cuestión controvertida sobre la cual habrá desacuerdos. Pero el caso de los mercados no puede dilucidarse a partir de cuestiones controvertidas sobre la manera justa de valorar los bienes que se intercambian.

Los aficionados a la caza mayor se agarran instintivamente a este punto. Saben que la legitimidad moral de su deporte (y la de pagar por cazar rinocerontes) depende de la opinión que se tenga sobre la manera adecuada de considerar la fauna salvaje. Algunos cazadores de trofeos dicen venerar a su presa, y mantienen que matar a una criatura grande y poderosa es una forma de respeto hacia ella. Un hombre de negocios ruso que en 2007 pagó por cazar un rinoceronte negro dijo: «Le disparé porque era uno de los cumplidos más grandes que podía hacerle al rinoceronte negro».[56] Los críticos dirán que matar a una criatura es una extraña manera de venerarla. La cuestión de si la caza de trofeos valora debidamente la fauna salvaje es un asunto moral que está en el corazón del debate. Y que nos lleva de nuevo al tema de las actitudes y las normas: que se pueda crear un mercado de la caza de especies amenazadas de extinción, no solo depende de si ese mercado incrementa su número, sino también de si expresa y fomenta la manera correcta de valorarlas.

El mercado del rinoceronte negro es moralmente complejo porque trata de proteger una especie amenazada de extinción fomentando actitudes cuestionables hacia la fauna salvaje. Veamos ahora otra historia de caza que somete el razonamiento mercantil a una prueba aún más dura.

Dinero por cazar una morsa

Durante siglos, la morsa atlántica fue tan abundante en la región ártica de Canadá como el bisonte en el Oeste americano. Apreciado por su carne, su piel, su grasa y sus colmillos de marfil, este indefenso mamífero marino fue presa fácil de los cazadores, y a finales del siglo XIX la población de morsas había quedado diezmada. En 1928, Canadá prohibió la caza de la morsa con la pequeña excepción de la que originariamente practicaban los esquimales para su propia subsistencia, pues desde hacía cuatro mil quinientos años su forma de vida giraba en torno a la caza de este animal.[57]

En la década de 1990, líderes esquimales hicieron una propuesta al gobierno canadiense. ¿Por qué no permitir al esquimal vender a los cazadores el derecho a abatir algunos ejemplares de su cupo de morsas? El número de morsas cazadas seguiría siendo el mismo. Los esquimales recibirían el dinero de los permisos, harían de guías de los cazadores de trofeos, supervisarían la caza y utilizarían la carne y la piel como siempre lo habían hecho. El sistema elevaría el nivel económico de una comunidad pobre sin sobrepasar el cupo existente para ella. El gobierno canadiense dio su conformidad.

En la actualidad, cazadores de trofeos ricos de todo el mundo acuden al Ártico para tener la oportunidad de abatir a una morsa. Pagan de 6.000 a 6.500 dólares por este privilegio. No van por la emoción de perseguir, o el reto de acechar, a una presa escurridiza. Las morsas son criaturas pacíficas que se mueven con lentitud y no son precisamente piezas para cazadores provistos de rifles. En una convincente información publicada en *The New York Times Magazine*, C. J. Chivers comparó la caza de la morsa bajo la supervisión de los esquimales con «un largo viaje en bote para disparar sobre algo parecido a un gran sillón hinchable».[58]

Los guías acercan el bote a cincuenta yardas de la morsa e indican al cazador cuándo puede disparar. Chivers describió la escena como la de un cazador de Texas abatiendo a su presa: «La bala alcanzó al macho en el cuello, sacudiéndole la cabeza y haciéndole caer a un lado. Un chorro de sangre salió del orificio que le hizo la bala. El macho quedó inmóvil. [El cazador] bajó el rifle y sacó su cámara de vídeo». La tripulación esquimal se puso entonces a la dura tarea de arrastrar la morsa muerta hasta un témpano de hielo y descuartizar su cuerpo.

El atractivo que pueda tener esta caza es difícil de entender. No hay reto alguno en ella, lo que la hace parecer menos un deporte que una especie de turismo mortífero. El cazador no puede exhibir los restos de su pieza en las paredes de su casa donde tiene los trofeos. Las morsas están protegidas en Estados Unidos, y es ilegal exhibir partes de su cuerpo en todo el país.

¿Para qué cazar entonces una morsa? Al parecer, para satisfacer el deseo de matar un espécimen de cada criatura que figure en las listas de los clubes de cazadores, por ejemplo, los «cinco grandes» (leopardo, león, elefante, rinoceronte y búfalo del Cabo) o el «Grand Slam» (caribú, buey almizclero, oso polar y morsa).

Difícilmente puede constituir esto una meta admirable; mucha gente lo encuentra repugnante. Pero recordemos que los mercados no emiten juicios sobre los deseos que satisfacen. Desde el razonamiento mercantil hay ciertamente mucho que decir en favor de permitir a los esquimales vender su derecho a cazar un número determinado de morsas. Los esquimales cuentan con una nueva fuente de ingresos, y los «cazadores de listas» con la oportunidad de completar su lista de animales cazados, sin exceder el cupo establecido. En este sentido, vender el derecho a matar una morsa es como vender el derecho a procrear o a contaminar. Una vez establecido un cupo, la lógica del mercado dicta que los permisos comercializables mejoran el bienestar general. Con ellos, determinadas personas se benefician sin perjudicar a nadie.

Y, sin embargo, hay algo moralmente desagradable en comerciar con la caza de morsas. Supongamos, para reforzar el argumento, que es razonable permitir a los esquimales que continúen cazando morsas como lo llevan haciendo durante siglos por ser esta caza necesaria para su subsistencia. Aun así, permitirles la venta del derecho a cazar morsas es moralmente objetable por dos razones.

Una es que este extraño mercado satisface un deseo perverso que no entra en ningún cálculo de utilidad social. Pensemos lo que pensemos de la caza mayor, aquí se trata de una cosa distinta. El deseo de matar de tan cerca un mamífero indefenso sin reto ni acecho, simplemente para completar una lista, no merece ser satisfecho ni aunque proporcione ingresos extras a los esquimales. La segunda razón es que la venta por parte de los esquimales a gente extraña del derecho a matar las morsas a ellos asignadas corrompe el significado y el propósito de la exención inicialmente concedida a su comunidad. Una cosa es aceptar la forma de vida de los esquimales y respetar su larga dependencia de la caza de la morsa para subsistir, y otra muy distinta convertir una parte de este privilegio en una concesión hecha a otros por dinero.

INCENTIVOS Y CONFLICTOS MORALES

Durante la segunda mitad del siglo xx, *Economía* de Paul Samuelson fue el manual más importante en todo el país. Recientemente eché un vistazo a una de las primeras ediciones (1958) de este libro para ver lo que el autor creía que era la economía. Y vi que identificaba la economía con su temática tradicional: «El mundo de los precios, los salarios, los tipos de interés, las acciones y los bonos, los bancos y los créditos, los impuestos y los gastos». La tarea de la ciencia económica era concreta y estaba bien circunscrita: explicar cómo pueden evitarse las depresiones, el desempleo y la inflación, y estudiar los principios «que nos dicen cómo mantener alta la productividad» y «cómo mejorar el nivel de vida de las personas».[59]

Hoy en día, la ciencia económica se ha situado a bastante distancia de su temática tradicional. Considérese la definición de economía que ofrece Greg Mankiw en una edición reciente de su influyente manual de teoría económica: «No hay misterio alguno en lo que es una "economía". Una economía es sencillamente un grupo de personas que interactúan unas con otras cuando hacen sus vidas».

Según esta definición, la economía no es solamente la producción, distribución y consumo de bienes materiales, sino también la interacción humana en general y los principios de acuerdo con los cuales los individuos toman decisiones. Uno de los principios más importantes, observa Mankiw, es el de que «la gente responde a los incentivos».[60]

El discurso de los incentivos se ha vuelto tan dominante en la teoría económica contemporánea que ha llegado a definir la disciplina. En las primeras páginas de *Freakonomics*, Steven D. Levitt, economista de la Universidad de Chicago, y Stephen J. Dubner declaran que «los incentivos son la piedra angular de la vida moderna», y que «la ciencia de la economía es, en su raíz, el estudio de los incentivos».[61]

Es fácil no reparar en la novedad de esta definición. El lenguaje de los incentivos es un desarrollo reciente del pensamiento económico. La palabra «incentivo» no aparece en los textos de Adam Smith, ni tampoco en los de otros economistas clásicos.[62] De hecho, no entró a formar parte del discurso económico hasta el siglo XX, y no adquirió prominencia hasta las décadas de 1980 y 1990. El *Oxford English Dictionary* encuentra su primer uso en el contexto de la economía de 1943, en el *Reader's Digest*: «Mr. Charles E. Wilson [...]

insta a las industrias de armamentos a adoptar el "pago incentivo"; es decir, a pagar más a los trabajadores si estos *producen* más». El uso de la palabra «incentivo» surgió repentinamente en la segunda mitad del siglo xx, cuando los mercados y el pensamiento mercantil adquirieron mayor predominio. Según indica la utilidad de búsqueda de libros de Google, la incidencia de este término aumentó en un 400 por ciento desde la década de 1940 hasta la de 1990.[63]

Concebir la teoría económica como el estudio de los incentivos hace extender algo más el alcance de los mercados a la vida corriente. También concede al economista un papel activo. Los precios «sombra» que Gary Becker invocaba en los años setenta para explicar el comportamiento humano eran precios implícitos, no reales. Eran precios metafóricos que el economista imaginaba, postulaba o infería. Los incentivos, en cambio, son intervenciones que el economista (o el que implanta una política) diseña, urde e impone en el mundo. Son maneras de hacer que la gente pierda peso, o trabaje más, o contamine menos. «A los economistas les gustan los incentivos —escriben Levitt y Dubner—. Les encanta idearlos y aplicarlos, estudiarlos y jugar con ellos. El economista cree que el mundo aún no ha inventado un problema que no pueda solucionarlo si se le da libertad para diseñar el sistema adecuado de incentivos. Su solución puede que no siempre sea buena, puede que implique coacción o penalizaciones exorbitantes, o una vulneración de las libertades civiles, pero tendrá la seguridad de que hallará una solución al problema original. Un incentivo es un proyectil, una palanca, una llave: un objeto a menudo minúsculo con un poder asombroso para cambiar una situación».[64]

Esta concepción está muy lejos de la imagen que Adam Smith tenía del mercado como una mano invisible. Una vez convertido el incentivo en «piedra angular de la vida moderna», el mercado aparece como una gruesa mano manipuladora. (Recordemos los incentivos en dinero para esterilizarse y para sacar buenas notas.) «La mayoría de los incentivos no se generan orgánicamente —observan Levitt y Dubner—. Alguien, un economista, o un político, o un padre, tiene que inventarlos.»[65]

LO QUE EL DINERO NO PUEDE COMPRAR

El uso creciente de incentivos en la vida moderna y la necesidad de alguien que deliberadamente los invente se reflejan en un nuevo y ampuloso verbo que últimamente se ha vuelto moneda corriente: «incentivar». Según el *Oxford English Dictionary*, *to incentivize* es «motivar o animar (a una persona, especialmente a un empleado o a un cliente) proporcionando un incentivo (por lo general, económico)». La palabra data de 1968, pero se ha hecho popular en la última década, especialmente entre economistas, ejecutivos empresariales, burócratas, analistas de la política, políticos y redactores de editoriales. Esta palabra apenas aparecía en los libros hasta alrededor de 1990. Desde entonces, su uso se ha elevado en más de un 1.400 por ciento.[66] Una búsqueda en LexisNexis de los principales diarios revela una tendencia similar:

APARICIÓN DE «INCENTIVAR» EN LOS PRINCIPALES DIARIOS[67]

Décadas	
1980	48
1990	449
2000	6.159
2010-2011	5.885

Recientemente, el verbo «incentivar» se ha introducido en el lenguaje de los presidentes. George H. W. Bush, el primer presidente de Estados Unidos que utilizó este término en comentarios hechos en público, lo hizo en dos ocasiones. Bill Clinton lo utilizó solo una vez, y lo mismo hizo George W. Bush. En sus tres primeros años, Barack Obama ha usado la palabra «incentivar» veintinueve veces. Obama espera incentivar a médicos, hospitales y demás profesionales sanitarios para que apliquen más la medicina preventiva y quiere «estimular, acicatear [e] incentivar a los bancos» para que concedan préstamos a propietarios responsables de pequeñas empresas.[68]

El primer ministro británico, David Cameron, es también un forofo de esta palabra. Dirigiéndose en cierta ocasión a banqueros y grandes empresarios, les pidió que hicieran más por «incentivar» una «cultura inversora dispuesta a asumir riesgos». Y dirigiéndose al pueblo británico tras los disturbios de Londres de 2011, se quejó de que «algunos de los peores aspectos de la naturaleza humana» hubieran sido «tolerados, consentidos y hasta en ocasiones incentivados» por el Estado y sus organismos.[69]

A pesar de las nuevas tendencias incentivadoras, los economistas continúan en su mayoría insistiendo en la distinción entre teoría económica y ética, entre razonamiento mercantil y razonamiento moral. La teoría económica «sencillamente no trata de la moralidad», afirman Levitt y Dubner. «La moralidad representa el modo como nos gustaría que el mundo se comportara, y la ciencia económica representa el modo como realmente se comporta».[70]

La idea de que la economía es una ciencia que no hace valoraciones, que es independiente de toda filosofía moral y política, siempre ha sido cuestionable. Pero la jactanciosa ambición que hoy exhibe la ciencia económica hace que esta idea sea particularmente difícil de defender. Cuanto más extienden los mercados su alcance a esferas no económicas de la vida, tanto más se enredan en cuestiones morales.

Consideremos la eficiencia económica. ¿Por qué tanto interés por ella? Se supone que porque maximiza la utilidad social entendida como la suma de las preferencias de las personas. Como explica Mankiw, un reparto eficiente de los recursos maximiza el bienestar económico de todos los miembros de la sociedad.[71] ¿Por qué maximizar la utilidad social? La mayoría de los economistas o bien ignoran esta cuestión, o bien se repliegan en alguna de las versiones de la filosofía moral utilitarista.

Pero el utilitarismo está expuesto a ciertas objeciones ya familiares. La objeción más relevante al razonamiento mercantil es la que se pregunta por qué debemos maximizar la satisfacción de preferencias sin tener en cuenta su valor moral. Si a unas personas les gusta la ópera y a otras las peleas de perros o las luchas en el barro, ¿hemos de abstenernos de juzgarlas y dar a ambas preferencias el mismo valor en el cálculo de la utilidad?[72] Si el razonamiento mercantil se ocupara solo de bienes materiales, como automóviles, tostadoras o televisores de pantalla plana, esta objeción no tendría mucho peso; sería entonces razonable pensar que el valor de los bienes es simplemente un asunto del consumidor y sus preferencias. Pero cuando el razonamiento mercantil se aplica a asuntos como el sexo, la procreación, la crianza, la educación, la salud, las penas por delitos, la política de inmigración y la protección del medio ambiente, es menos convincente pensar que las preferencias de cada cual deban valorarse de la misma manera. En las discusiones morales, como lo es esta, unas maneras de valorar bienes pueden ser más apropiadas que otras. Y si tal es el caso, es poco claro por qué debemos satisfacer preferencias de forma indiscriminada, sin preguntarnos por su valor moral. (¿Puede nuestro deseo de enseñar a un niño a leer de verdad valorarse igual que el deseo de nuestro vecino de disparar contra una morsa a bocajarro?)

Así, cuando el razonamiento mercantil va más allá del dominio de los bienes materiales, tiene que «tratar de la moralidad», a menos que se quiera maximizar la utilidad social de forma ciega, sin considerar el valor moral de las preferencias que satisface.

Hay una razón más por la que la expansión de los mercados complica la distinción entre razonamiento mercantil y razonamiento moral, entre explicar el mundo y mejorarlo. Uno de los principios capitales de la economía es el efecto de los precios —cuando los precios de un bien suben, ese bien se compra menos, y cuando los precios bajan, se compra más—. Este principio es generalmente operativo cuando hablamos, por ejemplo, de televisores de pantalla plana.

Pero, como hemos visto, este principio es menos operativo cuando lo aplicamos a prácticas sociales regidas por normas no mercantiles, como la de ser puntuales a la hora de recoger a los niños de la guardería. Cuando el recargo por llegar tarde aumentaba (a partir del recargo cero), los retrasos se hacían más frecuentes. Este resultado altera el principio estándar del efecto de los precios. Pero es comprensible que la mercantilización de un bien pueda cambiar el significado de ese bien. Al poner precio a los retrasos, la norma quedó alterada. Lo que antes se veía como la obligación moral de ser puntual —para ahorrar molestias a las cuidadoras—, se ve ahora como una relación mercantil en la que los padres que llegan con retraso simplemente pueden pagar a las cuidadoras por el servicio de permanecer más tiempo en la guardería. El resultado es que el incentivo producía el efecto contrario.

El caso de las guarderías muestra que, cuando los mercados invaden esferas de la vida gobernadas por normas no mercantiles, el efecto estándar de los precios deja de tener validez. Elevar los costes (económicos) de los retrasos produce el efecto de que los padres lleguen más tarde, no más pronto. Así, para explicar el mundo, los economistas tienen que prever si poner precio a una actividad desplazará las normas no mercantiles. Y para prever esto tienen que investigar los supuestos morales que configuran una práctica dada y determinar si la mercantilización de esa práctica (aplicándole un incentivo o una medida disuasoria de orden económico) desplazará esos supuestos.

Llegado a este punto, el economista podrá conceder que, para explicar el mundo, deberá entrar en el terreno de la psicología moral o de la antropología con el fin de averiguar qué normas existen y cómo los mercados pueden afectarlas. Pero ¿por qué significa esto que la filosofía moral deba tener aquí un puesto? Por la siguiente razón: cuando los mercados erosionan las normas no mercantiles, el economista (o cualquier persona) tiene que decidir si ello constituye una pérdida de valores no mercantiles que merecen ser protegidos. ¿Debe importarnos que los padres dejen de sentirse culpables por recoger tarde a los niños de la guardería y vean su relación con las cuidadoras en términos más instrumentales? ¿Debe importarnos que pagando a los niños por leer libros se consiga que los niños acaben viendo la lectura como una ocupación remunerada en detrimento del placer de la lectura en sí? Las respuestas variarán según los casos. Pero las preguntas nos llevan más allá de la predicción de si un incentivo económico será eficaz. Se nos exige que hagamos una valoración moral: ¿qué significación moral tienen actitudes y normas que el dinero es capaz de erosionar o desplazar? ¿Cambiaría la pérdida de normas y expectativas no mercantiles el carácter de la actividad de una forma que lamentaríamos (o deberíamos lamentar)? Si lo cambiara, ¿no deberíamos evitar la introducción de incentivos económicos en la actividad a pesar de que hicieran un bien?

La respuesta depende de la finalidad y del carácter de la actividad en cuestión y de las normas que la definen. Hasta las guarderías difieren a este respecto. Desplazar las expectativas compartidas de mutua obligación puede ser más perjudicial en una cooperativa donde los padres trabajan como voluntarios un número determinado de horas a la semana que en un centro convencional, donde los padres pagan a las cuidadoras para que atiendan a los niños mientras ellos se ocupan de sus asuntos diarios. Pero en cualquier caso es claro que nos movemos en el terreno moral. Para decidir confiar en los incentivos económicos, necesitamos preguntarnos si esos incentivos pueden corromper actitudes y normas que merecen protegerse. Y para responder a esta pregunta, el razonamiento mercantil debe someterse al razonamiento moral. El economista tiene al cabo que «tratar de la moralidad».

3

De qué manera los mercados desplazan la moral

¿Existen cosas que el dinero no tendría que poder comprar? Si existen, ¿cómo decidimos qué bienes y actividades pueden comprarse y venderse y cuáles no? Sugiero que abordemos estas cuestiones haciéndonos una pregunta ligeramente diferente: ¿existen cosas que el dinero no puede comprar?

LO QUE EL DINERO PUEDE Y NO PUEDE COMPRAR

Casi todo el mundo dirá que sí, que existen cosas que no se pueden comprar. Consideremos la amistad. Supongamos que queremos tener más amigos de los que tenemos. ¿Intentaríamos comprarlos? Ciertamente, no. Un momento de reflexión nos haría ver que no resultaría. Un amigo contratado no es lo mismo que un amigo real. Podemos contratar personas para que nos hagan cosas que normalmente hacen los amigos —mirarnos el correo cuando estamos fuera de la ciudad, cuidar de nuestros hijos si fuera necesario, o, si seguimos una terapia, que el terapeuta nos escuche y nos ofrezca apoyo y consejo—. Hasta hace poco, podíamos aumentar nuestra popularidad online pagando a algunos «amigos» de buen ver para que estuvieran en nuestra página de Facebook —por 99 centavos al mes cada amigo—. (La web del amigo ficticio se cerraba cuando aparecía la advertencia de que las fotos utilizadas, de modelos en su mayoría, no estaban autorizadas.)[1] Aunque todos estos servicios pueden comprarse, no podemos comprar realmente un amigo. De alguna manera, el dinero que compra una amistad la disuelve, o la convierte en otra cosa.

O consideremos el premio Nobel. Supongamos que alguien desea desesperadamente recibir el premio Nobel, pero no lo consigue por la vía normal. Se le podrá ocurrir comprarlo. Pero pronto verá que eso es imposible. El premio Nobel no es el tipo de cosa que el dinero puede comprar. Como tampoco lo es el galardón al mejor jugador de la Liga Americana. Podrá comprar el trofeo si algún ganador anterior quiere venderlo, y podrá exhibirlo en el salón de su casa. Pero no podrá comprar el galardón como tal.

Esto es así no solo porque el comité del premio Nobel y la Liga Americana no ponen a la venta sus galardones. Aunque se subastara un premio Nobel cada año, el galardón comprado no sería lo mismo que el galardón real. El intercambio mercantil disolvería el bien que da al premio su valor. Esto se debe a que el premio Nobel es un bien honorífico. Comprarlo significaría desvirtuarlo como bien deseado. En cuanto se supiera que el premio ha sido comprado, el premio ya no transmitiría ni expresaría la idea del honor y del reconocimiento que alguien recibe cuando se le distingue con un premio Nobel.

Lo propio puede decirse de los galardones a los jugadores más destacados de baloncesto. Estos premios también son bienes honoríficos, cuyo valor se disolvería si fuese un premio que se pudiera comprar y no ganar en una temporada de victoriosos cuadrangulares en el béisbol y otras proezas. Hay una clara diferencia entre un trofeo que simboliza una distinción y la distinción en sí misma. Resulta que algunos ganadores de los premios de la Academia de Hollywood, o herederos suyos que los conservaban, han vendido sus estatuillas del Oscar. Algunos de estos Oscars se han subastado en Sotheby's y otras casas de subastas. En 1999, Michael Jackson pagó 1,54 millones de dólares por el Oscar a la mejor película que recibió *Lo que el viento se llevó*. La Academia que concede los Oscars se opone a estas ventas y pide a los galardonados firmar un documento en el que prometen no venderlo. Se permita o no a los coleccionistas comprar trofeos, es obvio que comprar el galardón de la Academia a la mejor actriz no es lo mismo que ganarlo.[2]

Estos ejemplos bastante obvios nos dan una pista para responder a la desafiante pregunta que aquí nos interesa: ¿existen cosas que el dinero puede, pero no debe, comprar? Consideremos un bien que puede comprarse, pero cuya compraventa es algo moralmente controvertido, por ejemplo, un riñón humano. Hay quien defiende los mercados de órganos para trasplantes y hay quien opina que estos mercados son moralmente objetables. Si está mal comprar un riñón, el problema no es en este caso, como en el del premio Nobel, que el dinero disuelva el bien. El riñón funcionará (si es compatible con el receptor) independientemente de lo que se haya pagado por él. Para determinar si los riñones deben o no deben venderse hemos de considerar el lado moral. Hemos de examinar los argumentos a favor y en contra de las ventas de órganos y determinar cuáles son más convincentes.

O consideremos la venta de bebés. Hace unos años, el juez Richard Posner, una figura destacada del movimiento «ley y economía», propuso el uso de mercados para repartir bebés en espera de adopción. Reconoció que los bebés más deseados alcanzarían precios más altos que los menos deseados. Sin embargo, argumentaba que el libre mercado cumpliría mejor la misión de repartirlos que el sistema vigente de adopción, que permite a las agencias de adopción poner tarifas, pero no subastar los bebés o poner un precio de mercado.[3]

Muchas personas están en desacuerdo con la propuesta de Posner y mantienen que los niños no deben ser comprados ni vendidos por muy eficiente que pueda ser el mercado. Si reflexionamos sobre esta controversia, conviene que advirtamos un rasgo distintivo de la misma: al igual que el mercado de riñones, un mercado de bebés no diluiría el bien que los compradores desean adquirir. Un bebé comprado difiere en este sentido de un amigo o un premio Nobel comprados. Si existiera un mercado de bebés para adoptar, la gente que pagase el precio corriente tendría lo que desea: un niño. Que un mercado como este sea moralmente objetable, es otra cuestión.

A primera vista, parece que hay una clara distinción entre dos tipos de bienes: las cosas que el dinero *no puede* comprar (como los amigos y los premios Nobel) y las cosas que el dinero *puede* comprar, pero respecto de las cuales cabe argumentar que no debe (como los riñones y los niños). Pero quiero señalar que esta distinción es menos clara de lo que inicialmente parece. Si la examinamos más detenidamente, podemos vislumbrar una conexión entre los casos obvios en los que el intercambio monetario arruina el bien que se vende, y los casos controvertidos en los que el bien sobrevive a la compra, pero se puede argumentar que resulta degradado, o corrompido, o rebajado de valor.

Disculpas y brindis nupciales comprados

Podemos examinar esta conexión considerando algunos casos intermedios entre la amistad y los riñones. Si no podemos comprar una amistad, ¿qué decir de los regalos entre amigos, o de las manifestaciones íntimas, afectivas o de arrepentimiento?

En 2001, *The New York Times* publicó una información sobre una compañía china que ofrecía un servicio nada corriente: quien necesitara disculparse ante alguien —un amor o un compañero de trabajo con quien se hubiera peleado y estuviera a malas— y no le apeteciera hacerlo personalmente, podía contratar los servicios de la empresa Tianjin Apology para que tramitara la disculpa por él. El lema de la empresa es «Pedimos perdón por usted». Según el artículo, los profesionales de la disculpa son «hombres y mujeres de mediana edad con títulos universitarios que visten trajes oscuros. Son abogados, trabajadores sociales y maestros con "las mejores dotes para la comunicación verbal" y una notable experiencia de la vida que han recibido formación adicional en la resolución de conflictos personales».[4]

No sé si la empresa ha prosperado, ni siquiera si todavía existe. Pero lo que leí acerca de ella me dejó atónito: ¿puede funcionar la compra de una disculpa? Si alguien nos hace algo malo o nos ofende, y luego nos envía a alguien que nos pide perdón en su nombre y nos invita a hacer las paces, ¿nos quedaríamos satisfechos? Quizá dependa de las circunstancias, o quizá de los costes. Si la petición de perdón es cara, ¿la consideraríamos más importante que si es barata? ¿O comporta la petición de perdón de la persona que quiere hacerla un arrepentimiento que de ese modo sería algo adquirido? Si algo tan extravagante como una petición de perdón comprada no puede funcionar como la hecha personalmente, entonces pedir perdón es, como los amigos, el tipo de cosa que el dinero no puede comprar.

Consideremos otra práctica social relacionada con la amistad: un brindis por los novios en una boda. Tradicionalmente, estos brindis son cariñosos y divertidos, palabras sinceras que expresan buenos deseos y que pronuncia un buen tipo, por lo común el mejor amigo del novio. Pero no es fácil pronunciar un elegante discurso nupcial, y muchos buenos tipos no se sienten capaces de hacerlo. Por eso, algunos han decidido comprar online discursos para los brindis nupciales.[5]

ThePerfectToast.com es una de las principales webs que ofrecen discursos nupciales escritos por otros. Su negocio existe desde 1997. El interesado responde online a un cuestionario —sobre cómo se conocieron los novios, cómo los describiría y si desea un discurso lleno de humor o más bien sentimental—, y al cabo de tres días laborables recibe un discurso de tres a cinco minutos de duración escrito por un profesional. El precio es de 149 dólares, y se puede pagar con tarjeta de crédito. Para quienes no pueden permitirse un discurso nupcial a medida, otras webs, como InstantWeddingToasts. com, venden discursos estándar ya escritos por 19,95 dólares, y si el cliente no queda satisfecho, se le devuelve el dinero.[6]

Imaginemos que alguien se casa y que, en el día de su boda, las palabras que pronuncia el amigo en el brindis son tan cálidas y conmovedoras que le arrancan unas lágrimas. Y más tarde se entera de que el discurso no lo escribió él, sino que lo compró online. ¿Podrá seguir apreciándolo? ¿No tendrá el discurso menos valor que el que tenía antes de saber el novio que lo había escrito un profesional pagado? Casi todo el mundo dirá que sí, que el discurso comprado tiene menos valor que uno auténtico.

Podrá argüirse que presidentes y primeros ministros recurren de forma rutinaria a escritores de discursos, y nadie se lo echa en cara.

Pero el discurso de un brindis nupcial no es un informe presidencial sobre el Estado de la Nación. Es una expresión de amistad. Aunque un discurso comprado pueda «funcionar» en el sentido de producir el efecto deseado, este efecto puede contener un elemento de decepción. He aquí un test: si, dominado por la ansiedad que le produce la idea de tener que pronunciar unas palabras en la boda de su mejor amigo, alguien decide comprar online una conmovedora obra maestra en esta clase de discursos, ¿revelaría este hecho o trataría de ocultarlo? Si, para producir el efecto deseado, el discurso comprado debe esconder su procedencia, esta es una razón para sospechar que es una versión corrompida de lo que sería un auténtico discurso.

Las disculpas y los discursos nupciales son bienes que en cierto sentido pueden comprarse. Pero la compraventa de los mismos cambia su carácter y disminuye su valor.

EL ARGUMENTO CONTRA LOS REGALOS

Consideremos ahora otra expresión de amistad: los regalos. A diferencia de los discursos de los brindis nupciales, los regalos tienen un inevitable lado material. Pero en algunos regalos el aspecto monetario es relativamente opaco, mientras que en otros es explícito. En las últimas décadas se ha desarrollado una tendencia hacia la monetización de los regalos; un ejemplo más de la creciente mercantilización de la vida social.

Los economistas no son amigos de los regalos. O, para ser más precisos, les cuesta entender el acto de regalar como una práctica social racional. Desde el punto de vista del razonamiento mercantil, casi siempre es mejor dar dinero que dar un regalo. Si partimos de que por lo general la gente conoce bien sus preferencias, y de que lo esencial de un regalo es hacer feliz a un amigo o a otra persona a quien se quiere, difícilmente el regalo puede consistir en una suma de dinero. Aunque uno tenga un gusto exquisito, puede que la corbata o el collar que uno ha escogido no sea del gusto de la persona a la que van destinados. Entonces, si realmente desea que su regalo proporcione a esta la máxima satisfacción, no hace falta comprar el regalo; basta con dar el dinero que uno quiere gastarse. La persona querida podrá gastar ese dinero en el objeto que uno le hubiera comprado o (lo que es más probable) en algún otro que le produzca mayor placer.

Tal es la lógica del argumento económico contra el regalo. Un argumento que suscita ciertos reparos. Si alguien descubre un objeto que sabe que le gustará a su amigo, pero cuya existencia desconoce —el último aparato de alta tecnología, por ejemplo—, es posible que ese regalo le produzca a su amigo poco informado más placer que cualquier otra cosa que él habría comprado con su equivalente en dinero. Pero este es un caso especial de compatibilidad con la suposición básica del economista de que la finalidad del acto de regalar es maximizar el bienestar o la utilidad del receptor.

Joel Waldfogel, un economista de la Universidad de Pensilvania, se ha tomado la ineficiencia económica de regalar como un asunto personal. Él entiende por «ineficiencia» la brecha abierta entre el valor que para una persona tiene (acaso muy pequeño) el jersey de rombos de 120 dólares que le regaló su tía por su cumpleaños y el valor que para esa misma persona tiene lo que se habría comprado (por ejemplo, un iPod) si su tía le hubiera dado el dinero. En 1993, Waldfogel llamó la atención sobre la epidemia de utilidad desaprovechada asociada a los regalos navideños en un artículo titulado «La pérdida de eficiencia económica de las Navidades». Recientemente ha actualizado y desarrollado el tema en un libro titulado *Scroogenomics: Why You Shouldn't Buy Presents for the Holidays*: «La cuestión fundamental es que, cuando otros nos compran cosas —ropa, discos o lo que fuere—, es bastante improbable que las elijan con tanto acierto como lo haríamos nosotros mismos. Podemos esperar que, por muy bienintencionadamente que lo hagan, no acierten en lo que elijan. En relación con la satisfacción que sus gastos podrían habernos proporcionado, sus elecciones destruyen valor».[7]

Aplicando el razonamiento mercantil estándar, Waldfogel concluye que en la mayoría de los casos sería mejor regalar dinero: «La teoría económica, y el sentido común, nos hacen esperar que si nos compramos las cosas nosotros mismos, obtendremos más satisfacción por euro, dólar o siclo gastado que si nos las compran otros [...] Comprar regalos destruye valor, y solo en algún caso particular poco probable puede ser tan bueno como regalar dinero».[8]

Además de esgrimir la lógica económica contra los regalos, Waldfogel ha efectuado sondeos destinados a saber cuánto valor destruye esta práctica ineficiente. En ellos pidió a los encuestados que estimaran el valor monetario de los regalos que habían recibido y la cantidad de dinero que habrían estado dispuestos a pagar por los mismos. He aquí su conclusión: «Valoramos las cosas que recibimos como regalo un 20 por ciento menos por dólar gastado que las cosas que nos compramos nosotros mismos». Este 20 por ciento permite a Waldfogel estimar la «destrucción de valor» total ocasionada en todo el país por los regalos navideños: «Si en Estados Unidos nos gastamos 65.000 millones de dólares al año en regalos navideños, esto significa que damos 13.000 millones menos de satisfacción de la que obtendríamos si gastásemos el dinero de la forma normal: prudentemente nosotros mismos. Los estadounidenses celebran las Navidades con una orgía de destrucción de valor».[9]

Si hacer regalos es una actividad masivamente derrochadora e ineficiente, ¿por qué persistimos en ella? No es fácil responder a esta pregunta dentro de los supuestos económicos aceptados. En su manual de teoría económica, Gregory Mankiw se afana por responderla. Comienza observando que «hacer regalos es una extraña costumbre», pero concede que, en general, es una mala idea dar a los amigos dinero en vez del regalo de cumpleaños. ¿Por qué?

La explicación de Mankiw es que el acto de regalar es un modo de «señalización», término que emplea el economista al referirse a la utilización de los mercados para superar «asimetrías en la información». Así, por ejemplo, una empresa con un buen producto gasta dinero en publicidad cara no solo para persuadir directamente a los clientes, sino también para «señalizar» que tiene la suficiente confianza en la calidad de su producto como para llevar a cabo una costosa campaña publicitaria. Mankiw sugiere que hacer regalos cumple una función señalizadora similar. Un hombre que busca un regalo para su novia «tiene información privada que su novia querría conocer: ¿la ama realmente? Elegir un buen regalo para ella es una señal de su amor». Como emplea tiempo y esfuerzo en buscar un regalo, la elección del regalo adecuado es para él una manera de «transmitirle la información privada de su amor».[10]

Esta es una manera extrañamente rígida de pensar en amantes y regalos. «Señalizar» el amor no es lo mismo que expresarlo. Hablar de señalización es algo que supone equivocadamente que el amor es una información privada que una parte transmite a otra. Si tal fuera el caso, el dinero también contaría aquí; cuanto mayor es el coste, tanto más poderosa es la señal, y tanto mayor (presumiblemente) el amor. Pero el amor no es solo, ni principalmente, un asunto de información privada. Es una manera de relacionarse con otra persona y responder a esa relación. Regalar, y regalar de manera especialmente atenta, puede ser una expresión de dicha relación. Este lado expresivo explica que, cuando se hace un buen regalo, no solo se intenta complacer en el sentido de satisfacer las preferencias del consumidor que es el receptor. Con él se intenta también aproximarse y conectar con el receptor de una manera que refleja cierta intimidad. Por eso aquí también importa la afectividad.

Naturalmente, no todos los regalos son igual de expresivos. A quien asista a la boda de una prima lejana, o al *bar mitzvah* del hijo de un socio, probablemente le convenga más comprar algo de la lista de bodas o regalar dinero. Pero ofrecer dinero a un amigo, a una novia o a la esposa en vez de hacerle un regalo bien escogido significa manifestar una desconsiderada indiferencia. Es como comprar la atención o cortesía debidas.

Los economistas saben que los regalos tienen una dimensión expresiva, por mucho que los principios de su disciplina no la tengan en cuenta. «El economista que hay en mí dice que el mejor regalo es el dinero —escribe Alex Tabarrok, un economista y bloguero—. El resto de mi persona se rebela.» Y ofrece un buen contraejemplo de la idea utilitarista según la cual el regalo ideal es aquel que habríamos comprado para nosotros mismos. Supongamos que una persona regala a otra 100 dólares y esta se compra un juego de cubiertas para las ruedas de su coche. El dinero regalado maximiza la utilidad para esa persona.

Pero esa misma persona seguramente no se sentiría muy feliz si su novio o su novia se las regalase por su cumpleaños. En la mayoría de los casos, observa Tabarrok, preferiríamos que nos comprasen algo menos prosaico, algo que compraríamos para nosotros mismos. Al menos de las personas más allegadas preferiríamos un regalo que hablase al «yo más exaltado, al yo pasional, al yo romántico».[11]

Creo que aquí hemos dado con algo importante. La razón de que el acto de regalar no siempre sea un abandono irracional de la maximización eficiente de la utilidad es que los regalos no tienen que ver solo con la utilidad. Algunos regalos son expresión de relaciones que envuelven, desafían y reinterpretan nuestras identidades. Y ello porque la amistad es algo más que ser útil a los otros. Es también una forma de desarrollar nuestro carácter y nuestro conocimiento de nosotros mismos en compañía de otros. Como pensaba Aristóteles, en la buena amistad hay un fin formativo, educativo. Monetizar todas las formas de regalar entre amigos puede corromper la amistad porque deja que la invadan normas utilitarias.

Hasta los economistas que contemplan el regalo en términos utilitaristas no pueden por menos de advertir que regalar dinero es una excepción, no la regla, especialmente entre novios, cónyuges y otras personas cercanas. Para Waldfogel, esta es una fuente de ineficiencia que deplora. ¿Cuál es, desde su punto de vista, el motivo de que la gente persista en un hábito que produce destrucción de valor? Es simplemente el hecho de que la gente considera el dinero un «regalo de mal gusto» que lleva asociado un estigma. Waldfogel no se pregunta si la gente tiene o no razón en considerar de mal gusto regalar dinero. En vez de hacerlo, trata el estigma como un hecho sociológico bruto de significado no normativo, aparte de su desafortunada tendencia a reducir la utilidad.[12]

«La única razón de que por Navidad se regalen tantos objetos en vez de dinero es el estigma de regalar dinero —escribe Waldfogel—. Si no existiera ese estigma, se regalaría dinero, y quienes lo reciben elegirían cosas que realmente quieren, con el resultado de la mayor satisfacción posible según la cantidad gastada».[13] Stephen Dubner y Steven Levitt hacen un planteamiento similar: la resistencia a regalar dinero resulta, en la mayoría de la gente, de un «tabú social» que arruina «el sueño del economista» de un «intercambio admirablemente eficiente».[14]

El análisis económico del regalo ilustra en un orden menor dos aspectos reveladores del razonamiento mercantil. En primer lugar, muestra de qué manera el razonamiento mercantil introduce de contrabando ciertos juicios morales a pesar de su pretensión de ser neutral en cuestión de valores. Waldfogel no considera la validez del estigma asociado al regalo en dinero; nunca se pregunta si podría estar justificado. Simplemente supone que es un obstáculo irracional para la utilidad, una «institución disfuncional», y que lo ideal sería superarlo.[15] No considera la posibilidad de que el estigma de los regalos monetarios pueda reflejar normas que merecen preservarse, como la de la cortesía, estrechamente ligada a la amistad.

Insistir en que la finalidad de todos los regalos tenga que ser la de maximizar la utilidad es suponer sin argumento que la concepción de la amistad como algo que maximiza la utilidad es moralmente la más apropiada, y que la manera justa de tratar a los amigos es satisfacer sus preferencias y no cuestionarlas, o ampliarlas, o complicarlas.

El argumento contra los regalos no es, pues, moralmente neutral. Presupone cierta concepción de la amistad que muchos consideran empobrecedora. Y, sin embargo, pese a su deficiencia moral, el enfoque económico del regalo se va imponiendo gradualmente. Esto nos lleva al segundo aspecto revelador del ejemplo del regalo. Por rebatibles que puedan ser sus supuestos morales, el modo económico de pensar acerca de los regalos se está haciendo realidad. En las dos últimas décadas ha ido aflorando el aspecto monetario del regalo.

MONETIZACIÓN DEL REGALO

Consideremos la aparición de las tarjetas de regalo. En vez de buscar el regalo apropiado, los compradores de regalos navideños recurren cada vez más a certificados o tarjetas con un determinado valor monetario que pueden cambiarse por objetos en almacenes. Las tarjetas de regalo son un término medio entre elegir un regalo específico y regalar dinero. Hacen la vida más fácil a los compradores y proporcionan a los receptores un amplio abanico de opciones. Una tarjeta por valor de 50 dólares de Target, Walmart o Saks Fifth Avenue evita la «destrucción de valor» que causa un suéter dos tallas más pequeño al permitir al receptor elegir algo que realmente desee. Y, sin embargo, es diferente del acto de regalar dinero. En efecto, el receptor sabe exactamente cuánto se quieren gastar con él; el valor monetario es explícito. Pero, a pesar de todo, el estigma asociado a una tarjeta de regalo de unos almacenes concretos es menor que el asociado al simple acto de regalar dinero. Tal vez el elemento de consideración presente en la posibilidad de elegir los almacenes apropiados atenúe el estigma, al menos hasta cierto grado.

La tendencia a la monetización de los regalos navideños cobró ímpetu en los años noventa, cuando un número creciente de compradores comenzó a servirse de certificados de regalos. A finales de la década de 1990, el paso a las tarjetas de regalo de plástico con banda magnética aceleró la tendencia. De 1998 a 2010, las ventas anuales de tarjetas de regalo casi se multiplicaron por ocho, alcanzando la suma de 90.000 millones de dólares. Según sondeos sobre el consumo, las tarjetas de regalo son hoy lo más demandado para hacer regalos, por encima de ropa, videojuegos, electrónica de consumo, joyas y otros productos.[16]

Los tradicionalistas deploran esta tendencia. Judith Martin, columnista de etiqueta social conocida como miss Manners, se lamenta de que las tarjetas de regalo hayan «extirpado el corazón y el alma de las Navidades. Lo que se está haciendo no es sino pagar a alguien; pagarle para que se largue». A Liz Pulliam Weston, columnista de finanzas personales, le preocupa que «el arte de regalar esté derivando rápidamente en un intercambio puramente comercial. ¿Cuánto queda —se pregunta— para que simplemente empecemos a arrojar a los demás fajos de billetes?».[17]

Desde el punto de vista propio del razonamiento económico, la opción de las tarjetas de regalo es un paso en la buena dirección.

Y andar con fajos de billetes sería todavía mejor. ¿La razón? Aunque las tarjetas de regalo reducen la «pérdida de eficiencia» de los regalos, no la eliminan por completo. Supongamos que nuestro tío nos regala una de estas tarjetas por valor de 100 dólares para usar en Home Depot. Esto es mejor que un juego de herramientas de cien dólares que no nos interesa para nada. Pero, si no somos entusiastas del bricolaje, preferiríamos el dinero. El dinero, después de todo, es como una tarjeta de regalo que puede utilizarse en cualquier sitio.

No es sorprendente que ya haya aparecido una solución mercantil a este problema. Unas cuantas empresas que operan online compran ahora tarjetas de regalo (por un precio menor del que en ellas figura) y las revenden. Así, por ejemplo, una empresa llamada Plastic Jungle está dispuesta a comprarnos nuestra tarjeta de 100 dólares de Home Depot por 80 para revenderla por 93. La diferencia varía según la popularidad de los almacenes. Por una tarjeta de regalo de 100 dólares de Walmart o de Target, Plastic Jungle paga 91 dólares. Desgraciadamente, por una tarjeta de 100 dólares de Barnes & Noble, nos da solo 77 dólares, un poco menos que por una de Burger King (79 dólares).[18]

Para los economistas preocupados por la pérdida de eficiencia económica de los regalos, este mercado secundario cuantifica la pérdida de utilidad que imponemos a los receptores cuando les pasamos tarjetas de regalo en vez de dinero: cuanto mayor es la diferencia, mayor es la brecha entre el valor de una tarjeta de regalo y el valor del dinero. Por supuesto, nada se dice sobre la consideración y la cortesía que el regalo tradicional expresa. Estas virtudes se atenúan cuando se pasa de los regalos a las tarjetas de regalo y, finalmente, al dinero.

Un economista que estudia las tarjetas de regalo sugiere una manera de conciliar la eficiencia económica del dinero con la anticuada virtud de la amabilidad. «Quienes tengan previsto dar una tarjeta de regalo podrían pensar en el posible beneficio de regalar dinero y hacerlo acompañando el dinero de una nota para el receptor que indicase que el dinero puede gastarse en [póngase aquí el nombre de los almacenes], y que lo que importa es el detalle».[19]

Regalar dinero junto con una simpática nota para el receptor que le aconseja dónde gastarlo representa el regalo definitivamente deconstruido. Es como empaquetar el componente utilitario y la norma expresiva en dos cajas separadas y atadas juntas con un lazo.

Mi ejemplo favorito de mercantilización del regalo es un sistema electrónico recientemente patentado para volver a regalar lo regalado. Un artículo de *The New York Times* lo describe de esta manera: suponga que su tía le regala por Navidad un pastel de frutas. La empresa que fabrica el pastel de frutas le envía un correo electrónico informándole del simpático regalo que va a recibir y dándole la opción de aceptar el envío, cambiarlo por otra cosa o enviarlo a una tercera persona desprevenida que figure en su lista de regalos. Como la transacción se hace online, no necesita volver a empaquetar el objeto ni llevarlo a la oficina de correos. Si opta por regalárselo a otro, al nuevo receptor se le ofrecen las mismas opciones. Así es posible que el pastel de frutas no deseado acabe rebotando indefinidamente por el ciberespacio.[20]

Una posible pega: dependiendo de la política de privacidad del minorista, en el viaje del pastel de frutas cada receptor puede conocer si quiere su itinerario. Esto puede resultar embarazoso. Enterarnos de que el pastel de frutas ha sido anteriormente rechazado por otros receptores y ahora nos lo quieren endosar nos quitaría las ganas de agradecer el regalo, cuyo valor expresivo se disolvería. Sería más o menos como descubrir que nuestro mejor amigo ha comprado online el texto de su cariñoso discurso nupcial.

HONOR COMPRADO

Aunque el dinero no puede comprar la amistad, sí puede comprar demostraciones y manifestaciones de amistad hasta cierto punto. Como hemos visto, convertir disculpas, brindis de bodas y regalos en mercancías no los destruye del todo. Pero les resta valor. La razón de que les reste valor guarda relación con la razón por la cual el dinero no puede comprar amigos: la amistad y las prácticas sociales que la sustentan están constituidas por determinadas normas, actitudes y virtudes. La mercantilización de estas prácticas desplaza estas normas —simpatía, generosidad, cortesía, atención— y las sustituye por valores mercantiles.

Un amigo contratado no es lo mismo que un amigo real; casi todo el mundo sabe cuál es la diferencia. La única excepción que se me ocurre es el personaje de Jim Carrey en la película *El show de Truman*. El personaje ha vivido toda su vida en una ciudad que parece paradisíaca y que, sin él saberlo, es realmente el escenario de un *reality show* televisivo. A Carrey le lleva algún tiempo hacerse a la idea de que su mujer y su mejor amigo son actores contratados. Por supuesto, no fue él quien los contrató, sino el productor de televisión.

El fondo de la analogía con la amistad es este: la razón por la que no podemos (normalmente) comprar amigos —la compra destruiría la relación— arroja luz sobre el modo en que los mercados corrompen las manifestaciones de amistad. Una disculpa o un discurso nupcial comprados, aunque se reconozca en ellos su semejanza con los auténticos, no resultan contaminados ni depreciados. El dinero puede comprar estas cosas, pero solo en una forma un tanto degradada.

Los bienes honoríficos son vulnerables a la corrupción de una forma similar. Un premio Nobel no puede comprarse. Pero ¿qué decir de otras formas de honrar y reconocer a alguien? Consideremos los doctorados *honoris causa*. Universidades y escuelas superiores otorgan estos títulos honoríficos a estudiosos, científicos, artistas y funcionarios distinguidos. Pero algunos receptores de tales honores son filántropos que han contribuido con grandes sumas al mantenimiento de la institución que los concede. ¿Pueden comprarse efectivamente esos títulos o son genuinamente honoríficos?

Esto puede resultar ambiguo. Si las razones de la institución se declarasen sin rodeos, la transparencia disolvería el bien. Imaginemos que la mención comenzase con estas palabras: «Otorgamos doctorados *honoris causa* a científicos y artistas que se han distinguido por su obra. Pero se lo otorgamos también a usted en agradecimiento por haber donado 10 millones de dólares para construir la nueva biblioteca». Tal distinción apenas vale como causa de honor. Ni que decir tiene que las menciones nunca se redactan en esos términos. Hablan de servicio público, compromiso filantrópico y entrega a la misión de la universidad, un vocabulario honorífico que hace borrosa la distinción entre un título de honor y un título comprado.

Cuestiones similares pueden plantearse acerca de la compraventa de admisiones en universidades de élite. Las universidades no organizan subastas para las admisiones, al menos no explícitamente. Muchos *colleges* y universidades podrían incrementar sus ingresos si vendiesen plazas del primer curso al mejor postor. Pero aunque deseasen maximizar sus ingresos, las universidades no subastarían todas las plazas. Ello reduciría la demanda, no solo porque se reduciría la calidad académica, sino también porque minaría el aspecto honorífico de la admisión. Sería difícil enorgullecerse de haber sido admitido (o de que hayan admitido al hijo de uno) en Stanford o Princeton si la admisión fuese rutinariamente comprada y reconocida como tal. A lo sumo, sería un motivo de orgullo como el de poder comprarse un yate.

Pero supongamos que la mayoría de las plazas se reparten según los méritos, pero unas pocas se ponen discretamente en venta. Y supongamos también que son muchos los factores que cuentan en las decisiones de admisión —notas, puntuaciones en el test de aptitud académica, actividades extracurriculares, diversidad racial, étnica y geográfica, destreza atlética, ascendencia (ser hijo de un antiguo alumno)—, de suerte que fuese difícil determinar en cada caso concreto qué factores han sido decisivos en una admisión. Con estas condiciones, las universidades podrían vender algunas plazas a donantes acaudalados sin minar el honor asociado a la admisión en una institución de tan alto nivel.

Los críticos de la educación superior afirman que este escenario casi describe lo que realmente sucede hoy en muchos *colleges* y universidades. Describen las «preferencias por ascendencia», esto es, las ventajas que se conceden a hijos de antiguos alumnos, como una forma de favoritismo con los pudientes. Y señalan casos en los que las universidades han relajado sus normas de admisión con aspirantes poco sobresalientes cuyos padres no eran antiguos alumnos, pero sí adinerados y dispuestos a hacer una sustanciosa contribución a la institución.[21] Los defensores de estas prácticas arguyen que las universidades privadas dependen en gran medida de las aportaciones financieras de antiguos alumnos y de donantes adinerados, y que estas aportaciones permiten a las universidades conceder becas y ayudas económicas a estudiantes menos pudientes.[22]

A diferencia del premio Nobel, la admisión en un *college* es un bien que puede comprarse y venderse, siempre que la compra y la venta se produzcan de una forma discreta. Otra cuestión es que *colleges* y universidades no deban hacerlo. La idea de vender la admisión se expone a dos objeciones. Una se refiere a la justicia, y la otra a la corrupción. La objeción referente a la justicia dice que admitir a hijos de donantes adinerados a cambio de una sustanciosa donación a la institución es injusto con los aspirantes que no han tenido la fortuna de haber nacido de padres pudientes. Esta objeción ve en la educación universitaria una fuente de oportunidades y ascensos, y a quienes la hacen les preocupa que estas ventajas concedidas a hijos de padres adinerados perpetúen la desigualdad social y económica.

La objeción referente a la corrupción vela por la integridad institucional. Esta objeción señala que la educación superior no solo prepara a los estudiantes para ejercer profesiones remuneradas; también encarna ciertos ideales: la búsqueda de la verdad, el fomento de la excelencia académica y científica, el avance en la enseñanza y el aprendizaje humanos y el cultivo de los valores cívicos. Aunque todas las universidades necesitan dinero para lograr su fines, consentir que predomine la necesidad de nutrir sus fondos comporta el riesgo de distorsionar esos fines y corromper las normas que dan a las universidades su razón de ser. La objeción referente a la corrupción vela por la integridad —la fidelidad de una institución a sus ideales constitutivos—, y a ello hace referencia la conocida acusación de «venderse».

DOS OBJECIONES A LOS MERCADOS

Estos dos tipos de argumentación resuenan en los debates sobre lo que el dinero puede y no puede comprar. La objeción referente a la justicia encierra la pregunta por la desigualdad que las operaciones del mercado pueden reflejar; la objeción referente a la corrupción encierra la pregunta por las actitudes y las normas que las relaciones mercantiles pueden dañar o disolver.[23]

Consideremos el caso de los riñones. Es indudable que el dinero puede comprar uno sin destruir su valor. ¿Pero es lícito comprar y vender riñones? Quienes dicen que no basan su objeción en dos motivos: argumentan que este mercado se aprovecha de los pobres, cuya decisión de vender un riñón puede no ser verdaderamente voluntaria (argumento de la justicia); o que este mercado fomenta un concepto degradante, cosificador, de la persona humana como conjunto de partes corporales de repuesto (argumento de la corrupción).

O consideremos el caso de los niños. Es posible crear un mercado de bebés destinados a la adopción. ¿Pero es lícito? Quienes se oponen a esta práctica ofrecen dos razones: una es que poner niños a la venta excluiría de dicho mercado a los padres con menos recursos, o dejaría para ellos a los niños más baratos y menos deseables (argumento de la justicia); y la otra, que colgar a los niños una etiqueta con un precio corrompería la norma del amor incondicional de los padres, y que la inevitable diferencia de precios reforzaría la idea de que el valor de un niño depende de aspectos como la raza, el sexo, la capacidad intelectual, las aptitudes físicas y otros rasgos (argumento de la corrupción).

Vale la pena detenerse a esclarecer estos dos argumentos sobre los límites morales del mercado. La objeción referente a la justicia señala lo injusto que puede resultar que las personas compren y vendan cosas en condiciones de desigualdad o de extrema necesidad económica. Según esta objeción, los intercambios mercantiles no siempre son tan voluntarios como los entusiastas de los mercados sostienen. Un campesino podrá decidir vender un riñón o una córnea para alimentar a su famélica familia, pero esta decisión podrá no ser verdaderamente voluntaria. En efecto, podría verse injustamente obligado a tomarla a causa de su estado de necesidad.

La objeción referente a la corrupción es distinta. Señala el efecto degradante de la valoración y el intercambio mercantiles sobre ciertos bienes y prácticas. Según esta objeción, hay bienes morales y cívicos que sufren una disminución o una corrupción cuando son objeto de compraventa. El argumento de la corrupción no puede desmontarse estableciendo condiciones de negociación justas. Es aplicable tanto en condiciones de igualdad como de desigualdad.

El viejo debate acerca de la prostitución ilustra esta diferencia. No son pocos quienes se oponen a la prostitución por la razón de que esta raras veces, si acaso alguna, es verdaderamente voluntaria. Argumentan que las mujeres que venden sus cuerpos para el sexo se ven normalmente forzadas a hacerlo a causa de la pobreza, la drogadicción o amenazas de violencia. Esta es una versión de la objeción referida a la justicia. Pero también hay quienes se oponen a la prostitución por la razón de que esta es degradante para las mujeres, se vean o no forzadas a ejercerla. Según este argumento, la prostitución es una forma de corrupción que rebaja a las mujeres y fomenta actitudes indeseables respecto al sexo. La objeción referente a la degradación no depende de que esta sea consentida; condena la prostitución incluso en una sociedad en la que la pobreza estuviera ausente y a las prostitutas no les desagradase su oficio y lo eligieran libremente.

En estas objeciones subyace un ideal moral diferente. En el argumento de la justicia subyace el ideal del consentimiento, o, más precisamente, el ideal del consentimiento efectuado en condiciones que fuesen básicamente justas. Uno de los principales argumentos a favor de que los mercados repartan bienes es que estos respetan la libertad de elección. Permiten a las personas decidir por sí mismas si vender este u otro bien a un precio determinado.

Pero la objeción de la justicia subraya que tales decisiones no son verdaderamente voluntarias. Las decisiones que se toman en el mercado no son libres si hay personas que viven en la pobreza extrema o no tienen posibilidad de negociar nada en términos justos. Así, para saber si una decisión del mercado es libre, hemos de preguntarnos qué desigualdades presentes en las condiciones sociales de fondo minan significativamente el consentimiento. ¿En qué punto las desigualdades en la capacidad negociadora coaccionan a los desfavorecidos y minan la justicia de los acuerdos que se toman?

El argumento de la corrupción se centra en un conjunto diferente de ideales morales. No apela al consentimiento, sino a la significación moral de los bienes en juego, de aquellos que, sostiene, la valoración del mercado y el intercambio degradan. Así, para decidir si es lícito comprar y vender la admisión en un *college*, hemos de debatir acerca de los bienes morales y cívicos que los *colleges* deben aportar y preguntarnos si vender la admisión dañaría esos bienes. Para decidir si crear un mercado de bebés para la adopción, necesitamos preguntarnos qué normas deben regir las relaciones entre padres e hijos y si comprar y vender niños minaría esas normas.

Las objeciones referentes a la justicia y a la corrupción difieren en sus implicaciones para los mercados: el argumento de la justicia no pone objeción a la mercantilización de ciertos bienes por razón de que sean preciosos, o sagrados, o no tengan precio; lo pone a la compraventa de bienes sobre un fondo de desigualdad severa, suficiente para crear condiciones de negociación injustas. No ofrece una base para objetar la mercantilización de bienes (sean el sexo, los riñones o las admisiones) en una sociedad cuyas condiciones básicas son justas.

El argumento de la corrupción, en cambio, se centra en el carácter de los bienes mismos y en las normas que deben regirlos. La corrupción de estos bienes no puede impedirse simplemente estableciendo condiciones de negociación justas. Incluso en una sociedad sin diferencias injustas de poder y riqueza seguiría habiendo cosas que el dinero no puede comprar. Y ello debido a que los mercados no son meros mecanismos; encarnan ciertos valores. Y, a veces, los valores del mercado desplazan normas no mercantiles que merecen ser preservadas.

DESPLAZAMIENTO DE NORMAS NO MERCANTILES

¿Cómo se produce exactamente este desplazamiento? ¿De qué manera los valores del mercado corrompen, disuelven o desplazan normas no mercantiles? El razonamiento económico estándar supone que comercializar un bien —ponerle un precio de venta— no altera su carácter. Los intercambios mercantiles incrementan la eficiencia económica sin cambiar los bienes. Esta es la razón de que los economistas estén generalmente a favor del uso de incentivos económicos para propiciar conductas deseables; a la reventa de entradas para conciertos, acontecimientos deportivos y hasta misas papales que tienen un precio elevado; el empleo de cupos comercializables para repartir la contaminación, los refugiados y la procreación; regalar dinero en vez de objetos; utilizar los mercados para reducir la brecha entre la oferta y la demanda en todo tipo de bienes, incluso riñones. Los intercambios mercantiles hacen que las dos partes salgan beneficiadas sin perjudicar a otros, *si* suponemos que las relaciones mercantiles y las actitudes que fomentan no disminuyen el valor de los bienes que se intercambian.

Pero esta suposición es dudosa. Ya hemos examinado unos cuantos ejemplos que la ponen en cuestión. Conforme los mercados se extienden a esferas de la vida tradicionalmente regidas por normas no mercantiles, la idea de que los mercados no tocan o contaminan los bienes que en ellos se intercambian se torna cada vez menos plausible. Un conjunto cada vez mayor de investigaciones confirma lo que el sentido común sugiere: a los incentivos económicos y otros mecanismos mercantiles puede salirles el tiro por la culata al desplazar normas no mercantiles. En ocasiones, ofrecer dinero para conseguir un determinado comportamiento hace que este se retraiga, no que se produzca.

ALMACENAMIENTO DE RESIDUOS RADIACTIVOS

Durante años, Suiza ha estado intentando encontrar un lugar donde almacenar residuos radiactivos. Aunque el país confía totalmente en la energía nuclear, son pocas las poblaciones que están dispuestas a tener cerca residuos radiactivos. Un emplazamiento designado como posible almacén de estos residuos fue la pequeña localidad montañesa de Wolfenschiessen (2.100 habitantes), en el centro de Suiza.

En 1993, poco antes de celebrarse un referéndum al respecto, algunos economistas efectuaron una encuesta entre los habitantes del pueblo preguntándoles si votarían a favor de que se instalase en su comunidad el depósito de residuos nucleares si el Parlamento suizo decidiera ubicarlo allí. Aunque gran parte de los vecinos consideraban la instalación una presencia nada deseable, una ajustada mayoría de ellos (el 51 por ciento) dijo que la aceptarían. Al parecer, su sentido del deber cívico se impuso a su preocupación por los peligros. Luego, los economistas añadieron un soborno: suponga que el Parlamento propusiera construir la instalación de residuos radiactivos en su comunidad *y* ofreciera compensar a cada vecino con una suma anual. ¿Estaría *entonces* a favor?[24]

El resultado fue el siguiente: la compensación hizo descender, no ascender, el voto afirmativo. El incentivo económico redujo el porcentaje de aceptación a la mitad, del 51 al 25 por ciento. El ofrecimiento de dinero redujo la disposición de la población a aceptar la instalación de residuos nucleares. Y aún más: el incremento de la cantidad inicial no sirvió de nada. Cuando los economistas incrementaron la oferta, el resultado no cambió. Los vecinos se mantuvieron firmes en su decisión aun ofreciéndoles sumas anuales tan altas como 8.700 dólares por persona, muy por encima de la media de ingresos mensuales. Reacciones similares, aunque menos exageradas, a este tipo de ofertas se registraron en otros lugares en los que las comunidades locales se opusieron a la instalación de depósitos de residuos radiactivos.[25]

¿Qué estaba sucediendo en aquella localidad suiza? ¿Por qué sus habitantes aceptaban más los residuos radiactivos sin compensación que con ella?

El análisis económico estándar sugiere que ofrecer a la gente dinero por aceptar una carga incrementaría, no reduciría, su disposición a hacerlo. Pero Bruno S. Frey y Felix Oberholzer-Gee, los economistas que dirigieron el estudio, señalan que el efecto del precio resulta en ocasiones desbaratado por consideraciones morales, incluido el compromiso con el bien común. En muchas localidades, la disposición a aceptar los residuos radiactivos reflejaba su espíritu comunitario —un reconocimiento de que el país entero depende de la energía nuclear y de que los residuos radiactivos tienen que almacenarse en algún lugar—. Si resultaba que su comunidad era el lugar de almacenamiento más seguro, los vecinos estaban dispuestos a aceptar esa carga. En la oferta de dinero a los vecinos de la población para alterar su compromiso cívico vieron estos un soborno, un esfuerzo por comprar su voto. De hecho, el 83 por ciento de los que rechazaron la oferta monetaria explicaron su oposición diciendo que a ellos no se les podía sobornar.[26]

Cabría pensar que un incentivo económico adicional como el incremento de la compensación por la presencia de los residuos radiactivos reforzaría el espíritu comunitario ya existente. Después de todo, ¿no tienen más fuerza dos incentivos —uno económico y el otro cívico— que uno solo? No necesariamente. Es un error suponer que los incentivos son aditivos. Al contrario, para los buenos ciudadanos de Suiza, la perspectiva de una compensación privada transformaba una cuestión cívica en una cuestión pecuniaria. La intromisión de normas mercantiles desplazaba su sentido del deber cívico.

«Donde prevalece el espíritu comunitario —concluyen los autores del estudio—, recurrir a incentivos monetarios para obtener apoyo para la construcción de una instalación socialmente deseable, pero localmente no deseada, tiene un precio más alto que el que sugiere la teoría económica estándar, porque estos incentivos tienden a desplazar el deber cívico.»[27]

Esto no significa que las agencias del gobierno deban simplemente imponer a las comunidades locales sus decisiones sobre emplazamientos. La regulación impuesta de forma prepotente puede resultar aún más corrosiva del espíritu comunitario que los incentivos monetarios. Permitir a los habitantes de una localidad que estimen ellos mismos los riesgos, posibilitar que los ciudadanos tengan parte en la tarea de decidir qué lugares son los que mejor sirven al interés público, conceder a las comunidades receptoras el derecho a cerrar instalaciones peligrosas si fuera necesario, todas ellas son formas más seguras de ganar el respaldo público que simplemente intentar comprarlo.[28]

Aunque las compensaciones monetarias producen generalmente malestar, las compensaciones en bienes públicos tienen con frecuencia buena acogida. Las comunidades aceptan a menudo una compensación por realizar en sus terrenos proyectos públicos poco deseables —aeropuertos, vertederos, estaciones de reciclaje—. Pero ciertos estudios han demostrado que los vecinos están más dispuestos a aceptar una compensación si es en la forma de bienes públicos, y no en dinero. Parques públicos, bibliotecas, mejoras en colegios, centros comunitarios y hasta carriles para bicicletas y *jogging* son mejor recibidos como compensaciones que el dinero.[29]

Desde el punto de vista de la eficiencia económica, esto es desconcertante, incluso irracional. Se supone que siempre es mejor el dinero que los bienes públicos por razones que ya se han expuesto al examinar el caso de los regalos. El dinero es fungible; es la tarjeta de regalo universal: si los vecinos son compensados con dinero, siempre podrán decidir hacer con el dinero que les ha tocado un fondo común para pagar parques públicos, bibliotecas y zonas de recreo, si eso es lo que maximiza su utilidad. O podrán elegir gastar ese dinero para su consumo privado.

Pero esta lógica pasa por alto el significado del sacrificio cívico. Los bienes públicos son más apropiados que el dinero privado como compensación por perjuicios e incomodidades porque tales bienes reconocen los inconvenientes que los ciudadanos habrán de asumir y su sacrificio compartido que las decisiones de ubicación imponen. Una compensación monetaria a los vecinos por aceptar un nuevo carril o un vertedero cerca de su localidad puede considerarse un soborno para que consientan la degradación de la comunidad. Pero una nueva biblioteca, o una zona de recreo, o un colegio pagan el sacrificio cívico, por así decirlo, con la misma moneda, al fortalecer la comunidad y honrar su espíritu cívico.

Día de los donativos y retrasos en las guarderías

Los incentivos económicos se han utilizado también para desplazar el espíritu cívico en ubicaciones de instalaciones menos adversas que las de residuos radiactivos. Cada año, estudiantes universitarios israelíes van en el llamado «día de los donativos» de puerta en puerta solicitando donativos para causas nobles, como investigaciones sobre el cáncer, asistencia a niños discapacitados, etcétera. Dos economistas llevaron a cabo un experimento para determinar el efecto de los incentivos económicos en la motivación de los estudiantes.

Los economistas dividieron a los estudiantes en tres grupos. A uno de ellos se le dio una breve charla motivadora sobre la importancia de la causa y se le dejó ir. Al segundo y al tercero se les dio la misma charla, pero también se les ofreció una recompensa monetaria según el dinero obtenido —el 1 por ciento y el 10 por ciento, respectivamente—. Las recompensas no se deducirían de las donaciones benéficas; provendrían de un fondo aparte.[30]

¿Qué grupo de estudiantes reunió más dinero? Si el lector piensa que el grupo no recompensado, habrá acertado. Los estudiantes no recompensados obtuvieron un 55 por ciento más de donativos que los que recibieron el 1 por ciento de comisión. Y los que recibieron el 10 por ciento lo hicieron considerablemente mejor que los que recibieron el 1 por ciento, pero no tanto como los estudiantes que no recibieron nada. (Los voluntarios no pagados reunieron un 9 por ciento más que los que recibieron la comisión mayor.)[31]

¿Cuál es la moraleja de esta historia? Los autores del estudio concluyeron que si se van a utilizar incentivos para motivar a las personas, conviene «pagar bastante o no pagar nada».[32] Aunque pueda ser cierto que si se paga bastante, se obtendrá el resultado deseado, no es solo esto lo que nos enseña esta historia. También encierra una lección sobre cómo el dinero desplaza las normas.

El experimento confirma hasta cierto punto la suposición común de que los incentivos monetarios funcionan. Después de todo, el grupo del 10 por ciento reunió más dinero en aportaciones que el grupo al que se ofreció solo el 1 por ciento. Pero la cuestión que aquí nos interesa es por qué los grupos pagados quedaron por detrás del que lo hizo sin recibir nada. Es muy probable que ello se debiera a que pagar a estudiantes para hacer una buena obra cambia el carácter de la actividad. Ir de puerta en puerta recaudando fondos con fines benéficos no sería entonces tanto la realización de un deber cívico como un acto efectuado para obtener una comisión. El incentivo económico había transformado una actividad con espíritu comunitario en una ocupación pagada. Con los estudiantes israelíes sucedió lo mismo que con los habitantes del pueblo suizo: la introducción de normas mercantiles desplazó, o al menos hizo disminuir, su moral y su compromiso cívico.

Una lección similar cabe extraer de otro notable experimento dirigido por los mismos investigadores —el único que se llevó a cabo en guarderías israelíes—. Como ya hemos visto, imponer una multa a los padres que llegan tarde a recoger a sus hijos no reducía el número de los retrasados, sino que lo incrementaba. De hecho, la incidencia de recogidas con retraso casi se duplicó. Los padres interpretaron la sanción como una tarifa que estaban dispuestos a pagar. Y no solo eso: cuando, transcurridas unas doce semanas, las guarderías eliminaron la sanción, aquella nueva y elevada tasa de retrasos persistió. Una vez que el pago hubo afectado a la obligación moral de ser puntual, resultó difícil que el antiguo sentido de la responsabilidad se recuperara.[33]

Estos tres casos —el de los residuos radiactivos, el del incrementos de los fondos benéficos y el de las recogidas con retraso en las guarderías— ilustran el modo en que la introducción del dinero en dominios no mercantiles puede cambiar las actitudes de las personas y desplazar compromisos morales y cívicos. El efecto corrosivo de las relaciones mercantiles es en ocasiones lo suficientemente fuerte como para anular el efecto del precio: ofrecer un incentivo económico para aceptar una instalación peligrosa, o ir de puerta en puerta recogiendo donativos, o llegar puntual a una guardería, reducía más que incrementaba la disposición de la gente a hacer tales cosas.

¿Por qué tiene que preocuparnos la tendencia de los mercados a desplazar normas no mercantiles? Por dos razones: una monetaria y otra ética. Desde un punto de vista económico, normas sociales como la virtud cívica y el espíritu comunitario son verdaderas gangas. Estas motivan un comportamiento socialmente útil que, de otro modo, costaría mucho comprar. Si tuviéramos que confiar en los incentivos económicos para lograr que las comunidades aceptasen residuos radiactivos, pagaríamos mucho más que si pudiéramos confiar en el sentido de responsabilidad cívica de los vecinos. Si tuviéramos que incentivar a escolares para que recogieran donativos con fines benéficos, tendríamos que pagar más de un 10 por ciento en comisiones para finalmente obtener el mismo resultado que el espíritu comunitario produce sin coste alguno.

Pero considerar las normas morales y cívicas simplemente como formas rentables de motivar a las personas es ignorar el valor intrínseco de dichas normas. (Es como tratar el estigma asociado a regalar dinero como un hecho social que obstaculiza la eficiencia económica, pero que no puede valorarse en términos morales.) Confiar solamente en los incentivos monetarios para inducir a los vecinos a aceptar una instalación de residuos radiactivos no solo resulta caro; también corrompe. Supone desentenderse tanto de la persuasión y del tipo de consentimiento que nace de la reflexión sobre los riesgos que la instalación supone, como de la necesidad que la comunidad mayor tiene de ella. De modo similar, pagar a estudiantes para conseguir contribuciones en el día del donativo no solo aumenta el coste de la recaudación de fondos; también mancilla su espíritu comunitario y desfigura su educación moral y cívica.

El efecto de comercialización

Muchos economistas reconocen ahora que los mercados cambian el carácter de los bienes y de las prácticas sociales que gobiernan. En los últimos años, uno de los primeros en subrayar el efecto corrosivo de los mercados sobre las normas no mercantiles fue Fred Hirsch, un economista británico que sirvió como asesor en el Fondo Monetario Internacional. En un libro publicado en 1976 —el mismo año de la aparición del influyente libro de Gary Becker *The Economic Approach to Human Behavior* y tres años antes de que Margaret Thatcher fuese elegida primera ministra—, Hirsch cuestionó la suposición de que un bien tiene siempre el mismo valor, se adquiera en el mercado o de otra forma.

Hirsch argumenta que la teoría económica dominante ha aceptado sin reservas lo que él denomina «efecto de comercialización». Por tal entiende «el efecto que sobre las características de un producto o una actividad produce la provisión exclusiva o predominante de uno u otra en términos comerciales más que de otra clase, como el intercambio informal, la obligación mutua, el altruismo, el amor o el sentido del servicio o de la obligación». La «suposición común, casi siempre oculta, es que el proceso de comercialización no afecta al producto». Hirsch observa que esta suposición equivocada ha desempeñado un papel determinante en el desarrollo del «imperialismo económico» de la época, incluidos los intentos de Becker y otros de extender el análisis económico a ámbitos contiguos de la vida social y política.[34]

Hirsch falleció dos años más tarde, a la edad de cincuenta y siete años, por lo que no tuvo oportunidad de elaborar su crítica de la teoría económica dominante. En las décadas siguientes, su libro se convirtió en un clásico menor entre quienes rechazaban la creciente mercantilización de la vida social y el razonamiento económico que la impulsó. Los tres casos empíricos que hemos considerado apoyan la tesis de Hirsch de que la introducción de incentivos y mecanismos mercantiles puede cambiar las actitudes de las personas y desplazar valores no mercantiles. Recientemente, otros economistas de orientación empírica han encontrado más pruebas del efecto de comercialización.

Por ejemplo, Dan Ariely, uno de los cada vez más numerosos economistas conductuales, realizó una serie de experimentos que demostraban que pagar a las personas por realizar algo puede hacer que se esfuercen menos que si se les pide que lo realicen sin cobrar, especialmente cuando se trata de una buena acción. Ariely cuenta una anécdota de la vida real que ilustra los resultados obtenidos. La Asociación Americana de Personas Jubiladas preguntó a un grupo de abogados si estarían dispuestos a proporcionar servicios jurídicos a jubilados necesitados por una tarifa reducida de 30 dólares. Los abogados dijeron no estar dispuestos. Luego, la mencionada asociación les preguntó si prestarían asesoramiento legal gratuito a los jubilados necesitados. Los abogados dijeron que lo harían. Una vez aclarado esto, se les preguntó si participarían en una actividad caritativa o en una transacción mercantil, y los abogados respondieron que en la caritativa.[35]

Un conjunto de trabajos sobre psicología social en continuo aumento ofrece una posible explicación de este efecto de comercialización. Estos estudios ponen de relieve la diferencia entre motivaciones intrínsecas (como la convicción moral o el interés en la tarea que se está realizando) y motivaciones externas (como el dinero u otras recompensas tangibles). Cuando las personas se comprometen en una actividad que consideran intrínsecamente valiosa, ofrecerles dinero por ella puede debilitar su motivación al depreciar o «desplazar» su interés o compromiso intrínsecos.[36] La teoría económica estándar presenta todas las motivaciones, cualquiera sea su carácter o su origen, como preferencias, y supone que estas son aditivas. Pero esto pasa por alto el efecto corrosivo del dinero.

El fenómeno del desplazamiento de normas no mercantiles tiene grandes repercusiones en la economía. Pone en duda el uso en múltiples aspectos de la vida social de mecanismos y razonamientos mercantiles, como los incentivos económicos para motivar el rendimiento en la educación, en el cuidado de la salud, en el puesto de trabajo, en las asociaciones voluntarias, en el civismo y en otros ámbitos en los que las motivaciones intrínsecas o los compromisos morales tienen importancia. Bruno Frey (uno de los autores del estudio sobre las instalaciones de residuos radiactivos en Suiza) y el economista Reto Jegen resumen así estas repercusiones: «Puede decirse que el "efecto desplazamiento" es una de las anomalías más importantes de la economía, pues sugiere lo opuesto a la "ley" económica más fundamental, según la cual la elevación de los incentivos monetarios aumenta la producción. Si el efecto desplazamiento continúa, la elevación de los incentivos reduce en vez de aumentar la producción».[37]

SANGRE A LA VENTA

Acaso la ilustración más conocida del desplazamiento por los mercados de las normas no mercantiles sea un estudio clásico sobre la donación de sangre que realizó el sociólogo británico Richard Titmuss. En su libro de 1970 *The Gift Relationship*, Titmuss comparaba el sistema de obtención de sangre utilizado en el Reino Unido, donde toda la sangre destinada a transfusiones procede de donantes que no cobran, con el sistema utilizado en Estados Unidos, donde una parte de esa sangre es donada y otra parte comprada a bancos de sangre comerciales, cuya sangre procede de personas —generalmente pobres— dispuestas a vender su sangre para conseguir dinero. Titmuss argumentaba a favor del sistema del Reino Unido y en contra de tratar la sangre humana como una mercancía que se compra y se vende en el mercado.

Titmuss presentó numerosos datos que demostraban que, solo en términos económicos y prácticos, el sistema británico de obtención de sangre funciona mejor que el estadounidense. A pesar de la supuesta eficiencia de los mercados, argumentaba, el sistema estadounidense conlleva escasez crónica, sangre desperdiciada, costes elevados y un riesgo mayor de contaminación de la sangre.[38] Pero Titmuss añadía un argumento ético contra la compraventa de sangre.

El argumento ético de Titmuss contra la comercialización de la sangre ofrece una buena ilustración de las dos objeciones a los mercados que antes hemos apuntado, que hacen referencia a la justicia y a la corrupción, respectivamente. Parte de su argumento es que un mercado de sangre explota a los pobres (objeción referida a la justicia). Titmuss observó que los bancos de sangre lucrativos de Estados Unidos obtienen gran parte de sus existencias de gente de los barrios pobres desesperada por conseguir dinero cuanto antes. La comercialización de la sangre hace que gran parte de la sangre de los bancos «provenga de los pobres, los trabajadores sin cualificación, los desempleados, los negros y otros grupos con bajos ingresos». «De una población humana explotada está surgiendo una nueva clase, la de los suministradores de sangre», escribió. La redistribución de sangre «del pobre al rico parece ser uno de los efectos dominantes del sistema estadounidense de los bancos de sangre».[39]

Pero Titmuss tenía otra objeción más: hacer de la sangre una mercancía socava el sentimiento de deber asociado a la donación de sangre, debilita el espíritu altruista y merma el «sentido de gratuidad» (objeción referida a la corrupción). Viendo lo que sucedía en Estados Unidos, lamentaba «el descenso en los últimos años de las donaciones voluntarias de sangre» y atribuía este descenso a la aparición de bancos comerciales de sangre. «La comercialización y el lucro han alejado al donante voluntario.» Una vez que la gente empieza a ver la sangre como una mercancía que se compra y se vende de forma rutinaria, señalaba Titmuss, es menos probable que sienta la responsabilidad moral de donarla. Titmuss estaba así incidiendo en el efecto desplazamiento de normas no mercantiles en las relaciones mercantiles, aunque no utilizaba estas expresiones. La generalización de la compraventa de sangre desmoraliza a quienes se habían acostumbrado a la práctica de donar sangre desinteresadamente.[40]

A Titmuss no solo le preocupaba el descenso del número de donaciones desinteresadas, sino también las implicaciones morales. Aparte de su efecto negativo en la cantidad y cualidad de la sangre, el declive de la donación desinteresada contribuía a empobrecer la vida moral y social. «Es probable que al declive del espíritu altruista en una esfera de actividad humana acompañen cambios similares en actitudes, motivos y relaciones dentro de otras esferas.»[41]

Aunque un sistema basado en el mercado no impida a nadie donar sangre si lo desea, los valores mercantiles infundidos en el sistema producen un efecto corrosivo en la normalidad de la donación. «Las maneras en que la sociedad organiza y estructura sus instituciones sociales, y particularmente sus sistemas de salud y bienestar, pueden alentar o desalentar la parte altruista del ser humano; estos sistemas pueden fomentar la integración o la alienación; y pueden hacer que el "tema de la donación", o de la generosidad con el desconocido, se extienda por y entre grupos sociales y generaciones.» En algún momento, Titmuss manifestaba su inquietud ante la posibilidad de que unas sociedades regidas por los mercados pudieran resultar tan contrarias al altruismo que pudieran coartar la libertad de dar de las personas. La «comercialización de la sangre y de las donaciones reprime la expresión del altruismo» y «merma el sentimiento comunitario», concluía.[42]

El libro de Titmuss suscitó muchos debates. Uno de sus críticos fue Kenneth Arrow, uno de los economistas estadounidenses más distinguidos de la época. Arrow no era partidario, como Milton Friedman, de los mercados sin restricciones. En su primera obra había analizado las imperfecciones de los mercados relacionados con la salud. Pero hizo una clara excepción con la crítica de Titmuss a la teoría económica y la mentalidad comercial.[43] En ella, Arrow invocaba dos principios clave de la fe en el mercado; dos suposiciones sobre la naturaleza humana y la vida moral que los economistas a menudo admiten, pero raras veces defienden.

DOS PRINCIPIOS DE LA FE EN EL MERCADO

El primero es que la comercialización de una actividad no cambia dicha actividad. Bajo esta suposición, el dinero jamás corrompe, y las relaciones mercantiles jamás desplazan normas no mercantiles. Si esto fuese verdad, la defensa de la extensión de los mercados a cada aspecto de la vida sería difícil de rebatir. No habría mal alguno en comercializar un bien que antes no se comercializaba. Quienes deseasen comprar o vender ese bien podrían hacerlo, y de ese modo, incrementarían su utilidad, mientras que quienes considerasen que a ese mismo bien no se puede poner un precio serían libres de no comerciar con él. De acuerdo con esta lógica, permitir las transacciones comerciales hace que algunas personas se beneficien sin perjudicar a otras, aunque el bien objeto de compraventa sea la sangre humana. Como explica Arrow, «los economistas dan por sentado que, como la creación de un mercado aumenta el radio de elección individual, los beneficios habrán de ser mayores. Por eso, cuando a un sistema de donaciones voluntarias de sangre añadimos la posibilidad de vender la sangre, simplemente habremos ampliado el rango de alternativas del individuo. Si la donación le produce satisfacción, se arguye, podrá seguir donando, porque nada se habrá hecho en detrimento de ese derecho».[44]

Esta línea de razonamiento se apoya enteramente en la idea de que la creación de un mercado de sangre no cambia el valor o el significado de esta. La sangre es la sangre, y servirá para salvar vidas tanto si es donada como si es vendida. Pero el bien de que aquí se trata no es solo la sangre, sino también el acto de donarla por puro altruismo. Titmuss asigna un valor moral independiente a la generosidad que motiva la donación. Pero Arrow duda de que esta práctica pueda resultar perjudicada por la introducción de un mercado: «¿Por qué la creación de un mercado de sangre habría de afectar al altruismo encarnado en la donación de sangre?».[45]

La respuesta es que la comercialización de la sangre altera el significado de su donación. Considérese lo siguiente: en un mundo donde la sangre se comprase y vendiese de forma rutinaria, ¿seguiría siendo la donación de una unidad de sangre a la Cruz Roja local un acto de generosidad? ¿O sería una práctica laboralmente injusta que privaría a personas necesitadas de una ocupación remunerada como la de vender su sangre? Si uno desea contribuir a la provisión de sangre, ¿qué sería mejor?, ¿que la donara o que diera 50 dólares, que podrían emplearse en comprar una unidad de sangre a una persona indigente que necesitase dinero? A un aspirante a altruista se le podría perdonar su confusión.

El segundo principio de la fe en el mercado que aparece en la crítica de Arrow es el de que el comportamiento ético es una mercancía que hace falta economizar. La idea es la siguiente: no debemos confiar demasiado en el altruismo, la generosidad, la solidaridad o el deber cívico, porque estos sentimientos morales son recursos escasos que disminuyen con el uso. Los mercados, que confían en el interés individual, nos ahorran el uso excesivo del bien limitado que es la virtud. Así, por ejemplo, si confiáramos en la generosidad de las personas para disponer de sangre, quedaría menos generosidad disponible para otros fines sociales o humanitarios. Pero si recurrimos al sistema de precios para contar con la sangre necesaria, los impulsos altruistas de las personas estarán a nuestra disposición, sin mengua alguna, cuando verdaderamente los necesitemos. «Como muchos economistas —escribe Arrow—, no confío demasiado en la sustitución del interés propio por la ética. Pienso que lo mejor para todos es que la exigencia de comportamiento ético se limite a aquellas circunstancias en las que el sistema de precios fracasa. [...] No deseamos derrochar de forma imprudente los recursos escasos de la motivación altruista.»[46]

Es fácil ver que esta concepción económica de la virtud, de ser verdadera, aportaría más razones para extender los mercados a cada esfera de la vida, incluidas las tradicionalmente gobernadas por valores no mercantiles. Si la reserva de altruismo, de generosidad y de virtud cívica es fija por naturaleza, como la de los combustibles fósiles, entonces habría que intentar conservarla. Cuanta más usemos, menos tendremos. Con este supuesto, confiar más en los mercados y menos en la moral es una manera de preservar un recurso escaso.

ECONOMÍA DEL AMOR

La enunciación clásica de esta idea la ofreció sir Dennis H. Robertson, un economista de la Universidad de Cambridge y antiguo alumno de John Maynard Keynes, en un discurso con motivo del bicentenario de la Universidad de Columbia en 1954. El título de la conferencia de Robertson era una pregunta: «¿Qué economiza el economista?». En ella trataba de mostrar que, a pesar de dirigirse a «los instintos agresivos y adquisitivos» de los seres humanos, los economistas no sirven a ninguna causa moral.[47]

Robertson comenzaba concediendo que la economía, que se ocupa del deseo de obtener ganancias, no trata de los motivos humanos más nobles. Inculcar las grandes virtudes —altruismo, benevolencia, generosidad, solidaridad y deber cívico— «es asunto del predicador, laico o eclesiástico». «El papel, más humilde y a menudo más ingrato, del economista es ayudar hasta donde puede a reducir la tarea del predicador a dimensiones manejables».[48]

¿Cómo hace esto el economista? Al promover políticas que se basen, si es posible, en el interés propio, no en el altruismo o las consideraciones morales, el economista evita que la sociedad despilfarre su escaso capital de virtud. «Si nosotros, los economistas, hacemos bien nuestro trabajo —concluye Robertson—, podemos, creo, contribuir enormemente a economizar [...] ese escaso recurso que es el Amor», que es «la cosa más valiosa del mundo».[49]

Para los no versados en economía, este modo de considerar las formas de generosidad resulta extraño y hasta exagerado. Ignora la posibilidad de que nuestra capacidad para el amor y la benevolencia no disminuye con el uso, sino que, por el contrario, aumenta con la práctica. Consideremos una pareja que se ama. Si a lo largo de su vida se pidieran pocas cosas el uno al otro para evitar el acaparamiento de su amor, ¿cómo les iría? ¿No aumentaría en vez de disminuir su amor cuanto más necesitasen el uno del otro? ¿Harían mejor en tratarse de forma más calculada con el fin de reservar su amor para los momentos en que realmente lo necesitasen?

Preguntas similares podemos hacernos respecto a la solidaridad social y el civismo. ¿Debemos procurar conservar el civismo diciendo a los ciudadanos que compren cuanto quieran hasta que su país necesite pedirles que se sacrifiquen por el bien común? ¿O el civismo y el espíritu comunitario se atrofian con el desuso? Muchos moralistas han pensado lo segundo. Aristóteles enseña que la virtud es algo que cultivamos con la práctica: «Nos volvemos justos con los actos justos, mesurados con los actos mesurados, valerosos con los actos valerosos».[50]

Rousseau tenía una opinión similar. Cuanto más exige un país a sus ciudadanos, mayor es su devoción por él. «En una ciudad bien ordenada, cada hombre acude a las asambleas.» Bajo un mal gobierno, nadie participa en la vida pública, «porque a nadie interesa lo que en ella acontece» y «los cuidados domésticos son muy absorbentes». El civismo lo conforma, no lo gasta, una ciudadanía vigorosa. Lo usa o lo pierde, dice Rousseau, realmente. «Tan pronto como el servicio público deja de ser el asunto principal de los ciudadanos y estos se valen de su dinero en vez de sus personas, el Estado inicia su declive.»[51]

Robertson hace su observación de forma desenfadada, especulativa. Pero la idea de que el amor y la generosidad son recursos escasos que disminuyen con su uso sigue ejerciendo un poderoso tirón en la imaginación moral de los economistas aun sin estar explícitamente a favor de ella. No es un principio oficial que sale en los libros de texto, como la ley de la oferta y la demanda. Nadie lo ha probado empíricamente. Es como un adagio, como una pieza de sabiduría popular que todavía muchos economistas suscriben.

Casi medio siglo después del discurso de Robertson, el economista Lawrence Summers, que luego sería rector de la Universidad de Harvard, fue invitado a pronunciar la oración matinal en la Iglesia Conmemorativa de Harvard. Summers eligió como tema lo que «la teoría económica puede contribuir al pensamiento sobre cuestiones morales». La teoría económica, sostuvo, «muy raramente es valorada por su importancia para la vida moral y práctica».[52]

Summers observó que los economistas ponen «gran énfasis en el respeto por los individuos y sus necesidades, sus gustos, sus elecciones y sus juicios particulares». Y defendió una concepción utilitarista estándar del bien común como suma de las preferencias subjetivas de las personas: «La base de muchos análisis económicos es que el bien común es un agregado de las muchas valoraciones que los individuos hacen de su propio bienestar, y no algo que pueda valorarse» aparte de estas preferencias sobre la base de una teoría moral independiente.

Summers ilustró esta concepción con un desafío a los estudiantes que habían defendido un boicot a los bienes producidos por fábricas donde se explotaba a los trabajadores: «Todos deploramos las condiciones en que tantos trabajan en este planeta y la mísera retribución que reciben. Y hay cierta fuerza moral en la preocupación por que los trabajadores sean empleados voluntarios que han elegido trabajar porque no tienen otra alternativa mejor. ¿Sería un gesto de respeto, de caridad o de preocupación reducir las posibilidades de elegir del individuo?».

Y concluyó con una réplica a quienes critican a los mercados por estar basados en el egoísmo y la codicia: «Todos somos altruistas hasta cierto límite. Los economistas como yo entienden el altruismo como un bien valioso y raro que necesita ser conservado. La mejor manera de conservarlo es diseñar un sistema en el que los deseos de las personas sean satisfechos por individuos que son egoístas y reservar ese altruismo para nuestras familias o nuestros amigos y para los muchos problemas sociales de este mundo que los mercados no pueden resolver».

Aquí se reiteraba el adagio de Robertson. Nótese que la versión de Summers es más fuerte que la de Arrow: los derroches imprudentes de altruismo en la vida social y económica no solo disminuyen su cantidad disponible para otros fines públicos. Reducen la cantidad que hemos reservado para nuestras familias y nuestros amigos.

Esta concepción económica de la virtud nutre la fe en los mercados e impulsa su extensión a ámbitos que no son los suyos. Pero la metáfora es engañosa. El altruismo, la generosidad, la solidaridad y el civismo no son como mercancías que disminuyen con el uso. Son como músculos que se desarrollan y fortalecen con el ejercicio. Uno de los defectos de una sociedad dirigida por el mercado es que hace que estas virtudes languidezcan. Para renovar nuestra vida pública necesitamos practicarlas con más energía.

4

Mercados de la vida y de la muerte

Michael Rice, de cuarenta y ocho años, subdirector de un Walmart en Tilton, New Hampshire, estaba ayudando a una clienta a transportar un televisor a su coche cuando sufrió un ataque al corazón y se desplomó. Murió al cabo de una semana. Tenía un seguro de vida que pagó unos 300.000 dólares. Pero el dinero no fue a su mujer y sus dos hijos. Fue a Walmart, que había comprado el seguro de vida de Rice y se presentó como beneficiario.[1]

Cuando la viuda, Vicki Rice, se enteró del desvío del dinero a Walmart, se indignó. ¿Por qué habría de beneficiarse la compañía de la muerte de su marido? Él había trabajado largas horas para la compañía, a veces hasta ochenta en una semana. «Abusaban terriblemente de Micky —dijo—, y ahora van y cobran 300.000 dólares. Es inmoral.»[2]

Según la señora Rice, ni ella ni su marido tenían idea de que Walmart había suscrito un seguro de vida por él. Cuando se enteró de la existencia de esa póliza, demandó a Walmart en el tribunal federal, aduciendo que el dinero debía ir a la familia, no a la compañía. Su abogado argumentó que las corporaciones no pueden beneficiarse de la muerte de sus trabajadores: «Es absolutamente censurable que un gigante como Wal-Mart juegue con las vidas de sus empleados».[3]

Un portavoz de Walmart reconoció que la compañía mantenía seguros de vida de cientos de miles de empleados suyos; no solo de subdirectores, sino incluso de trabajadores de mantenimiento. Pero negó que lo hiciera para beneficiarse de su muerte. «Podemos asegurar que no nos beneficiábamos de la muerte de nuestros asociados —dijo—. Hacíamos una inversión considerable en estos empleados —prosiguió— mientras estaban vivos.» En el caso de Michael Rice, el portavoz sostuvo que el pago del seguro no fue un golpe de fortuna, sino una compensación por el coste de prepararlo y, ahora, sustituirlo. «Se le había dado bastante preparación, y había adquirido experiencias que no pueden duplicarse sin costes.»[4]

El «seguro de los conserjes»

Durante mucho tiempo ha sido una práctica común que las compañías suscribieran seguros de vida para sus directivos y altos ejecutivos con el fin de compensar el importante coste de sustituirlos cuando mueren. En la jerga de las empresas aseguradoras, las compañías tienen un «interés asegurable» en sus directores que la ley reconoce. Pero contratar seguros de vida de los trabajadores de base es algo relativamente nuevo. Este seguro se conoce en las empresas como el «seguro de los conserjes» o el «seguro de los campesinos muertos». Hasta hace poco era ilegal en muchos estados; no se pensaba que las compañías tuvieran interés en asegurar las vidas de sus trabajadores ordinarios. Pero durante la década de 1980, la industria de los seguros presionó a las asambleas legislativas de la mayoría de los estados para que relajaran las leyes en materia de seguros y permitieran a las compañías contratar seguros de vida para todos sus empleados, desde los directivos hasta el clasificador del correo.[5]

En la década de 1990, grandes compañías invirtieron millones en seguros de vida exclusivos (COLI, Corporate-Owned Life Insurance), creando una industria de futuros de fallecimiento que maneja muchos cientos de miles de millones de dólares. Entre las compañías que contrataron estos seguros para sus trabajadores se cuentan AT&T, Dow Chemical, Nestlé USA, Pitney Bowes, Procter & Gamble, Walmart, Walt Disney y la cadena de supermercados Winn-Dixie. Las compañías fueron arrastradas a esta forma macabra de inversión por su tratamiento fiscal favorable. Los beneficios que la inversión anual en las pólizas generaba estaban tan libres de impuestos como los beneficios por fallecimiento en las pólizas de vida convencionales.[6]

Pocos trabajadores sabían que sus compañías habían puesto precio a sus cabezas. La mayoría de los estados no exigían a las compañías que informasen a sus empleados cuando contrataban seguros de vida para ellos, o les pidieran permiso para hacerlo. Y la mayoría de las pólizas COLI seguían vigentes después de que el trabajador se diera de baja, se retirase o fuese despedido. De ese modo, las empresas podían acumular beneficios por los empleados que murieron años después de abandonarlas. Las compañías seguían la pista de la mortalidad de sus antiguos empleados en la administración de la Seguridad Social. En algunos estados, las compañías podían incluso hacer seguros de vida a hijos y cónyuges de sus empleados y obtener los beneficios correspondientes a su fallecimiento.[7]

Los «seguros de los conserjes» fueron especialmente populares entre los grandes bancos, como el Bank of America y JP Morgan Chase. A finales de la década de 1990, algunos bancos consideraron la idea de traspasar el círculo de sus empleados y hacer seguros de vida a sus depositantes y titulares de tarjetas de crédito.[8]

El auge de los «seguros de los conserjes» captó la atención del gran público gracias a una serie de artículos publicados en *The Wall Street Journal* en 2002. El *Journal* informó del caso de un joven de veintinueve años que falleció de sida en 1992, y por cuyo fallecimiento la empresa propietaria de la tienda de música en la que había trabajado por un breve tiempo obtuvo 339.000 dólares de beneficio. Su familia no recibió nada. Un artículo informó del caso de un dependiente de veinte años de Texas que murió alcanzado por un disparo en un asalto al comercio donde trabajaba. La empresa propietaria del comercio ofreció 60.000 dólares a la viuda y al hijo del joven a fin de evitar un posible pleito sin revelar que había recibido de la aseguradora 250.000 dólares por su muerte. En la serie de artículos se informó asimismo del penoso, pero poco difundido, hecho de que, «después de los atentados terroristas del 11 de septiembre, algunos de los primeros pagos de los seguros de vida no fueron a las familias de las víctimas, sino a sus empleadores».[9]

A principios de la década de 2000, las pólizas COLI cubrieron a millones de trabajadores y representaron del 25 al 30 por ciento de todas las ventas de seguros. En 2006, el Congreso trató de limitar los «seguros de los conserjes» mediante una ley por la que se requería el consentimiento del empleado y se restringían los seguros de los que eran propietarias las compañías a un máximo de un tercio de la plantilla de la empresa. Pero la práctica continuó. En 2008, solo los bancos invirtieron 122.000 millones en seguros de vida de sus empleados. La difusión de los «seguros de los conserjes» en el mundo empresarial estadounidense ha comenzado a transformar el sentido y la finalidad del seguro de vida. «Esta es la historia poco conocida —concluía la serie del *Journal*— de cómo el seguro de vida se metamorfoseó de una red de seguridad para los deudos de los fallecidos en una estrategia financiera de las empresas.»[10]

¿Pueden las compañías beneficiarse de la muerte de sus empleados? Incluso algunas personas de la propia industria de los seguros consideran desagradable esta práctica. John H. Biggs, antiguo presidente y directivo de TIAA-CREF, una firma líder en servicios financieros para jubilados, la define como «una forma de seguro que siempre me ha parecido repugnante».[11] Pero ¿qué es exactamente lo que tiene de censurable?

La objeción más obvia es de orden práctico: permitir a las compañías sacar partido financieramente del deceso de sus empleados difícilmente favorecerá la seguridad en el puesto de trabajo. Al contrario, una empresa necesitada de liquidez y con la posibilidad de cobrar millones de dólares por el fallecimiento de sus trabajadores es un incentivo perverso para escatimar medidas destinadas a preservar la salud y la seguridad. Por supuesto, ninguna empresa responsable utilizará abiertamente este incentivo. Adelantar de manera deliberada la muerte de sus empleados sería un crimen. Permitir que las empresas hagan seguros de vida a sus trabajadores no les da licencia para matarlos.

Pero sospecho que quienes consideran «repugnantes» los «seguros de los conserjes» señalan una objeción moral aparte del riesgo de que empresas sin escrúpulos puedan dejar los puestos de trabajo en situaciones mortalmente peligrosas o hacer la vista gorda sobre los peligros. ¿Cuál es esta objeción moral? ¿Es convincente?

Puede que la objeción tenga que ver con la ausencia del consentimiento. ¿Cómo nos sentiríamos si nos enteráramos de que nuestro empleador nos ha hecho un seguro de vida sin nuestro conocimiento o nuestro permiso? Nos sentiríamos utilizados. Pero ¿tendríamos motivos para quejarnos? Si la existencia de la póliza no nos perjudica, ¿por qué tendría nuestro empleador la obligación moral de informarnos o de obtener nuestro consentimiento?

A fin de cuentas, los «seguros de los conserjes» son una transacción voluntaria entre dos partes —la empresa que contrata la póliza (que es la beneficiaria) y la compañía de seguros que la vende—. El trabajador no es parte contratante. Un portavoz de KeyCorp, una compañía de servicios financieros, lo expresó sin rodeos: «Los empleados no pagan primas, y por tanto no hay razón para revelarles los detalles de la póliza».[12]

Algunos estados no lo ven así y piden a las empresas obtener el consentimiento de los empleados antes de hacerles un seguro. Cuando las empresas piden permiso, es frecuente que ofrezcan a los trabajadores como incentivo un modesto beneficio por su seguro de vida. Walmart, que en los años noventa hizo seguros a unos 350.000 trabajadores, ofrecía un beneficio neto de 5.000 dólares a aquellos que estuvieran conformes con que los asegurara. La mayoría de los trabajadores aceptaban la oferta sin tener conocimiento de la enorme diferencia entre esos 5.000 dólares que su familia recibiría y los cientos de miles que la empresa obtendría por su fallecimiento.[13]

Pero la falta de consentimiento no es la única objeción moral que puede esgrimirse contra los «seguros de los conserjes». Aun en el caso de que los trabajadores estén conformes con estos seguros, sigue habiendo algo moralmente desagradable. En parte se trata de la actitud de las empresas hacia los trabajadores que estas prácticas encarnan. Crear unas condiciones en las que los trabajadores estarían mejor muertos que vivos los convierte en objetos; los trata como futuras mercancías en vez de empleados cuyo valor para la empresa radica en el trabajo que realizan. Otra objeción es que las pólizas COLI desvirtúan la finalidad del seguro de vida; lo que antes era una fuente de seguridad para las familias, ahora es una deducción de impuestos para las corporaciones.[14] No se comprende que el sistema impositivo anime a las empresas a invertir miles de millones en la muerte de sus trabajadores en vez de hacerlo en la producción de bienes y servicios.

VIÁTICOS: APUESTE SU VIDA

Podemos examinar estas objeciones considerando otro uso moralmente complejo del seguro de vida que apareció en las décadas de 1980 y 1990 a raíz de la epidemia de sida. Se lo denominó la industria de los viáticos, y consistía en un mercado de seguros de vida de personas con sida y de otras que habían sido diagnosticadas de enfermedades terminales. Y funcionaba de la siguiente manera: supóngase que alguien con un seguro de vida por valor de 100.000 dólares recibe de su médico la noticia de que solo le queda un año de vida. Y supóngase que necesita dinero para su tratamiento, o simplemente para vivir decentemente en el breve plazo que le queda. Un inversor ofrece a la persona enferma comprar su póliza con un descuento de, pongamos, 50.000 dólares, y encargarse de pagar las primas anuales. Cuando el titular original muere, el inversor recibe los 100.000 dólares.[15]

Parece que es un buen trato en todos los sentidos. El titular de la póliza recibe el dinero que necesita antes de morir, y el inversor gana una bonita suma, suponiendo que la persona enferma muera dentro del plazo. Pero hay un riesgo: aunque la inversión en el viático garantiza el cobro de cierta cantidad (100.000 dólares en este ejemplo) tras la muerte de la persona enferma, la tasa de rendimiento depende del tiempo que dicha persona siga viva. Si muere al cabo de un año, como se le pronosticó, el inversor que pagó 50.000 dólares por un seguro de 100.000 da, por así decirlo, el pelotazo —un 100 por ciento de rendimiento anual (menos las primas que pagó y los honorarios del agente que arregló el trato)—. Si vive dos años, el inversor deberá esperar el doble de tiempo por el mismo pago, con lo que su tasa de rendimiento anual se reduce a la mitad (sin contar las primas adicionales, que reducen aún más el beneficio). Si el paciente tiene una milagrosa recuperación y vive muchos años, el inversor no podrá hacer nada.

Naturalmente, todas las inversiones tienen su riesgo. Pero con los viáticos, el riesgo financiero crea un problema moral que no está presente en la mayoría de las inversiones: el inversor tiene que confiar en que la persona cuyo seguro de vida ha comprado muera más pronto que tarde. Cuanto más le haga esperar, menor será la tasa de rendimiento.

No hace falta decir que la industria de los viáticos hizo todo lo posible por maquillar el lado macabro de este negocio. Los agentes de los viáticos describieron su misión como la de proporcionar a personas con enfermedades terminales los medios para vivir sus últimos días con relativa comodidad y dignidad. (El término «viático» viene de la palabra latina para «viaje», y se refiere al dinero y las provisiones que recibían los funcionarios romanos cuando tenían que emprender un viaje.) Pero no se puede negar que el inversor tiene un interés económico en el pronto fallecimiento del asegurado. «Ha habido cobros fenomenales, y ha habido algunas historias de horror en las que las personas vivieron mucho tiempo —dijo William Scott Page, presidente de la compañía Fort Lauderdale, dedicada a los viáticos—. Esto es lo excitante de pagar un viático. No hay una ciencia exacta que prediga la muerte de nadie.»[16]

Algunas de estas «historias de horror» terminaron en pleitos en los que inversores contrariados demandaron a sus agentes por venderles seguros de vida que tardaron en «madurar» más de lo esperado. El descubrimiento que a mediados de la década de 1990 se hizo de los medicamentos contra el sida, que prolongaron la vida de decenas de miles de personas con sida, desbarató los cálculos de la industria de los viáticos. Un ejecutivo de una firma dedicada a los viáticos explicó así el inconveniente de la medicación que prolongaba la vida: «Doce meses de expectativa convertidos en veinticuatro trastocan los rendimientos». En 1996, el gran avance en los medicamentos antirretrovirales hizo que el valor de las acciones de Dignity Partners, Inc., una compañía de San Francisco dedicada a los viáticos, se desplomara de 14,50 a 1,38 dólares. La compañía pronto quedó fuera de juego.[17]

En 1998, *The New York Times* publicó una historia acerca de un airado inversor de Michigan que cinco años antes había comprado el seguro de vida de Kendall Morrison, un neoyorquino con sida que entonces se hallaba gravemente afectado. Gracias a los nuevos medicamentos, Morrison había evolucionado, para consternación del inversor, hacia un estado más saludable. «Nunca antes tuve la impresión de que alguien deseara que me muriese —dijo Morrison—. Ellos continuaron enviándome mensajes por Federal Express y llamándome. Era como si me preguntaran: "¿Está usted todavía vivo?".»[18]

Una vez que el diagnóstico de sida dejó de ser una sentencia de muerte, las compañías de los viáticos trataron de diversificar sus negocios concentrándose en el cáncer y en otras enfermedades terminales. Impertérrito ante el bajón del mercado del sida, William Kelley, director ejecutivo de la Viatical Association of America, la asociación de la industria de los viáticos, ofreció una estimación optimista del negocio de los futuros fallecimientos: «Comparado con el número de personas con sida, el número de personas con cáncer, problemas cardiovasculares graves y otras enfermedades terminales es enorme».[19]

A diferencia de los «seguros de los conserjes», el bien social que proporciona el negocio de los viáticos es claro: financiar los últimos días de personas con enfermedades terminales. Además, el consentimiento del asegurado existe desde el principio (aunque es posible que, en ciertos casos, personas muy enfermas no estén en condiciones de negociar un precio justo por su póliza de seguro). El problema moral de los viáticos no es la falta de consentimiento, sino el hecho de que se hagan apuestas sobre la muerte, el hecho de que el interés que guía a los inversores esté en la pronta desaparición de las personas cuyo seguro han comprado.

Podrá replicarse que los viáticos no son solamente inversiones que vienen a ser una apuesta sobre la muerte. El negocio de los seguros de vida convierte además nuestra condición mortal en una mercancía. Pero hay una diferencia: en los seguros de vida, la compañía que me vende una póliza está apostando por mí, no contra mí. Cuanto más tiempo viva, más dinero gana. En los viáticos, el interés económico es el inverso. Para la compañía, cuanto antes me muera, mejor.*

¿Por qué tiene que importarme que por ahí haya un inversor que está esperando a que me muera? Quizá no deba importarme mientras no me haga nada ni me llame demasiadas veces para preguntarme por mi estado. Puede que esto sea simplemente escalofriante, pero no moralmente objetable. O quizá el problema moral no radique en ningún daño tangible que pueda ocasionarme, sino en el efecto corrosivo sobre la persona del inversor. ¿Qué tipo de persona querrá hacer una apuesta por que otra determinada muera más pronto que tarde?

Sospecho que hasta los entusiastas del libre mercado dudarían en aceptar todas las implicaciones de la idea de que apostar contra la vida no es sino otro negocio más. Consideremos la siguiente cuestión: si el negocio de los viáticos es moralmente comparable a los seguros de vida, ¿no tendría uno el mismo derecho a presionar por sus intereses? Si la industria de los seguros tiene derecho a presionar por su interés en prolongar la vida (con el cinturón de seguridad obligatorio o con las políticas antitabaco), ¿no tendría la industria de los viáticos derecho a presionar por su interés en que la muerte se adelante (reduciendo los fondos oficiales para la lucha contra el sida o la investigación del cáncer)? Hasta donde yo sé, la industria de los viáticos no ha ejercido este tipo de presión. Pero si es moralmente permisible invertir en la probabilidad de que las víctimas de sida o cáncer mueran más pronto que tarde, ¿por qué

---

* Las rentas y pensiones vitalicias, con las cuales se cobra una cantidad determinada hasta que uno se muere, están más cerca de los viáticos que los seguros de vida. A la compañía que paga le interesa que los receptores mueran más pronto que tarde. Pero los fondos de riesgo de estas rentas son mayores y más anónimos que las inversiones en los viáticos, y reducen el «interés raíz» en la pronta muerte. Además, estas rentas son a menudo vendidas por compañías que también venden seguros de vida, con lo que hay una tendencia a compensar el riesgo de longevidad.

no es moralmente legítimo promover políticas públicas que persigan ese fin?

Uno de estos inversores en viáticos fue Warren Chisum, un legislador conservador del estado de Texas y «conocido cruzado contra la homosexualidad». Consiguió reinstaurar penas por sodomía en Texas, se opuso a la educación sexual y votó contra los programas de ayuda a las víctimas de sida. En 1994, Chisum proclamó orgulloso haber invertido 200.000 dólares en la compra de seguros de vida de seis víctimas de sida. «Mi apuesta es que me hará ganar no menos del 17 por ciento y, en ocasiones, considerablemente más —contó a *The Houston Post*—. Si mueren en un mes, [las inversiones] rendirán mucho, como puede suponer.»[20]

Hubo quien acusó al legislador de Texas de votar a favor de políticas de las que él obtenía provecho personal. Pero esta acusación no estaba bien dirigida; su dinero iba detrás de sus convicciones, no por otro camino. No existía el clásico conflicto de intereses. Era realmente algo malo, una versión moralmente torcida de la inversión socialmente consciente.

El descarado regocijo de Chisum con el lado macabro de los viáticos era una excepción. Pocos inversores en viáticos estaban motivados por una animadversión. La mayoría deseaban buena salud y larga vida a las personas con sida, excepto a las que tenían en su cartera.

Los inversores en viáticos no son los únicos que viven de la muerte. También jueces instructores, funerarios y sepultureros, pero nadie los condena moralmente. Hace unos años, *The New York Times* publicó una nota sobre Mike Thomas, un hombre de treinta y cuatro años de Detroit que para la morgue del condado es el «recogedor de cuerpos». Su ocupación es reunir los cuerpos de personas muertas y transportarlos a la morgue. Se le paga, por así decirlo, «por cabeza» —14 dólares por cada cadáver—. Gracias al elevado índice de homicidios de Detroit, puede ganar unos 14.000 dólares al año con esta sombría ocupación. Pero cuando la violencia disminuye, corren tiempos difíciles para Thomas. «Sé que lo que hago es un poco raro —dijo—. Me refiero a esperar a que alguien se muera. A desear que alguien se muera. Pero esto es como es. Así es como doy de comer a mis hijos.»[21]

Pagar a comisión al recogedor de cadáveres podrá resultar económico, pero tiene un coste moral. Dar al trabajador una participación económica por la muerte de seres humanos es hacer que se embote su sensibilidad ética —y la nuestra—. En este sentido es como el negocio de los viáticos, pero con una diferencia moral relevante: aunque la vida del recogedor de cadáveres dependa de la muerte, él no necesita esperar la pronta muerte de nadie en particular. Cualquier muerte le vale.

APUESTAS SOBRE LA MUERTE

Las apuestas sobre la muerte guardan analogía con los viáticos. Se trata de un macabro juego de azar que se hizo popular en internet en el mismo período de los años noventa en que cesó la industria de los viáticos. Las apuestas sobre la muerte son el equivalente ciberespacial de los tradicionales *office pools* sobre quién ganará la Super Bowl de fútbol americano, con la diferencia de que, en vez de elegir al ganador de un partido de fútbol americano, los jugadores compiten en predecir qué celebridades morirán en un año determinado.[22]

Muchas páginas web ofrecen versiones de este macabro juego, con nombres como Ghoul Pool, Dead Pool y Celebrity Dead Pool. Una de las más populares es Stiffs.com, que ofreció su primer juego en 1993, y pasó a juego online en 1996. Por una cuota de inscripción de 15 dólares, los participantes envían una lista de celebridades que ellos creen probable que mueran hasta fin de año. Quien se acerque más en las apuestas, gana el primer premio, que es de 3.000 dólares; el segundo premio es de 500 dólares. Stiffs.com atrae a más de un millar de participantes cada año.[23]

Los jugadores serios no hacen sus selecciones a la ligera; examinan las revistas de entretenimiento y los tabloides en busca de estrellas enfermas. En las apuestas más comunes no faltan Zsa Zsa Gabor (94 años), Billy Graham (93) y Fidel Castro (85). Otras apuestas populares en estos juegos son Kirk Douglas, Margaret Thatcher, Nancy Reagan, Muhammad Ali, Ruth Bader Ginsburg, Stephen Hawking, Aretha Franklin y Ariel Sharon. Como en sus listas predominan las personas ancianas y enfermas, algunos juegos conceden puntos extras a quienes acierten con personajes con probabilidades de morir muy bajas, y esto sucedió con quienes incluyeron a personajes como la princesa Diana, John Denver y otros que murieron prematuramente.[24]

Las apuestas sobre la muerte son anteriores a internet. Se puede demostrar que el juego fue popular durante décadas entre operadores de Wall Street. Y la película *La lista negra* (1988), la última de Harry el Sucio, de Clint Eastwood, tiene por argumento una apuesta que desencadena unos misteriosos asesinatos de las celebridades de una lista. Pero internet, junto con la obsesión de los mercados de los noventa, hizo que este siniestro juego adquiriese nuevo auge.[25]

Apostar por las celebridades que morirán en un determinado plazo es una actividad recreativa. Nadie se gana la vida con ella. Pero las apuestas sobre la muerte suscitan algunas cuestiones morales idénticas a las que plantean los viáticos y los «seguros de los conserjes». Si dejamos a un lado la versión de Harry el Sucio en la que los participantes hacen trampas e intentan matar los escogidos para sus listas, ¿qué hay de malo en apostar por la muerte de alguien y beneficiarse del acierto? Hay algo inquietante. Si se supone que el jugador no desea la muerte de nadie, ¿quién tiene derecho a quejarse? ¿Sufren Zsa Zsa Gabor y Muhammad Ali algún mal cuando personas que ellos nunca han visto apuestan por el momento en que morirán? Puede haber cierta indignidad en el hecho de sacar a la luz las listas de la muerte. Pero lo moralmente escabroso del juego reside principalmente, a mi juicio, en la actitud hacia la muerte que este expresa y fomenta.

Esta actitud es una mezcla malsana de frivolidad y obsesión. Es un jugueteo con la muerte en el que se señala a alguien. Los participantes no solo hacen sus apuestas; también participan de una cultura. Emplean tiempo y energía en investigar las expectativas de vida de personas sobre las cuales hacen sus apuestas. Se obsesionan indecorosamente con la muerte de las celebridades. Las webs de apuestas sobre la muerte, repletas de noticias e información sobre los padecimientos de figuras muy conocidas, avivan esta macabra fascinación. Uno incluso puede contratar un servicio denominado Celebrity Death Beeper, que le envía un correo electrónico que lo alerta siempre que muere una celebridad. La participación en estas apuestas «cambia realmente su manera de ver la televisión y seguir las noticias», dice Kelly Bakst, director de Stiffs.com.[26]

Al igual que los viáticos, las apuestas sobre la muerte son moralmente inquietantes por su macabro tráfico. Pero, a diferencia de los viáticos, no sirven a ninguna finalidad socialmente útil. Constituyen un juego en el sentido más estricto, una fuente de beneficios y de distracción. Por desagradables que sean, las apuestas sobre la muerte no constituyen el problema moral más grave de nuestro tiempo. En la jerarquía de los pecados son vicios de *boutique*. Pero tienen interés por lo que revelan, como caso límite, sobre la fatalidad moral de los seguros en una era gobernada por el mercado.

Los seguros de vida siempre han sido dos cosas en una: una previsión del riesgo para mutua seguridad y una apuesta lúgubre, una cobertura contra la muerte. Estos dos aspectos coexisten en una tensa combinación. En ausencia de normas morales y restricciones legales, el aspecto de apuesta amenaza con ahogar el fin social que justifica en primer término el seguro de vida. Cuando el fin social desaparece o queda oscurecido, las frágiles líneas que separan el seguro, la inversión y el juego se rompen. El seguro de vida deja de ser una institución que vela por la seguridad de las personas que nos sobreviven para convertirse en un producto financiero más, y finalmente en un juego sobre la muerte que no sirve a bien alguno fuera de la diversión y el beneficio de los que juegan a él. Las apuestas sobre la muerte, por frívolas y marginales que sean, no son sino la cara oscura de los seguros de vida: apuestas sin bien social alguno que las compense.

La aparición en las décadas de 1980 y 1990 de los «seguros de los conserjes», los viáticos y las apuestas sobre la muerte puede considerarse un episodio en el proceso de conversión de la vida y la muerte en mercancías a finales del siglo xx. La primera década del siglo XXI no ha hecho sino llevar más lejos esta tendencia. Pero antes de situar esta historia en el presente conviene mirar atrás y recordar el malestar moral que los seguros de vida han provocado desde su origen.

BREVE HISTORIA MORAL DE LOS SEGUROS DE VIDA

Generalmente consideramos el seguro y el juego como formas diferentes de responder al riesgo. Un seguro es una forma de atenuar un riesgo, mientras que un juego es una forma de tentarlo. El seguro se basa en la prudencia, y el juego en la especulación. Pero la línea entre ambas actividades siempre ha sido muy difusa.[27]

Hitóricamente, la estrecha relación entre asegurar la vida y apostar sobre ella hizo que muchos consideraran el seguro de vida moralmente repugnante. El seguro de vida no solo constituía un incentivo para el asesinato, sino que además ponía un precio de mercado a la vida humana. Durante siglos, el seguro de vida estuvo prohibido en la mayoría de los países europeos. «Una vida humana no puede ser objeto de comercio —escribió un magistrado francés en el siglo XVIII— y es vergonzoso que la muerte se convierta en fuente de especulación comercial.» Muchos países europeos no tuvieron compañías de seguros de vida hasta mediados del siglo XIX. Japón no tuvo su primera compañía hasta 1881. Carente de legitimidad moral, «el seguro de vida no se implantó en la mayoría de los países hasta mediados o finales del siglo XIX».[28]

Inglaterra fue una excepción. Desde finales del siglo XVII, armadores, agentes y aseguradores se reunían en el café Lloyd's de Londres, centro de los seguros navieros. Unos aseguraban el retorno sin daños de sus barcos y sus cargamentos. Otros apostaban sobre vidas y avatares con los que no tenían relación fuera de las apuestas. Muchos hacían «seguros» a barcos de los que no eran propietarios con la esperanza de beneficiarse si alguno se hundía. El negocio de los seguros se combinaba con el juego, y los aseguradores hacían de corredores de apuestas.[29]

La legislación inglesa no imponía restricciones a los seguros ni a los juegos, que eran más o menos indistinguibles. En el siglo XVIII, los «asegurados» hacían apuestas sobre los resultados de las elecciones, la disolución del Parlamento, la posibilidad de que dos lores ingleses fuesen asesinados, la muerte o la captura de Napoleón y la vida de la reina durante los meses previos a sus bodas de oro.[30] Otros motivos populares de juego especulativo, de la llamada parte deportiva del seguro, fueron los desenlaces de batallas y campañas militares, la «vida muy asegurada» de Robert Walpole y si el rey Jorge II regresaría vivo de la batalla. Cuando Luis XIV, rey de Francia, cayó enfermo en agosto de 1715, el embajador inglés en Francia apostó por que el Rey Sol no viviría pasado septiembre. (El embajador ganó su apuesta.) «Los hombres y mujeres que estaban bajo la mirada del público solían ser objeto de esta clase de juegos», que constituyeron una suerte de versión temprana de las actuales apuestas sobre la muerte por internet.[31]

Una apuesta con seguro de vida especialmente macabra la motivaron ochocientos refugiados alemanes que en 1765 fueron trasladados a Inglaterra y luego abandonados a su suerte, sin alimentos ni techo, en las afueras de Londres. Los especuladores y aseguradores del café Lloyd's apostaron por la cantidad de ellos que morirían en una semana.[32]

Casi todo el mundo considera tales apuestas moralmente atroces. Pero desde el punto de vista del razonamiento mercantil, no está claro qué pueda haber de objetable en ellas. Siempre que los jugadores no hubieran sido responsables de aumentar la desgracia de los refugiados, ¿qué había de malo en su apuesta por lo que tardarían en morir? Ambas partes de la apuesta salían beneficiadas; de otro modo, nos asegura el razonamiento económico, no la habrían hecho. Los refugiados, que seguramente desconocían la apuesta, no sufrieron perjuicio alguno como resultado de ella. Y esta es también, a fin de cuentas, la lógica económica de un mercado sin restricciones de seguros de vida.

Si las apuestas sobre la muerte son objetables, lo serán por razones que están fuera de la lógica del mercado, por las actitudes deshumanizadoras que estas apuestas expresan. Para los jugadores, una displicente indiferencia hacia la muerte y el sufrimiento revela un carácter malvado. Para la sociedad en su conjunto, estas actitudes y las instituciones que las fomentan son burdas y corruptoras. Como hemos visto en otros casos de mercantilización, la corrupción o el desplazamiento de normas morales puede que no sean en sí motivos suficientes para rechazar mercados. Pero como apostar sobre las vidas de extraños no sirve a ningún bien social fuera del beneficio y la diversión abyecta, el carácter corruptor de esta actividad ofrece una poderosa razón para frenarla.

La costumbre rampante de apostar sobre la muerte en Gran Bretaña provocó una repugnancia pública cada vez mayor hacia esta desagradable práctica. Y había una razón más para limitarla. Los seguros de vida, vistos cada vez más como una manera prudente de los trabajadores para proteger a sus familias de la miseria, habían sido moralmente desacreditados por su asociación con el juego. Para que los seguros de vida fuesen un negocio moralmente legítimo, tenían que quedar a salvo de la especulación financiera.

Esto finalmente se logró con la promulgación de la Ley de Seguros de 1774 (Assurance Act, también llamada Gambling Act o Ley del Juego). La ley prohibía el juego sobre las vidas de extraños y restringía los seguros de vida a aquellos que tenían un «interés asegurable» en la persona cuya vida aseguraban. Como aquel mercado de seguros de vida sin restricciones había conducido a «un juego malicioso», el Parlamento prohibió cualquier seguro de vida «excepto en casos en los que las personas aseguradoras tuvieran un interés en la vida o la muerte de las personas aseguradas». «La Ley del Juego —escribió el historiador Geoffrey Clark— solo ponía límite a los casos en que la vida humana pudiera convertirse en una mercancía.»[33]

En Estados Unidos, la legitimidad moral del seguro de vida fue aceptándose lentamente. No estuvo firmemente establecida hasta finales del siglo XIX. Aunque en el siglo XVIII se habían formado unas cuantas compañías de seguros, por lo general solo ofrecían seguros contra incendios y navieros. Los seguros de vida encontraban «una poderosa resistencia cultural». Como ha escrito Viviana Zelizer, «poner la muerte en el mercado era una ofensa a un sistema de valores que afirmaba la santidad de la vida y su inconmensurabilidad».[34]

Hacia la década de 1850, el negocio de los seguros de vida comenzó a crecer, pero solo poniendo más énfasis en su finalidad protectora y menos en su aspecto comercial. «Hasta finales del siglo XIX, los seguros de vida evitaban la terminología económica, rodeándose de simbolismo religioso y resaltando su valor moral más que sus beneficios económicos. Los seguros de vida se presentaban como una donación altruista, fruto de la abnegación, antes que como una inversión provechosa.»[35]

Con el tiempo, los proveedores de seguros de vida se volvieron menos vergonzosos a la hora de promocionarlos como vehículos de inversión. Cuando la industria creció, el sentido y la finalidad del seguro de vida cambió. Ya cautelosamente comercializado como institución benéfica para la protección de viudas e hijos, el seguro de vida se convirtió en un instrumento de ahorro e inversión y en una rutina del medio empresarial. La definición de «interés asegurable» se extendió de los miembros y los dependientes de la familia a los socios empresariales y los empleados clave. Las corporaciones podían asegurar a sus ejecutivos (aunque no a sus conserjes y empleados de grado inferior). A finales del siglo XIX, el concepto comercial de los seguros de vida «animó el uso de los seguros de vida con fines estrictamente financieros», ampliando el interés asegurable a «extraños con los que no existía otro vínculo que el creado por el interés económico».[36]

Las vacilaciones de fondo en la utilización de la muerte como mercancía todavía persistían. Un indicador bastante elocuente de estas vacilaciones, señala Zelizer, fue la necesidad de agentes de seguros. Las compañías aseguradoras pronto descubrieron que las personas no compraban seguros por propia iniciativa. Aunque el seguro de vida ganaba aceptación, «la muerte no podía ser objeto de una transacción comercial rutinaria». De ahí la necesidad de alguien que buscase clientes, de vencer la instintiva resistencia de la gente y persuadirla de las bondades del producto.[37]

Lo delicado de una transacción comercial que involucraba a la muerte explica también la baja estima en que tradicionalmente se ha tenido a los vendedores de seguros. No era solo que ellos trabajaran con la muerte como compañera. Los médicos y los clérigos también lo hacen, pero esta asociación no los empañaba. El agente de seguros de vida era estigmatizado por ser «un "vendedor" de la muerte, que se lucra y vive de la mayor tragedia de las personas». El estigma persistió en el siglo XX. A pesar de los esfuerzos por profesionalizar esta ocupación, los agentes de seguros de vida no podían vencer el desagrado que causaba tratar «la muerte como un negocio».[38]

El requisito del interés asegurable limitaba el seguro de vida a personas con un interés previo, familiar o financiero, en la vida que aseguraban. Ello contribuyó a distinguir el seguro de vida del juego —no más apuestas sobre las vidas de extraños solo para ganar dinero—. Pero esta distinción no era tan nítida como parecía. La razón era que los tribunales decidieron que, cuando alguien tenía un seguro de vida (basado en un interés asegurable), podía hacer con él lo que quisiera, incluso vendérselo a otro. Esta doctrina de la «asignación», como se la llamó, significaba que el seguro de vida era una propiedad como cualquier otra.[39]

En 1911, El Tribunal Supremo de Estados Unidos ratificó el derecho a vender, o «asignar», la póliza personal. El magistrado Oliver Wendell Holmes Jr. reconoció en el texto redactado para el tribunal aquel problema: conceder el derecho a vender a terceras partes el propio seguro de vida anulaba el requisito del interés asegurable. Ello significaba que los especuladores podían volver a entrar en el mercado: «Un contrato de seguro de vida en el que el asegurado no interesa no es sino una apuesta en la que el asegurado es objeto de un siniestro interés en que su vida se acabe».[40]

Este era precisamente el problema que se plantearía décadas más tarde con los viáticos. Recordemos la póliza de seguros que Kendall Morrison, el neoyorquino con sida, vendió a un tercero. Para el inversor que la compró, la póliza era una simple apuesta sobre lo que a Morrison le quedaba de vida. Cuando resultó que Morrison no iba a morir pronto, el inversor se quedó con «un siniestro interés en que su vida se acabase». Tal era el significado de las llamadas telefónicas y mensajes por Federal Express.

Holmes concedió que todo el sentido del requisito del interés asegurable era prevenir que el seguro de vida volviera a ser una apuesta sobre la muerte, «un juego malicioso». Pero esta no era razón suficiente, pensaba, para evitar un mercado secundario de seguros de vida que atraería de nuevo a los especuladores. «En nuestros días, los seguros de vida se han convertido en una de las formas reconocidas de inversión y ahorro autoimpuesto —concluyó—. En la medida en que una seguridad razonable lo permita, es deseable otorgar a los seguros de vida las características ordinarias de la propiedad.»[41]

Cien años después, el dilema a que se enfrentaba Holmes se ha agudizado. Las líneas que separan el seguro, la inversión y el juego han quedado borradas. Los «seguros de los conserjes», los viáticos y las apuestas sobre la muerte de los años noventa solo fueron el comienzo. En la actualidad, los mercados de la vida y de la muerte han dejado atrás los fines sociales y las normas morales que antaño los constreñían.

EL MERCADO DE FUTUROS DEL TERRORISMO

Supongamos que existe una apuesta por la muerte que hace algo más que entretener. Imaginemos una página web que permite hacer una apuesta no por la muerte de estrellas de cine, sino por los líderes extranjeros que serán asesinados o derrocados, o el país donde se producirá el próximo atentado terrorista. Y supongamos que los resultados de estas apuestas proporcionan una información valiosa que el gobierno podría utilizar en interés de la seguridad nacional. En 2003, una agencia del Departamento de Defensa propuso una página web con este fin. El Pentágono la llamó «mercado del análisis político», y los medios «mercado de futuros del terrorismo».[42]

La página web fue una creación de la Agencia de Investigación de Proyectos Avanzados de Defensa (DARPA, Defense Advanced Research Projects Agency), una agencia encargada de desarrollar tecnología innovadora para actividades relacionadas con la guerra y la inteligencia. La idea era dejar a los inversores comprar y vender contratos de futuros en diversos escenarios, inicialmente relacionados con Oriente Próximo. He aquí algunos ejemplos: ¿será asesinado el líder palestino Yasir Arafat? ¿Será derrocado el rey Abdullah II de Jordania? ¿Será Israel objeto de un atentado bioterrorista? Había otro ejemplo no relacionado con Oriente Próximo: ¿lanzará Corea del Norte un ataque nuclear?[43]

Si los operadores tuvieran que respaldar sus predicciones con su propio dinero, los dispuestos a apostar mucho seguramente serían los únicos que tendrían la mejor información. Si los mercados de futuros son buenos prediciendo el precio del petróleo, de las acciones y de la soja, ¿por qué no aprovechan su capacidad predictiva para anticipar el próximo atentado terrorista?

Las noticias de la web de apuestas causó indignación en el Congreso. Demócratas y republicanos denunciaron por igual el mercado de futuros, y el Departamento de Defensa no tardó en cancelarla. La fuerte oposición la provocó en parte la duda de que aquel sistema sirviera de algo, pero mayoritariamente lo hizo la repugnancia moral a la vista de un sistema de apuestas sobre acontecimientos calamitosos respaldado por el gobierno. ¿Cómo podía el gobierno de Estados Unidos invitar a la gente a apostar sobre el terrorismo y la muerte y ganar así dinero?[44]

«¿Pueden ustedes imaginar que otro país abra una sala de apuestas en la que la gente pueda entrar y… apostar sobre el asesinato de una figura política estadounidense?», preguntó el senador Byron Dorgan (D-ND). El senador Ron Wyden (D-OR) se unió a Dorgan en la petición de retirada del plan, al que calificó de «repugnante». «La idea de una sala de apuestas federal sobre atrocidades y terrorismo es ridícula y grotesca», dijo Wyden. El líder de la mayoría en el Senado Tom Daschle (D-SD) calificó el programa de «irresponsable y vergonzoso», y añadió: «No puedo creer que nadie proponga seriamente que comerciemos con la muerte». La senadora Barbara Boxer (D-CA) dijo: «Hay algo francamente repulsivo en todo esto».[45]

El Pentágono no respondió al argumento moral. En vez de ello emitió un comunicado exponiendo el principio que sustentaba el proyecto y argumentando que el mercado de futuros había resultado efectivo en la predicción no solo de precios de productos, sino también en elecciones y en éxitos de taquilla de películas de Hollywood: «Las investigaciones indican que los mercados son extremadamente eficientes, efectivos y receptores oportunos de información dispersa y hasta oculta. Los mercados de futuros han demostrado ser buenos predictores de eventos como los resultados de unas elecciones; con frecuencia son mejores que las opiniones de los expertos».[46]

Algunos profesores universitarios, economistas en su mayoría, estaban de acuerdo. Uno de ellos escribió que era una «lástima ver cómo unas pobres relaciones públicas torpedean una herramienta de análisis potencialmente importante para la inteligencia». El aluvión de protestas habría impedido una justa apreciación de las capacidades del programa. «Los mercados financieros son receptores de información increíblemente potentes —escribieron dos economistas en *The Washington Post*—, y con frecuencia son mejores predictores que los métodos tradicionales.» Ambos citaron el Iowa Electronic Market, un mercado de futuros online que había predicho los resultados de unas cuantas elecciones presidenciales mejor que los sondeos. Otro ejemplo: los futuros del zumo de naranja. «El mercado de futuros del zumo de naranja concentrado es un predictor del tiempo en Florida mejor que el Servicio Meteorológico Nacional.»[47]

Una ventaja de las predicciones de los mercados sobre la obtención de información por parte de los servicios de inteligencia es que los mercados no están sujetos a las distorsiones de la información causadas por las presiones burocráticas y políticas. Los expertos de nivel medio que saben algo al respecto pueden ir directamente a un mercado y colocar su dinero donde les digan sus convicciones. Esto podría arrojar información que los de arriba podrían suprimir y nunca verían la luz del día. Recordemos las presiones de la CIA previas a la guerra de Irak para afirmar que Sadam Husein poseía armas de destrucción masiva. Una web independiente de apuestas registró sobre esta cuestión un escepticismo mayor que el que observó el director de la CIA George Tenet, quien declaró que la existencia de dichas armas «nos la han colado».[48]

Pero la defensa de la web de futuros del terrorismo se apoyaba en un concepto superior y más amplio sobre el poder de los mercados. Con el triunfalismo mercantil en auge, los defensores del proyecto articularon un nuevo precepto de la fe en el mercado que había emergido en la era de las finanzas: los mercados no solo son los mecanismos más eficientes para la producción y distribución de bienes, también son la mejor manera de reunir información y predecir el futuro. El mercado de futuros de la DARPA tenía la virtud de «espolear y despertar a una comunidad como la de los servicios de inteligencia y abrirle los ojos a los poderes predictivos de los libres mercados». Este mercado nos abriría, pues, los ojos «a algo que los teóricos de la decisión sabían desde hacía décadas: que la probabilidad de determinados eventos puede medirse en términos de apuestas, de apuestas que la gente está dispuesta a hacer».[49]

La afirmación de que los mercados libres no solo son eficientes, sino también clarividentes, es sorprendente. No todos los economistas la suscriben. Unos argumentan que los mercados de futuros son buenos prediciendo el precio del grano, pero les resulta difícil predecir acontecimientos raros, como los atentados terroristas. Otros mantienen que para la labor de los servicios de inteligencia, los mercados de expertos trabajan mejor que los abiertos al público general. El plan de la DARPA fue también cuestionado por razones más particulares: ¿no quedaría abierto a la manipulación por parte de terroristas que podrían participar en el «comercio interior» para beneficiarse de un atentado, o quizá ocultar sus planes para llevar a cabo futuros actos terroristas? ¿Y apostaría realmente la gente sobre, pongamos, el asesinato del rey de Jordania sabiendo que el gobierno estadounidense usaría la información para prevenirlo, perdiendo así su apuesta?[50]

Aparte de los aspectos prácticos, ¿qué decir de la objeción moral de que unas apuestas sobre la muerte y la desgracia respaldadas por el gobierno son repugnantes? Supongamos que las dificultades prácticas puedan resolverse y el mercado de futuros del terrorismo pueda diseñarse de tal manera que preste un mejor servicio que las tradicionales agencias de inteligencia en cuanto a predecir asesinatos y atentados terroristas. ¿Sería la repugnancia moral que provoca la apuesta sobre la muerte y la desgracia, con el consiguiente beneficio, razón suficiente para rechazarla?

Si el gobierno se propusiera respaldar apuestas sobre la muerte de celebridades, la respuesta sería clara: como no generan ningún bien social, no hay nada más que decir sobre fomentar una cruel indiferencia, o, peor aún, una fascinación macabra por la muerte y la desgracia de otros. Sistemas de apuestas como estos son malos cuando están en manos privadas. Las apuestas gratuitas sobre la muerte son corrosivas de la sensibilidad y la decencia humanas, y deben ser frenadas, no promovidas, por el gobierno.

Lo que hace al mercado de futuros del terrorismo moralmente más complejo es que, a diferencia de las apuestas sobre la muerte, pretende hacer un bien. Suponiendo que funcione, genera datos valiosos para los servicios de inteligencia. En esto es análogo a los viáticos. El dilema moral tiene la misma estructura en ambos casos: ¿debemos favorecer la consecución de un fin valioso —financiar las necesidades sanitarias de una persona que se está muriendo; frustrar un atentado terrorista— al coste moral de crearles a los inversores un interés enraizado en la muerte y la desgracia ajenas?

Algunos dirán: «Sí, por supuesto». Esta fue la respuesta de un economista que ayudó a delinear el proyecto de la DARPA: «En interés de la inteligencia se miente, se engaña, se roba y se mata. Comparada con esta clase de acciones, nuestra propuesta era muy benigna. Simplemente íbamos a tomar dinero de unos y dárselo a otros en función de quién tuviera razón».[51]

Pero esta respuesta es demasiado fácil. Ignora la manera en que los mercados desplazan normas. Cuando senadores y editorialistas denunciaban el mercado de futuros del terrorismo como «indignante», «repugnante» y «grotesco», estaban señalando la vileza moral de hacer una apuesta por la muerte de alguien y esperar a que ese alguien muriese para beneficiarse. Aunque en nuestra sociedad hay lugares donde esto ya sucede, que el gobierno respalde una institución que lo haga de forma rutinaria es moralmente corruptor.

Quizá en situaciones desesperadas este sea el precio moral que merezca pagarse. Los argumentos que hacen referencia a la corrupción no siempre son decisivos. Pero dirigen nuestra atención hacia una consideración moral que los entusiastas del mercado a menudo desatienden. Si estuviésemos convencidos de que un mercado de futuros del terrorismo fuese la única manera, o la mejor manera, de proteger el país de atentados terroristas, podríamos decidir vivir con la sensibilidad moral rebajada que tal mercado fomentaría. Pero esto constituiría una victoria del diablo, y sería importante no dejar de sentir esa repugnancia.

Cuando los mercados de la muerte se vuelven familiares y rutinarios, el oprobio moral no es fácil de contener. Es importante tener presente esto en una época en que el seguro de vida se está convirtiendo, como en la Inglaterra del siglo XVIII, en un instrumento de especulación. Actualmente, apostar sobre las vidas de extraños ya no es un juego en una sala aislada, sino una gran industria.

LAS VIDAS DE DESCONOCIDOS

Los medicamentos que prolongan la vida de las personas con sida han sido una bendición para su salud, pero una maldición para la industria de los viáticos. Los inversores se vieron en la tesitura de tener que pagar primas de seguros de vida que no «maduraban» tan pronto como esperaban. Para que el negocio sobreviviera, los agentes de viáticos necesitaban encontrar muertes más seguras en que invertir. Después de poner la mirada en pacientes con cáncer u otras enfermedades terminales, se les ocurrió una idea más atrevida: ¿por qué limitar el negocio a las personas con enfermedades? ¿Por qué no comprar los seguros de vida de ciudadanos mayores dispuestos a sacar provecho de ellos?

Alan Buerger fue un pionero de la nueva industria. A principios de la década de 1990, había vendido a empresas «seguros de conserjes». Cuando el Congreso redujo las ventajas fiscales de estos seguros, Buerger pensó en pasarse a los viáticos. Pero entonces se le ocurrió que personas mayores sanas y adineradas podían ofrecerle un mercado más grande y prometedor. «Sentí que se me encendía una luz», contó Buerger a *The Wall Street Journal*.[52]

En 2000 comenzó a comprar pólizas de vida a personas de más de sesenta y cinco años de edad y a venderlas a inversores. El negocio funcionaba como el de los viáticos, con la excepción de que las expectativas de vida eran mayores, y el valor de la póliza más alto, generalmente de 1 millón de dólares o más. En este negocio, los inversores compran las pólizas a personas que ya no las quieren, pagan las primas y obtienen los beneficios cuando aquellas mueren. Para evitar la mala reputación asociada a los viáticos, este nuevo negocio se autodenomina industria de «liquidación de seguros de vida». La compañía de Buerger, Coventry First, es una de las más prósperas en este negocio.[53]

La industria de la liquidación de seguros de vida se presenta como «un mercado libre de seguros de vida». Antes, la gente que ya no quería, o no necesitaba, un seguro de vida, no tenía otra elección que cancelarlo o, en ciertos casos, cobrar de la compañía aseguradora una pequeña cantidad por la renuncia. Ahora puede recibir más por las pólizas que no desea vendiéndolas a inversores.[54]

Parece un buen trato en todos los sentidos. Se ofrece a los mayores un precio decente por las pólizas de seguro de vida que no quieren, y los inversores recogen los beneficios cuando toca pagar. Pero el mercado secundario de seguros de vida ha generado una serie de controversias y una avalancha de pleitos.

Una de estas controversias es la derivada del impacto económico en la industria de los seguros. Las compañías de seguros no ven con buenos ojos estas liquidaciones de los seguros de vida. En el cálculo de sus primas hace tiempo que han asumido que cierto número de personas se desprenderán de sus pólizas antes de morir. Una vez que los hijos han crecido y la esposa se encuentra en una situación desahogada, los asegurados a menudo dejan de pagar las primas y sus pólizas son canceladas. De hecho, casi el 40 por ciento de los seguros de vida terminan sin pago de beneficios tras el fallecimiento. Pero cuantos más asegurados vendan sus pólizas a inversores, menos pólizas se cancelarán, y las compañías aseguradoras tendrán que pagar más beneficios por fallecimiento (es decir, a los inversores que siguen pagando las primas y finalmente cobrarán los seguros).[55]

Otra controversia se refiere a la torpeza moral de apostar contra la vida. En las liquidaciones de seguros de vida, al igual que en los viáticos, el beneficio de la inversión depende de que la persona muera. En 2010, *The Wall Street Journal* informó de que Life Partners Holdings, una compañía de liquidaciones de seguros de Texas, subestimó de forma sistemática las expectativas de vida de personas cuyas pólizas vendieron a inversores. Por ejemplo, la compañía vendió a inversores un seguro de 2 millones de dólares por la vida de un ranchero de setenta y nueve años de Idaho, afirmando que solo le quedaban de dos a cuatro años de vida. Pasaron más de cinco años y el ranchero, ya de ochenta y cuatro años, se sentía todavía fuerte, corría sobre la cinta de andar, levantaba pesos y cortaba leña. «Estoy sano como un potro —dijo—. Muchos van a ser los inversores decepcionados.»[56]

El *Journal* descubrió que aquel ranchero tan sano no era la única inversión decepcionante. En el 95 por ciento de las pólizas de Life Partners, la persona asegurada estaba todavía viva al finalizar la expectativa de vida que la compañía había predicho. Las predicciones de mortalidad, demasiado optimistas, las hizo un médico de Reno, Nevada, que era empleado de la compañía. Poco después de aparecer el artículo, la compañía fue sometida a investigación a causa de sus dudosas estimaciones por la junta para el control de seguros del estado de Texas y la Comisión Reguladora de Mercados Financieros.[57]

Otra compañía texana de liquidación de seguros fue clausurada por el estado en 2010 por engañar a los inversores sobre expectativas de vida. A Sharon Brady, agente judicial retirada de Fot Worth, se le había dicho que podía esperar un 16 por ciento de rendimiento anual invirtiendo en las vidas de extraños de edad avanzada. «Sacaron un libro y nos mostraron fotos de personas con sus edades, y allí había un doctor que explicaba las dolencias de cada una y el tiempo que se suponía que le quedaba de vida —dijo Brady—. No suponemos que usted desee que alguna se muera, pero usted hace dinero si se muere. Usted juega verdaderamente cuando mueren.»

Brady dijo que se «sentía un poco extraña. Era mucho lo que recibiría por el dinero que pondría». Era una proposición inquietante, pero económicamente atractiva. Ella y su marido invirtieron

50.000 dólares para luego descubrir que la mortalidad estimada era, por así decirlo, demasiado buena para ser verdad. «Al parecer, la gente vivía el doble de tiempo que los doctores nos habían dicho.»[58]

Otro aspecto controvertido del negocio son sus imaginativas maneras de encontrar pólizas que vender. A mediados de la década de 2000, el mercado secundario de seguros de vida se había convertido en un gran negocio. Compañías inversoras e instituciones financieras como Credit Suisse y Deutsche Bank estaban invirtiendo miles de millones en la compra de pólizas de vida de personas mayores adineradas. Cuando la demanda de estas pólizas aumentó, algunos agentes comenzaron a pagar a personas de edad avanzada que no tenían seguro para que se hicieran grandes pólizas de vida y luego las pasaran a especuladores para su reventa. A estas pólizas se las conoció como pólizas inducidas por especuladores o SPIN-Life (Speculator Initiated Life Insurance).[59]

En 2006, *The New York Times* estimaba que el mercado de pólizas SPIN-Life se estaba aproximando a los 13.000 millones al año. Describía el frenesí en la búsqueda de nuevos negocios: «Los tratos son tan lucrativos que las personas mayores se ven cortejadas de todas las manera imaginables. En Florida hay inversores que han patrocinado cruceros gratis para mayores que estén dispuestos a someterse a exámenes físicos y hacerse seguros de vida a bordo».[60]

En Minnesota, un hombre de ochenta y dos años se gastó 120 millones en seguros de vida de siete compañías diferentes, y luego vendió las pólizas a especuladores por una suma respetable. Las compañías de seguros pusieron el grito en el cielo quejándose del uso puramente especulativo de los seguros de vida. Afirmaban que tal uso era contrario a su finalidad fundamental de proteger familias de la ruina económica, y que las pólizas SPIN-Life elevarían el coste de los seguros de vida de los clientes legítimos.[61]

Algunas pólizas SPIN-Life acabaron en los tribunales. Hubo casos en los que las compañías de seguros se negaron a pagar beneficios por fallecimiento, alegando la ausencia de un interés asegurable para los especuladores. Por su parte, las compañías de liquidaciones de seguros adujeron que muchas aseguradoras, incluido el gigante AIG (American International Group), habían dado la bienvenida al negocio de los seguros SPIN-Life y sus altas primas, lamentándose solamente a la hora de pagar. Otras demandas las pusieron clientes mayores contra agentes que los habían reclutado para que se hicieran seguros de vida y los vendieran a especuladores.[62]

Un infortunado cliente de SPIN-Life fue el entrevistador de televisión Larry King, quien se había hecho, para inmediatamente venderlas, dos pólizas de vida con un valor nominal de 15 millones. A King le habían pagado 1,4 millones por aquellas operaciones, pero sostuvo en un pleito que el agente le había engañado en materia de comisiones, honorarios y repercusiones fiscales. King también se quejó de que no podía saber quién era en aquel momento el que tenía un interés financiero en su fallecimiento. «No sabemos si el propietario es una compañía de inversiones de Wall Street o un capo de la mafia», declaró su abogado.[63]

La batalla entre las compañías de seguros y la industria de las liquidaciones de seguros de vida terminó en las asambleas legislativas estatales a lo largo y ancho del país. En 2007, Goldman Sachs, Credit Suisse, UBS, Bear Stearns y otros bancos formaron la Asociación Institucional de Mercados de Seguros de Vida para promover la industria de la liquidación de seguros de vida y presionar contra los empeños en restringirla. La misión de la asociación era crear «soluciones innovadoras en el mercado de capitales» para el «mercado relacionado con la longevidad y la mortalidad»,[64] un eufemismo para referirse al mercado de apuestas sobre la muerte.

En 2009, la mayoría de los estados habían promulgado leyes que prohibían la póliza SPIN-Life o «seguro de vida inducido por extraños» (STOLI, Stranger-Originated Life Insurance), como acabó llamándose. Pero permitían a los agentes seguir comerciando con seguros de vida de personas enfermas o ancianas que se los habían hecho por su cuenta, no incitados por especuladores. Tratando de evitar más regulaciones, la industria de la liquidación de seguros de vida recurrió a una distinción de principio entre «seguros de vida sostenidos por extraños» (que apoyaba) y «seguros de vida inducidos por extraños» (a los que ahora se oponía).[65]

En términos morales, no hay mucha diferencia. Que los especuladores induzcan a ciudadanos mayores a contratar y luego venderles seguros de vida a cambio de un rápido beneficio, parece algo bastante burdo. Es ciertamente algo contrario a la finalidad que justifica el seguro de vida: proteger familias y negocios de la quiebra económica por el fallecimiento del cabeza de familia o del ejecutivo clave. Pero todas las liquidaciones de seguros de vida comparten este carácter burdo. Especular con las vidas de otros es moralmente cuestionable con independencia de quién contrate la póliza.

Doug Head, un portavoz de la industria de liquidación de seguros, adujo como testigo en una vista celebrada en Florida que permitir a la gente vender sus seguros de vida a especuladores «reivindica derechos de propiedad y representa el triunfo de la competencia y la economía de libre mercado». Una vez que una persona con un interés asegurable legítimo contrata una póliza, ha de ser libre de venderla al mejor postor. «Que los seguros de vida puedan ser propiedad de extraños es consecuencia natural del derecho de propiedad fundamental del propietario de la póliza, que si quiere podrá vender sus pólizas en un mercado libre.» Las pólizas originadas o inducidas por extraños, insistió Head, son diferentes. Son ilegítimas porque el especulador que induce la póliza no tiene un interés asegurable.[66]

Este argumento no es convincente. En ambos casos, el especulador que se hace con la póliza no tiene ningún interés asegurable en la persona anciana cuyo fallecimiento pone dinero en sus manos. En ambos casos hay un interés financiero en la pronta muerte de un extraño. Si, como Head pretende, tengo un derecho fundamental a contratar y vender mi propio seguro de vida, ¿qué importa que ejerza ese derecho por iniciativa propia o por sugerencia de otro? Si la virtud de las liquidaciones de seguros de vida es que «ceden el valor nominal» de una póliza que ya tengo, la virtud de las pólizas SPIN-Life es que ceden el valor nominal de mis últimos años. En uno y otro caso, un extraño se crea un interés en mi muerte y yo recibo un dinero por colocarme en tal posición.

BONOS DE LA MUERTE

El creciente mercado de las apuestas sobre la muerte estaba a un paso de alcanzar su punto culminante: que Wall Street las convirtiera en valores. En 2009, *The New York Times* informó de que bancos de inversión de Wallt Street planeaban comprar liquidaciones de seguros de vida, empaquetarlas como bonos y revenderlos a compañías de fondos de pensiones y otros grandes inversores. Los bonos generarían una riada de ingresos procedentes de los pagos de seguros resultantes del fallecimiento de los asegurados originales. Wall Street haría con los fallecimientos lo que en las últimas décadas se había hecho con las hipotecas.[67]

Según el *Times*, «Goldman Sachs ha elaborado un índice comercializable de liquidaciones de seguros de vida para permitir a los inversores apostar sobre si las personas vivirán más de lo esperado o morirán antes de lo programado». Y Credit Suisse está creando «una unidad financiera para comprar grandes cantidades de pólizas de vida, empaquetarlas y revenderlas, igual que las firmas de Wall Street hicieron con los valores *subprime*». Con los 26 billones de dólares existentes en Estados Unidos en pólizas de vida y un comercio creciente con liquidaciones de estas pólizas, el mercado de la muerte permite esperar un nuevo producto financiero que compense las pérdidas causadas por el colapso del mercado de valores hipotecarios.[68]

Aunque algunas agencias de calificación todavía esperan ser convencidas, al menos uno cree que es posible crear un bono basado en liquidaciones de seguros que minimice el riesgo. Igual que los paquetes de valores hipotecarios de distintas regiones del país, el bono respaldado por liquidaciones de seguros de vida podría reunir pólizas de personas «que padezcan diversas enfermedades: leucemia, cáncer de pulmón, cardiopatía, cáncer de mama, diabetes, Alzheimer». Un bono respaldado en esta cartera de dolencias diversas permitiría a los inversores dormir tranquilos, porque el descubrimiento de una cura para alguno de ellos no haría bajar el precio del bono.[69]

AIG, el gigante de los seguros cuyas complejas operaciones financieras contribuyeron a provocar en 2008 la crisis financiera, también ha manifestado interés. Como compañía aseguradora, se ha opuesto a la industria de las liquidaciones de seguros de vida y la ha combatido en los tribunales. Pero ha comprado discretamente hasta 18.000 millones de los 45.000 millones de dólares en liquidaciones de pólizas actualmente en el mercado, y ahora espera hacer con ellas paquetes de valores para venderlos como bonos.[70]

¿Cuál es entonces el estatus moral de los bonos de la muerte? En ciertos aspectos es comparable a las apuestas sobre la muerte en que se sustentan. Si es moralmente objetable apostar sobre las vidas de seres humanos y beneficiarse de su muerte, entonces los bonos de la muerte comparten este defecto con las diversas prácticas que hemos considerado —«seguros de los conserjes», viáticos, apuestas sobre la muerte y todo el comercio puramente especulativo con los seguros de vida—. Podría argumentarse que el carácter anónimo y abstracto de los bonos de la muerte reduce hasta cierto grado su efecto corrosivo sobre nuestra sensibilidad moral. Con las pólizas de vida reunidas en enormes paquetes, y luego fragmentadas en paquetes menores y vendidas para fondos de pensiones y donaciones a universidades, ningún inversor tendrá un interés enraizado en la muerte de personas concretas. Hay que suponer que los precios de los bonos de la muerte bajarían si la política sanitaria nacional, las normas medioambientales, la mejora de la alimentación y el ejercicio aumentasen el nivel de salud y alargasen la vida. Pero apostar contra esta posibilidad parece que es menos problemático que contar los días que le quedan de vida al neoyorquino con sida o al ranchero de Idaho. ¿O no es así?

En ocasiones decidimos convivir con una práctica mercantil moralmente corrosiva en interés del bien social que esta produce. Los seguros de vida empezaron siendo un compromiso de este género. Para proteger familias y negocios contra los riesgos económicos de un fallecimiento a destiempo, en los últimos doscientos años las sociedades llegaron, no sin resistencia, a la conclusión de que a las personas con un interés asegurable en la vida de otras debía permitírseles hacer una apuesta sobre la muerte. Pero la tentación especulativa resultó difícil de contener.

Como hoy atestigua el mercado masivo de la vida y de la muerte, el muy reñido empeño en separar el seguro del juego no ha concluido. Ahora que Wall Street se prepara para el comercio con los bonos de la muerte, hemos regresado al despreocupado universo moral del café Lloyd's de Londres, solo que a una escala que hace parecer sus apuestas sobre la muerte y la desgracia de extraños pintorescas en comparación.

5

Derechos de denominación

Criado en Mineápolis, fui un gran aficionado al béisbol. Mi equipo, los Minnesota Twins, jugaba sus partidos en el Metropolitan
Stadium. En 1965, cuando contaba doce años, las mejores plazas
del estadio costaban 3 dólares, y las descubiertas 1,50. Los Twins
jugaban aquel año la Serie Mundial, y todavía conservo el resguar-
do de la entrada para el séptimo partido de la Serie, al que asistí
con mi padre. Nos sentamos en la tercera esquina, entre la base del
bateador y la tercera base. El precio de la entrada fue de 8 dólares.
Pude ver, con gran desolación, como el gran lanzador de los Dodgers Sandy Koufax derrotaba a los Twins y los Dodgers ganaban el
campeonato.

La estrella de los Twins en aquellos años era Harmon Killebrew,
uno de los mejores bateadores del *home run* de todos los tiempos;
hoy ocupa un lugar de honor en la galería de famosos del béisbol.
En la cumbre de su carrera ganaba 120.000 dólares al año. Eran los
tiempos anteriores a la *free agency*, cuando los equipos controlaban
los derechos de un jugador durante toda su carrera. Esto significaba
que los jugadores tenían poco poder para negociar sus sueldos. Tenían que jugar para el equipo al que pertenecían o simplemente no
jugar. (Este sistema fue anulado en 1975.)[1]

El negocio del béisbol ha cambiado mucho desde entonces. La
actual estrella de los Minnesota Twins, Joe Mauer, firmó recientemente un contrato por 184 millones de dólares. A 23 millones por
año, Mauer gana más por partido (de hecho, más en la séptima entrada) de lo que ganó Killebrew en toda una temporada.[2]

No sorprende, pues, que los precios de las entradas se hayan disparado. Una plaza en el palco cubierto para ver jugar a los Twins cuesta 72 dólares, y la más barata del estadio cuesta 11 dólares. Y eso que los precios de las entradas para los Twins son una relativa ganga. Los Yankees de Nueva York cobran 260 dólares por asiento en el palco, y 12 dólares por un asiento descubierto con poca visibilidad. Las suites corporativas y los compartimentos privados de lujo, algo inaudito en los estadios de mi juventud, son aún más caros y generan grandes rentas para los equipos.[3]

También han cambiado otros aspectos del juego. No estoy pensando en el bateador designado, el tan debatido cambio de norma que exime a los lanzadores de la necesidad de batear en la Liga Americana. Estoy pensando en los cambios que reflejan en el béisbol el papel cada vez mayor de los mercados, del comercialismo y del pensamiento económico en la vida social contemporánea. Desde sus orígenes a finales del siglo XIX, el béisbol profesional ha sido siempre un negocio, al menos en parte. Pero en las tres últimas décadas, la obsesión compulsiva del mercado actual ha dejado su impronta en nuestro pasatiempo nacional.

VENTA DE AUTÓGRAFOS

Consideremos el negocio de los objetos de recuerdo en los deportes. Algunos jugadores de béisbol han sido durante mucho tiempo perseguidos por jóvenes y fervientes admiradores que les pedían autógrafos. La mayoría de las veces obligaban a los jugadores a firmar en tarjetas y pelotas de béisbol cerca del banquillo antes del partido, o también después del partido, cuando abandonaban el estadio. En la actualidad, el inocente autógrafo ha quedado desplazado por un negocio de objetos de recuerdo que mueve mil millones de dólares y está dominado por *brokers*, mayoristas y los propios equipos.

Mi salida más memorable en busca de un autógrafo fue en 1968, cuando tenía quince años. En aquel entonces, mi familia se había mudado de Mineápolis a Los Ángeles. Aquel invierno me acerqué al campo donde se celebraba un torneo benéfico de golf en La Costa, California. Algunos de los más grandes jugadores de béisbol de todos los tiempos estaban jugando en aquel torneo, y la mayoría de ellos accedían a firmar autógrafos entre hoyo y hoyo. No tuve la previsión de hacerme con pelotas de béisbol ni rotuladores Sharpie de tinta indeleble. Todo lo que conseguí llevar fueron unas simples tarjetas de tres por cinco pulgadas. Unos jugadores firmaron con tinta, otros con los pequeños lápices que usaban para anotar sus tantos en el golf. Pero salí de allí con un tesoro en autógrafos y la emoción de haberme encontrado, aunque fuera brevemente, con los héroes de mi juventud y también con algunas figuras legendarias que habían jugado antes de mi época: Sandy Koufax, Willie Mays, Mickey Mantle, Joe DiMaggio, Bob Feller, Jackie Robinson y, sí, Harmon Killebrew.

Nunca se me ocurrió vender esos autógrafos, ni siquiera preguntarme cuánto sacaría por ellos en el mercado. Todavía los conservo junto con mi colección de tarjetas de béisbol. Pero en los años ochenta, los autógrafos y demás parafernalia de figuras del deporte comenzaron a verse como bienes comercializables, y legiones de coleccionistas, *brokers* y comerciales se dedicaron a comprarlos y venderlos.[4]

Las estrellas del béisbol comenzaron a firmar autógrafos por precios que variaban según su estatus. En 1986, el lanzador de la galería de famosos Bob Feller vendió sus autógrafos en ferias de coleccionistas a 2 dólares cada uno. Tres años después, Joe DiMaggio los firmaba por 20 dólares, Willie Mays por 10-12 dólares y Ted Williams por 15 dólares. (El precio que Feller puso a su firma ascendió a 10 dólares en los años noventa.) Como estos grandes del béisbol, entonces retirados, jugaron en la época anterior a la de los grandes salarios, es difícil reprocharles que se dieran a este comercio cuando se les presentó la oportunidad. Pero los jugadores en activo también se apuntaron a este tráfico. Roger Clemens, en aquel entonces un lanzador estrella del Boston Red Sox, recibió 8,50 dólares por autógrafo. Algunos jugadores, entre ellos el lanzador de los Dodgers Orel Hershiser, encontraban repugnante esta práctica. Los tradicionalistas del béisbol se lamentaban de la venta de autógrafos, y recordaban que Babe Ruth siempre los había firmado gratis.[5]

Pero el mercado de recuerdos todavía no había despuntado. En 1990, *Sports Illustrated* publicó un artículo que describía cómo iba transformándose la antigua práctica de la caza de autógrafos. El «nuevo tipo de coleccionista de autógrafos» era «tosco, implacable y motivado por el valor en dólares», dedicado a molestar a los jugadores en hoteles, restaurantes e incluso en sus propios hogares. «Mientras que antaño los cazadores de autógrafos eran simplemente niños que idolatraban a sus héroes, hoy la caza la practican también coleccionistas, comerciales e inversores... Los comerciales, que a menudo trabajan con pandillas pagadas de niños —no muy diferentes de Fagin y su compinche Artful Dodgers—,* hacen acopio de autógrafos y luego los venden. Los inversores adquieren los autógrafos partiendo de la premisa de que, igual que los objetos de arte o con algún valor histórico, una firma de Bird, Jordan, Mattingly o José Canseco incrementará su valor con el tiempo».[6]

En los años noventa, los *brokers* empezaron a pagar a jugadores para que firmaran miles de pelotas, bates, camisetas y otros objetos. Los comerciales vendían luego esos objetos producidos en masa y catalogados a través de compañías, canales de televisión por cable y almacenes de venta al por menor. Se dice que en 1992 Mickey Mantle ganó 2,75 millones de dólares estampando su firma —y apareciendo su imagen— en veinte mil pelotas de béisbol, más de lo que ganó en toda su carrera con los Yankees.[7]

Pero el valor máximo es el de objetos que se usaron en los juegos. La locura por los objetos de recuerdo se intensificó cuando, en 1998, Mark McGwire batió un nuevo récord de *home runs* en una temporada. El fan que se hizo con la pelota del séptimo *home run* de McGwire, con el que estableció el récord, la vendió en subasta por 3 millones de dólares, convirtiéndose en el objeto de recuerdo deportivo más caro jamás vendido.[8]

---

* Personajes de la novela de Charles Dickens *Oliver Twist*. *(N. del T.)*

La conversión de recuerdos del béisbol en mercancías cambió la relación de los fans con el juego y de unos con otros. Cuando McGwire hizo su *home run* número 62 de aquella temporada, el único que superó el récord anterior, la persona que recogió la pelota no la vendió, sino que se la dio inmediatamente a McGwire. «Señor McGwire, creo que tengo algo que le pertenece», dijo Tim Forneris, entregándole la pelota.[9]

Conociendo el valor de la pelota de béisbol en el mercado, este acto de generosidad produjo un torrente de comentarios, la mayoría elogiosos, pero algunos críticos. El empleado del estadio a tiempo parcial, de veintidós años, fue festejado en un desfile de Disney World, apareció en el programa de entrevistas de David Letterman y fue invitado a la Casa Blanca, donde lo recibió el presidente Clinton. Habló en colegios de primaria a los niños sobre las cosas que deben y no deben hacerse. Pero, a pesar de estos honores, Forneris fue reprendido por imprudente en una columna sobre finanzas personales de *Time*, cuyo autor calificó su decisión de entregar la pelota como un ejemplo de «los pecados que en cuestión de finanzas todos cometemos». En cuanto «puso sus manazas en ella, la pelota ya era suya», escribió el columnista. El acto de entregarla a McGwire ejemplificaba «un modo de pensar que a muchos de nosotros nos hace cometer graves errores en asuntos cotidianos relacionados con el dinero».[10]

He aquí otro ejemplo de cómo los mercados transforman las normas. Una vez convertida una pelota de béisbol en mercancía vendible, entregarla al jugador que la ha bateado ya no es un simple gesto de decencia. Es o bien un acto heroico de generosidad, o bien un estúpido acto de desperdicio.

Tres años después, Barry Bonds hizo su *home run* número 73 en una temporada, superando el récord de McGwire. La lucha por alcanzar el *home run* número 73 provocó una desagradable escena en los *stands* y dio origen a una larga disputa legal. El fan que recogió la pelota fue golpeado en el suelo por una turba que intentaba arrebatársela. La pelota se escurrió de su guante y fue recogida por otro fan que se hallaba cerca. Todos decían que la pelota era suya. La disputa dio lugar a litigios judiciales que duraron meses, hasta que finalmente se celebró un juicio en el que participaron seis abogados y un plantel de profesores de derecho nombrados por el tribunal para que definieran lo que en aquel caso era ser propietario de la pelota de béisbol. El juez resolvió que los dos vendieran la pelota y compartieran lo que obtuvieran. Se vendió por 450.000 dólares.[11]

El mercadeo con recuerdos es hoy parte rutinaria del juego. Incluso los desechos de los partidos de la MLB (Major League Baseball), como bates rotos y pelotas usadas, se venden a ávidos compradores. Para asegurar a coleccionistas e inversores la autenticidad del objeto usado en el juego, cada partido de la liga de béisbol tiene ahora al menos un «autentificador» oficial de servicio. Provistos de etiquetas adhesivas con hologramas de alta tecnología, estos autentificadores registran y certifican la autenticidad de pelotas, bates, bases, camisetas, tarjetas de alineación y otra parafernalia destinada al mercado de recuerdos de mil millones de dólares.[12]

En 2011, el golpe número 3.000 de Derek Jeter fue un filón para la industria de estos recuerdos. En trato con un coleccionista, el histórico *short stop* de los Yankees firmó unos mil objetos conmemorativos entre pelotas, fotos y bates al día siguiente de marcar su hito. Las pelotas con los autógrafos se vendieron por 699,99 dólares, y los bates por 1.099,99 dólares. Se vendió hasta el suelo que pisó. Después del partido en que Jeter alcanzó su golpe número 3.000, un encargado recogió un volumen de 19 litros de tierra del lugar del bateador y de la posición de *short stop* donde Jeter había estado. El cubo que contenía la tierra sagrada fue sellado y marcado con un holograma autentificador, y luego vendido en cucharadas a fans y coleccionistas. También se recogió y vendió tierra cuando se derribó el viejo estadio de los Yankees. Una empresa dedicada al comercio con estos recuerdos asegura haber vendido tierra auténtica del estadio de los Yankees por un valor superior a 10 millones de dólares.[13]

Algunos jugadores han querido sacar dinero de hazañas menos admirables. El principal bateador de todos los tiempos, Pete Rose, que fue apartado del béisbol por participar en apuestas sobre los partidos, tiene una página web en la que vende recuerdos relacionados con su expulsión. Por 299 dólares más gastos de envío, se puede comprar una pelota con el autógrafo de Rose y una disculpa: «Lo siento, hice apuestas sobre el béisbol». Por 500 dólares, Rose envía una copia con su autógrafo del documento con la prohibición de jugar.[14]

Otros jugadores han querido vender objetos aún más extraños. En 2002, el jardinero de los Arizona Diamondbacks, Luis González, subastó online un chicle mascado por 10.000 dólares, según decía con fines benéficos. Y después de que el lanzador de los Seattle Mariners Jeff Nelson sufriera una intervención quirúrgica en el codo, puso a la venta en eBay las astillas del hueso de su codo. La puja alcanzó los 23.600 dólares antes de que eBay detuviera la subasta alegando que existía una norma contra la venta de partes del cuerpo humano. (Las informaciones de los medios no decían que un autentificador estuviera presente durante la intervención.)[15]

EL NOMBRE DEL ESTADIO

Los autógrafos y demás parafernalia de los jugadores no son lo único que se vende. También se venden los nombres de los estadios. Aunque algunos estadios todavía conservan sus nombres históricos —Yankee Stadium, Fenway Park—, los equipos de liga más importantes venden ahora al mejor postor el derecho a utilizar su nombre para denominar el estadio. Bancos, compañías eléctricas, líneas aéreas, empresas tecnológicas y otras corporaciones están dispuestas a pagar sumas considerables para que sus nombres decoren visiblemente los estadios de las grandes ligas.[16]

Durante ochenta y un años, el Chicago White Sox jugó en el Comiskey Park, que era el nombre de un antiguo propietario del equipo. Hoy lo hace en un espacioso estadio llamado U.S. Cellular Field, que es el nombre de una compañía de teléfonos móviles. Los jugadores del San Diego Padres juegan en el Petco Park, que es el nombre de una compañía de artículos para mascotas. Mi viejo equipo, los Minnesota Twins, juega ahora en el Target Field, patrocinado por el gigante minorista radicado en Mineápolis, cuyo nombre tiene también el cercano pabellón de baloncesto (el Target Center) donde juegan los Minnesota Timberwolves. En una de las adquisiciones de derechos de denominación más caras hechas en el ámbito deportivo, la firma de servicios financieros Citigroup acordó a finales de 2006 pagar 400 millones de dólares por el derecho a llamar durante veinte años Citi Field al nuevo estadio de béisbol de los Mets de Nueva York. En 2009, cuando los Mets jugaron su primer partido en el estadio, la crisis financiera había ensombrecido el acuerdo de patrocinio, que fue entonces subvencionado, no sin protestas de los críticos, con el dinero del rescate de Citigroup pagado por el contribuyente.[17]

Los estadios de rugby también son imanes para empresas patrocinadoras. Los New England Patriots juegan en el Gillette Stadium, y los Washington Redskins en el FedEx Field. Mercedes-Benz compró recientemente el derecho de denominación del Superdome de Nueva Orleans, donde juegan los Saints. En 2011, veintidós de los treinta y dos equipos de la Liga Nacional de Fútbol Americano jugaron en estadios con el nombre del patrocinador.[18]

La venta de derechos de denominación de estadios es hoy algo tan común que es fácil olvidar cómo esta práctica llegó recientemente a estar en boga. Surgió casi al mismo tiempo que los jugadores de béisbol empezaban a vender sus autógrafos. En 1988, solo tres estadios deportivos habían acordado derechos de denominación, que hacían un total de 25 millones de dólares. En 2004 había sesenta y seis acuerdos, con un valor total de 3.600 millones de dólares. Estos representaban más de la mitad de todos los campos y estadios de béisbol, rugby, baloncesto y hockey profesionales. En 2010, más de un centenar de compañías habían pagado por poner su nombre a un estadio o campo de gran liga en Estados Unidos. En 2011, MasterCard adquirió los derechos de denominación para el antiguo pabellón de baloncesto de los Juegos Olímpicos de Pekín.[19]

Los derechos de denominación de las empresas no terminan con un nombre en la entrada del estadio, sino que se extienden a las palabras que los locutores de radio y televisión emplean cuando describen la acción en el campo. Cuando un banco adquirió el derecho a denominar Bank One Ballpark al estadio de los Arizona Diamondbacks, el acuerdo establecía también que los locutores del equipo llamaran a cada *home run* de Arizona una «embestida de Bank One». La mayoría de los equipos no tienen todavía *home runs* patrocinados por empresas. Pero algunos han vendido derechos de denominación para los cambios de lanzadores. Cuando el mánager se dirige al montículo del lanzador para presentar a un nuevo lanzador, algunos locutores están obligados por contrato a anunciar el cambio como una «llamada de AT&T a los lanzadores de reserva».[20]

Incluso deslizarse hacia la base es ahora un evento patrocinado por un empresa. La New York Life Insurance Company tiene un acuerdo con los principales equipos de liga de béisbol que lanza propaganda cada vez que un jugador se desliza sin problema hacia la base. Así, por ejemplo, cuando el árbitro da por seguro que el jugador ha pisado la base, aparece en la pantalla de televisión un logotipo de la empresa, y el comentarista de las jugadas debe decir: «Seguro en la base. Seguro y asegurado. New York Life». Este no es un mensaje comercial que aparezca entre turnos de lanzamiento; es una manera patrocinada de anunciar el propio partido. «Este mensaje se integra de forma natural en la acción del juego —explica el vicepresidente y director de publicidad de New York Life—. Es una manera poderosa de recordar a los fans que animan a sus jugadores favoritos a alcanzar las bases con seguridad, que también ellos pueden estar seguros y asegurados con la mayor compañía de seguros de vida de Estados Unidos.»[21]

En 2011, los Hagerstown Suns, un equipo de la MiLB (Minor League Baseball) de Maryland, aceptó el patrocinio comercial de la última frontera del juego: vendió a la empresa local de servicios públicos los derechos de denominación asociados a los bateos de un jugador. Cada vez que Bryce Harper, el mejor bateador y principal promesa de la liga, se disponía a batear, el equipo anunciaba: «Ahora batea Bryce Harper, traído por Miss Utility para recordarle que llame al 811 antes de excavar». ¿Qué era lo que quería decir el incongruente mensaje comercial? Al parecer, la compañía creía que era una manera de llegar a los fans del béisbol que trabajaban en proyectos de construcción que podían dañar las líneas del subterráneo. El director de marketing de la compañía de servicios públicos lo explicó así: «Dirigirse a los fans antes de que Bryce Harper ataque [*digs*] en la base es una manera poderosa de recordar a los asistentes la importancia de contactar con Miss Utility antes de ejecutar cualquier proyecto de excavación [*digging*]».[22]

Hasta ahora, ningún equipo importante de liga ha vendido el derecho de denominación aplicado a sus jugadores. Pero en 2004, la primera liga de béisbol intentó vender anuncios para las bases. En un convenio promocional con Columbia Pictures, dirigentes del béisbol acordaron colocar durante tres días del mes de junio un logo de su próxima película, *Spider-Man 2*, en las bases primera, segunda y tercera de cada estadio de la liga. Las bases quedarían como estaban. Una iniciativa pública en contra consiguió que se cancelase esta novedosa ubicación publicitaria. Incluso en un partido atestado de publicidad, parece que todavía las bases son sagradas.[23]

PALCOS ELEVADOS

Como otras pocas instituciones de la vida estadounidense, el béisbol, el rugby, el baloncesto y el hockey son fuentes de vinculación social y orgullo cívico. Desde el Yankee Stadium de Nueva York hasta el Candlestick Park de San Francisco, los estadios deportivos son las catedrales de nuestra religión civil, espacios públicos donde se congrega gente de distintas clases sociales en rituales de pérdida y esperanza, blasfemia y plegaria.[24]

Pero el deporte profesional no es solo una fuente de identidad civil. Es también negocio. Y en las últimas décadas, el dinero del deporte ha venido desplazando a la comunidad. Sería una exageración decir que los derechos de denominación y el patrocinio corporativo han arruinado la experiencia de alentar al equipo local. Pero cambiar el nombre de un lugar de referencia todavía cambia su significado. Esta es una de las razones de que los fans de Detroit se lamentasen cuando el Tiger Stadium, que ostentaba el nombre del equipo, pasó a recibir el nombre de un banco y se llamó Comerica Park. Y esto explica también que los fans de los Denver Broncos se molestasen cuando su querido Mile High Stadium, que evocaba un sentimiento de vida local, se convirtió en Invesco Field, que hace recordar a una compañía de fondos de inversión inmobiliaria.[25]

Naturalmente, los estadios deportivos son ante todo sitios donde la gente se congrega para presenciar acontecimientos deportivos. Cuando los fans acuden a un estadio o a un campo, no lo hacen principalmente para vivir una experiencia cívica. Van a ver como David Ortiz ejecuta un *home run* en la segunda parte de la novena entrada, cuando el partido está a punto de finalizar, o como Tom Brady marca un tanto en los últimos segundos del partido. Pero el carácter público del escenario imparte una lección cívica: que todos están juntos, que al menos por unas horas se comparte un sentido de presencia y orgullo cívico. Cuando los estadios van perdiendo su condición de lugares de referencia para parecerse a las vallas publicitarias, su carácter público decae. Y con él quizá también se desvanezcan los lazos sociales y los sentimientos cívicos que inspiran.

La lección cívica del deporte resulta aún más erosionada por una tendencia que ha acompañado a la aparición de los derechos de denominación empresariales: la proliferación de palcos de lujo. Cuando a mediados de la década de 1960 iba a ver jugar a los Minnesota Twins, la diferencia de precio entre las plazas más caras y las más baratas era de 2 dólares. De hecho, durante la mayor parte del siglo XX, los estadios de béisbol eran lugares donde los ejecutivos de empresas se sentaban al lado de los trabajadores manuales, donde todo el mundo aguardaba en las mismas colas para poder comprar perritos calientes o cerveza y donde ricos y pobres se mojaban por igual cuando llovía. Pero en las últimas décadas esto ha cambiado. La aparición de las suites en palcos situados a gran altura sobre el campo de juego ha separado a los adinerados y privilegiados de la gente común de posición social más baja.

Aunque los palcos de lujo aparecieron por primera vez en el futurista Astrodome de Houston en 1965, la tendencia a su construcción comenzó cuando los Dallas Cowboys instalaron en los años setenta suites de lujo en el Texas Stadium. Las corporaciones pagaban cientos de miles de dólares por entretener a ejecutivos y clientes en puestos elegantes por encima de la multitud. En la década de 1980, más de una decena de equipos siguieron los pasos de los Cowboys, mimando a los fans acaudalados en sus altas cajas acristaladas. A finales de la década, el Congreso recortó las deducciones fiscales que las corporaciones reclamaban por los gastos de los palcos, pero ello no frenó la demanda de tales refugios con aire acondicionado.

Los ingresos procedentes de estas suites de lujo eran financieramente una suerte para los equipos, y produjeron en los años noventa un *boom* de construcción de estadios. Pero los críticos se quejaban de que aquellos palcos elevados terminaban con la mezcla de clases característica de los deportes. «Los palcos elevados, con toda su acogedora frivolidad —escribió Jonathan Cohn—, son expresión de una fractura esencial en la vida social estadounidense: el ansia, el deseo desesperado, que siente la élite de separarse del resto de la multitud. [...] El deporte profesional, antaño un antídoto de la preocupación por el estatus, ha sido gravemente afectado por esa enfermedad.» Frank Deford, un colaborador de *Newsweek*, observó que el elemento mágico por excelencia del deporte popular fue siempre su «democracia esencial. [...] El campo estaba hecho para recibir una gran congregación de público, era el prado comunal del siglo xx, donde todos podíamos unirnos en un enardecimiento común». Pero los palcos de lujo de los últimos tiempos han «aislado a los acaudalados de la plebe de tal manera que no sería injusto decir que el palacio de deportes estadounidense ha dado en vanagloriarse de una disposición estratificada de las plazas en el espectáculo». Un diario de Texas llamó a los palcos elevados «el equivalente deportivo de las comunidades cerradas», que permite a los adinerados ocupantes «segregarse del resto del público».[26]

A pesar de las quejas, los palcos elevados son hoy un aspecto familiar de la mayoría de los estadios del deporte profesional, así como de muchos campos de los *colleges*. Aunque las plazas de primera clase, incluidas las de las suites y los clubes, representan una pequeña fracción del total, aportan a los equipos de algunas ligas importantes casi el 40 por ciento de sus ingresos por entradas. El nuevo Yankee Stadium inaugurado en 2009 tiene tres mil plazas menos que su antecesor, pero tiene tres veces más suites de lujo. El Boston Red Sox tiene una lista de espera para las cuarenta suites del Fenway Park, que cuestan hasta 350.000 dólares por temporada.[27]

Las universidades con programas deportivos de alto nivel también han encontrado irresistibles los ingresos procedentes de los palcos elevados. En 1996, más de una treintena de estadios universitarios incluían palcos de lujo. En 2011, casi cada programa universitario de rugby de cierto nivel los tenía, con la excepción de Notre Dame. El sistema fiscal federal concede a quienes usan esos palcos de los estadios una rebaja especial que permite a los compradores de las suites de lujo deducir el 80 por ciento del coste considerándolo una contribución benéfica a la universidad.[28]

El debate más reciente sobre la ética de los palcos elevados tuvo lugar en la Universidad de Michigan, sede del mayor estadio universitario del país. Conocido como la Big House, el estadio de Michigan ha atraído desde 1975 a más de cien mil fans a cada partido de rugby en él celebrado. Cuando en 2007 el consejo rector estudió un plan de renovación por valor de 226 millones que incluía la adición de palcos elevados al mítico estadio, algunos antiguos alumnos protestaron. «Una de las grandes virtudes del rugby universitario, y en especial el de Michigan, es que es un gran espacio público, un lugar donde mecánicos y millonarios pueden juntarse para animar a su equipo», adujo un antiguo alumno.[29]

Un grupo denominado Salvemos la Big House recogió peticiones con la esperanza de persuadir al consejo rector de que rechazara el plan de añadir suites de lujo. Durante ciento veinticinco años, «los seguidores de los Maize-and-Blue han estado invariablemente juntos, estremeciéndose juntos, animando juntos y ganando juntos, lado a lado —escribió el crítico—. Los palcos privados de lujo constituyen la antítesis de esta tradición, dividen a los fans de Michigan por ingresos y destruyen la unidad, el entusiasmo y la camaradería que los fans de Michigan de todas las edades y orígenes comparten cuando presencian juntos los partidos. La idea de los palcos privados de lujo en el estadio de Michigan es contraria a los ideales igualitarios a los que la U-M está consagrada».[30]

La protesta fracasó. El consejo rector votó por cinco votos a tres a favor de añadir ochenta y una suites de lujo al estadio de Michigan. Cuando en 2010 se abrió el centro renovado, los precios en una suite para dieciséis personas ascendían a 85.000 dólares por temporada, aparcamiento incluido.[31]

MONEYBALL

La aparición de los mercados de recuerdos, derechos de denominación y palcos elevados en las últimas décadas es un reflejo de nuestra sociedad gobernada por el mercado. Otro ejemplo de pensamiento mercantil en el mundo del deporte es la reciente conversión del béisbol (*baseball*) en *moneyball*. El término proviene de un libro, que se convertiría en *best seller*, publicado en 2003 por Michael Lewis, quien hizo un penetrante análisis del mundo de las finanzas en una historia relacionada con el béisbol. En *Moneyball: The Art of Winning an Unfair Game*, Lewis describe lo que los Oakland Athletics, un pequeño equipo que no podía permitirse las estrellas caras, hicieron para ganar tantos partidos como el opulento equipo de los Yankees de Nueva York, a pesar de tener un tercio de su plantilla.

Los Athletics, con su mánager general Billy Beane al frente, fueron capaces de formar con poco dinero un equipo competitivo valiéndose de análisis estadísticos que les permitieron identificar jugadores con aptitudes infravaloradas y emplear estrategias que contradecían el saber convencional sobre el béisbol. Por ejemplo, descubrieron que un porcentaje elevado de embasado es más importante para ganar que un promedio elevado de bateo o un porcentaje elevado de *slugging*. Por eso contrataron jugadores que, aunque menos celebrados que los bateadores caros, dieron muchas bases por bolas. Y a pesar de la opinión tradicional de que alcanzar una base sin bateo, el llamado robo de base, hace ganar los partidos, descubrieron que los intentos al respecto generalmente reducen más que aumentan las posibilidades de puntuación de un equipo. Con todo, disuadían a sus jugadores más veloces de intentar alcanzar así las bases.

La estrategia de Beane tuvo éxito, al menos por un tiempo. En 2002, cuando Lewis se hizo seguidor del equipo, los Athletics ganaron la división del oeste de la liga americana. Aunque fueron derrotados en las finales, la historia de los Athletics fue un interesante combate entre David y Goliat: un equipo mal financiado, desamparado, usa su ingenio y las herramientas de la moderna econometría para competir con equipos ricos y poderosos como el de los Yankees. Fue también, en la narración de Lewis, una lección que enseña de manera objetiva que explotar las ineficiencias del mercado puede merecer la pena para inversores astutos. Billy Beane llevó al béisbol lo que el nuevo género de operadores cuantitativos llevó a Wall Street: la capacidad de utilizar el análisis por computador para obtener ventaja sobre los veteranos que confiaban en su buen instinto y su experiencia personal.[32]

En 2011, *Moneyball* inspiró una película de Hollywood con Brad Pitt en el papel de Billy Beane. La película me dejó frío. Al principio no sabía bien por qué. Brad Pitt aparecía tan encantador y carismático como siempre. ¿Por qué entonces la película era tan poco convincente? Lo era en parte porque ignoraba a las estrellas del equipo —tres excelentes bateadores jóvenes y principiantes y la estrella principal, el *short stop* Miguel Tejada— y se centraba en jugadores marginales que Beane había fichado por su habilidad para la base por bolas. Pero la verdadera razón, creo, es que resulta difícil levantarse y aplaudir el triunfo de métodos cuantitativos y mecanismos más eficientes de fijación de precios. Estos eran, más que los jugadores, los héroes de *Moneyball*.[33]

De hecho, conozco al menos una persona que encuentra inspiradora la eficiencia de los precios, mi amigo y colega Larry Summers (el economista cuya oración matinal sobre la conveniencia de economizar el altruismo he discutido anteriormente). En una charla que dio en 2004, cuando era rector de Harvard, Summers citó *Moneyball* como ilustración de una «importante revolución intelectual que se había producido en los últimos treinta o cuarenta años»: la aparición de la ciencia social, y especialmente de la teoría económica, «como una forma real de ciencia». Explicó cómo «un sabio mánager general contrató a un doctor en economía» para conocer qué habilidades y estrategias hacen ganador a un equipo. Summers vislumbraba en el éxito de Beane una gran verdad: el béisbol enfocado como *moneyball* encierra lecciones duraderas. «Lo que es verdad del béisbol, de hecho es también verdad de un rango amplísimo de actividades humanas.»

¿En qué otra actividad iba a prevalecer, en opinión de Summers, la sabiduría del enfoque científico del *moneyball*? En el campo de la regulación medioambiental, donde «activistas y abogados comprometidos» estaban abriendo paso «a personas expertas en efectuar análisis de costes-beneficios». En las campañas presidenciales, donde los abogados jóvenes y brillantes que predominaban en el pasado son ahora menos necesarios que los «brillantes economistas y MBA».* Y en Wall Street, donde las capacidades de los ordenadores y los datos cuantitativos inmediatos están desplazando a los que tienen labia e inventando nuevos y complejos derivados: «En los últimos treinta años —observaba Summers—, el campo de la inversión bancaria se ha transformado de un campo que estaba dominado por gente que era buena para encontrar clientes en el último agujero, en un campo de gente buena para resolver los muy difíciles problemas matemáticos que se planteaban a la hora de poner precios a títulos de derivados».[34]

Por aquel entonces, cuatro años antes de la crisis financiera, la fe triunfalista en el mercado —la fe en el *moneyball*— era ostentosa.

Como los acontecimientos demostrarían, ese triunfalismo no acabó bien —ni para la economía, ni para los Oakland Athletics—. Los Athletics jugaron las finales de 2006, y desde entonces no han tenido una temporada buena. A decir verdad, esto no se debió a que el *moneyball* fallase, sino a que se había extendido. Gracias en parte al libro de Lewis, otros equipos, incluidos los de más recursos, se dieron cuenta del valor que encierra fichar jugadores con un por-

* Titulados en administración de empresas. *(N. del T.)*

centaje alto de embasado. En 2004, estos jugadores dejaron de ser una ganga porque los equipos ricos hicieron subir sus salarios. Los salarios de jugadores que eran pacientes en el *home* e hicieron muchas bases por bolas pusieron de manifiesto entonces su contribución a las victorias. Las ineficiencias del mercado que Beane había explotado dejaron de existir.[35]

Quedó claro que el *moneyball* no era una estrategia de desamparados, al menos no a largo plazo. Los equipos ricos podían contratar también a estadísticos y pujar por jugadores de equipos pobres que estos recomendaban. El Boston Red Sox, con una de las mayores plantillas de béisbol, ganó los campeonatos de la World Series de 2004 y 2007 con un propietario y un mánager general que eran apóstoles del *moneyball*. En los años posteriores a la aparición del libro de Lewis, resultó que el dinero importaba más, no menos, en la determinación del porcentaje de victorias de los equipos de liga más importantes.[36]

Esto no concuerda con lo que la teoría económica predice. Si, en el béisbol, el talento es eficientemente tasado, puede esperarse que los equipos con más dinero para gastar en los salarios de los jugadores jueguen mejor. Pero esto plantea una cuestión mayor. El *moneyball* hizo al béisbol más eficiente en el sentido económico del término. Pero ¿lo hizo mejor? Probablemente, no.

Considérense los cambios que el *moneyball* ha operado en la manera de jugar: un juego más prolongado en los bateos, con más bases por bolas, más lanzamientos, más cambios en los lanzamientos, menos bateos libres, menos audacia en el paso hacia la base, menos toques de bola y robos de bases. Es difícil decir que esto suponga una mejora. Un bateo interminable con las bases cargadas y un empate en la segunda parte de la novena entrada pueden configurar una jugada clásica de béisbol. Pero un juego lleno de demoras en los bateos y abundante en bases por bolas suele resultar tedioso. El *moneyball* no ha arruinado el béisbol, pero —como otras intromisiones del mercado en los últimos años— ha dejado reducido el valor del juego.

Esto ilustra un aspecto que a lo largo de este libro he intentado poner de relieve: hacer a los mercados más eficientes no es algo ventajoso en sí. La verdadera cuestión es si introducir este o aquel mecanismo del mercado mejorará o estropeará el juego. Es una cuestión que debe plantearse no solo en el béisbol, sino también en las sociedades en que vivimos.

Coloque aquí su anuncio

El mundo del deporte no es el único dominio donde los mercados y el comercialismo campan a sus anchas. Las últimas dos décadas han visto cómo la publicidad comercial iba más allá de sus ubicaciones habituales —periódicos, revistas, radio y televisión— para colonizar cada rincón de nuestras vidas.

En 2000, un cohete espacial ruso hacía publicidad en el espacio exterior con un anuncio gigante de Pizza Hut en él estampado. Pero la mayoría de los nuevos emplazamientos que los anuncios han invadido desde los años noventa son decididamente mundanos. En las tiendas de comestibles empezaron a aparecer manzanas y plátanos con pegatinas que anunciaban la última película de Hollywood o la nueva serie de un canal de televisión. Y huevos anunciando la programación de televisión de la CBS para el próximo otoño en la sección de lácteos. Los anuncios no figuraban en los cartones, sino en cada huevo, gracias a una nueva técnica de grabado por láser que permitía estampar en la cáscara (de forma delicada, pero indeleble) el logo y el mensaje de la compañía.[37]

Pantallas de vídeo estratégicamente dispuestas permitían a los anunciantes atraer la atención de la gente durante los breves momentos del día en que ni las personas más agobiadas y distraídas tenían otra opción que esperar de pie —en ascensores a la espera de llegar a la planta a que se dirigían, en cajeros automáticos a la espera de poder operar en ellos, en estaciones de servicio a la espera de llenar el depósito, y hasta en lavabos de bares, restaurantes y otros lugares públicos.[38]

Los anuncios de los lavabos solían consistir en pegatinas o grafitis ilícitos en las paredes con números de teléfono de prostitutas y de servicios de acompañantes. Pero en los años noventa, los anuncios en los lavabos comenzaron a ser moneda corriente. Según un artículo de *Advertising Age*, «fabricantes como Sony, Unilever y Nintendo, junto con productores de bebidas alcohólicas y canales de televisión, han dejado de lado a prostitutas y otros personajes para colocar sus propios mensajes comerciales a la vista de toda una demografía con los pantalones bajados y las cremalleras abiertas». Los anuncios ingeniosos de desodorantes, coches, grabaciones de cantantes y videojuegos son comunes en las paredes de los lavabos y los urinarios. En 2004, los anuncios en servicios, dirigidos a un público joven, acomodado y captado a la fuerza, representaron un negocio de 50 millones de dólares. Las firmas anunciantes en lavabos tienen su propia asociación comercial, que recientemente ha celebrado su decimocuarta convención anual en Las Vegas.[39]

Cuando los anunciantes empezaron a adquirir espacios en las paredes de los lavabos, los anuncios se abrían paso también en los libros. Pagar por anunciar un producto en determinados sitios ha sido una costumbre en películas y programas de televisión. Pero en 2001, la novelista británica Fay Weldon escribió un libro por encargo de Bulgari, la empresa de joyería italiana. A cambio de una suma no revelada, Weldon acordó mencionar en la novela la joyería Bulgari al menos una decena de veces. El libro, convenientemente titulado *Conexión Bulgari*, lo publicó HarperCollins en Gran Bretaña, y Grove/Atlantic en Estados Unidos. Weldon excedió ampliamente el número requerido de referencias a la joyería Bulgari, mencionándola treinta y cuatro veces.[40]

Algunos autores expresaron su indignación ante la idea de una novela patrocinada por una empresa, y pidieron a los editores no enviar el libro de Weldon para ninguna reseña. Un crítico dijo que la propaganda del libro podría «afectar a la confianza del lector en la autenticidad de la narrativa». Otro se refirió a lo burdo de la prosa cargada de propaganda en frases como esta: «Más vale un collar de Bulgari en mano que dos volando, dijo Doris». O esta otra: «Se acurrucaron juntos y felices durante un rato, agotada toda la pasión, y ella quedó con él en Bulgari a la hora del almuerzo».[41]

Aunque la propaganda en libros no ha llegado a extenderse, es probable que la aparición de los aparatos de lectura digital y la publicidad electrónica sitúen la actividad de leer libros muy cerca de la publicidad. En 2011, Amazon comenzó a vender dos versiones de sus populares lectores Kindle, una con y otra sin «ofertas especiales y salvapantallas patrocinados». El modelo con ofertas especiales cuesta 40 dólares menos que la versión estándar, pero viene con anuncios rotatorios en el salvapantallas y al pie de la portada.[42]

Volar es otra actividad cada vez más invadida por el comercialismo. En el capítulo 1 ya hemos visto cómo las líneas aéreas han descubierto en las colas de los aeropuertos oportunidades para obtener beneficios cobrando un dinero extra por los privilegios de acceder a colas más cortas en los controles de seguridad y embarcar más pronto. Pero esto no es todo. Una vez negociadas las colas, embarcado en el avión y sentado en su asiento, uno puede verse rodeado de anuncios publicitarios. Hace unos años, las líneas aéreas estadounidenses comenzaron a vender espacios para colocar anuncios en mesitas para las bandejas, servilletas y —por increíble que parezca— bolsas para el mareo. Spirit Airlines y Ryanair, dos compañías aéreas de bajo coste, han estampado anuncios en los huecos superiores para equipajes. Recientemente, Delta Airlines intentó pasar un anuncio de automóviles Lincoln antes del vídeo de seguridad previo al vuelo. Las quejas por aquel bombardeo comercial, que hacía que los pasajeros ignorasen el vídeo de seguridad, consiguieron que la compañía aérea pusiera el anuncio de Lincoln al final del vídeo.[43]

En estos momentos uno no necesita ser un autor o una compañía aérea para atraer contratantes. Basta con ser dueño de un automóvil y estar dispuesto a convertir su vehículo en un soporte publicitario con ruedas. Algunas agencias de publicidad pagan hasta 900 dólares mensuales por permitirles envolver el automóvil en un material hecho de vinilo con logotipos y nombres de productos como bebidas energéticas, teléfonos móviles, detergentes para la ropa o la empresa local instaladora de tuberías. Los contratos están sujetos a unas pocas restricciones razonables. Si, por ejemplo, uno anuncia Coca-Cola, no le pueden pillar bebiendo Pepsi mientras conduce. Los anunciantes estiman que conduciendo un coche transformado de esta guisa por la ciudad y sus alrededores, su mensaje comercial pueden verlo hasta setenta mil personas al día.[44]

También uno puede transformar su casa en soporte publicitario. En 2011, Adzookie, una pequeña compañía publicitaria de California, hizo una oferta de especial interés para propietarios de viviendas que se enfrentaban a una ejecución o con dificultades para pagar su hipoteca. Si permiten que la compañía les pinte en el exterior de la casa (excepto el tejado) anuncios de colores brillantes, les pagan cada mes su hipoteca durante el tiempo que la casa exhiba los anuncios. «Si está preparado para los colores brillantes y las miradas de sus vecinos —afirmaba la compañía en su página web—, rellene el formulario que encontrará más abajo.» La compañía recibió un aluvión de personas interesadas. Aunque esperaba pintar diez casas, recibió veintidós solicitudes en menos de dos meses.[45]

Y si uno no posee ni coche ni casa, todavía puede sacar dinero del filón publicitario de los últimos años: puede usar su cuerpo como soporte publicitario. Esta práctica comenzó, por lo que sé, en Casa Sánchez, un pequeño restaurante mexicano de San Francisco del que era propietaria una familia. En 1998, los propietarios ofrecieron una comida gratis para toda la vida a quien estuviera dispuesto a tener el logo del restaurante —un joven con sombrero cabalgando una espiga gigante— tatuado en su cuerpo. La familia Sánchez pensó que muy pocos, o algún que otro, aceptarían la oferta. Estaban equivocados. En unos meses, más de cuarenta personas recorrían las calles de San Francisco luciendo el tatuaje de Casa Sánchez. Y muchos entraban a la hora de comer en el restaurante para reclamar sus burritos gratis.

Los propietarios estaban encantados con el éxito de la promoción, pero se pusieron serios cuando comprobaron que si cada uno de los tatuados fuese cada día a comer durante cincuenta y cinco años, el restaurante tendría que servir durante ese tiempo burritos por valor de 5,8 millones de dólares.[46]

Pocos años después, una agencia de publicidad de Londres comenzó a vender espacios para publicidad en la frente de las personas.

A diferencia de la promoción de Casa Sánchez, los tatuajes eran temporales, no permanentes. Pero el lugar era más visible. La agencia reclutó estudiantes universitarios dispuestos a exhibir en la frente logos de compañías por 4,20 libras la hora. Un potencial contratante elogió la idea, diciendo que los anuncios eran «una extensión del cartel publicitario, pero un poco más orgánico».[47]

Otras agencias desarrollaron variantes del anuncio corporal. Air New Zealand contrató a treinta personas para exhibir «carteles craneales». Los participantes afeitaron sus cabezas para llevar un tatuaje temporal en la parte posterior de sus cabezas que decía: «¿Buscando una oportunidad? Ponga rumbo a Nueva Zelanda». El pago por mostrar el anuncio en el cráneo durante dos semanas era un billete de ida y vuelta a Nueva Zelanda (por valor de 1.200 dólares) o 777 dólares en efectivo (un símbolo del Boeing 777 que utilizaba la línea aérea).[48]

El caso más extremo de anuncio corporal fue el de una mujer de Utah de treinta años que subastó el acceso comercial a su frente. Madre soltera de un hijo de once años con problemas escolares, Kari Smith necesitaba dinero para la educación de su hijo. En 2005 ofreció en una subasta online instalar un tatuaje permanente en su frente a un agente comercial dispuesto a pagar 10.000 dólares. Un casino online pagó ese precio. Aunque el autor del tatuaje trató de disuadirla, Smith insistió, y tuvo su tatuaje en la frente con la dirección del casino en internet.[49]

¿QUÉ HAY DE MALO EN EL COMERCIALISMO?

Muchas personas vieron con desagrado, y hasta con alarma, la explosión de los derechos de denominación y de publicidad en la década de 1990 y principios de la de 2000. La preocupación podía verse en innumerables titulares de la prensa: NO HAY DÓNDE HUIR, DÓNDE ESCAPAR DEL ALUVIÓN DE ANUNCIOS (*Los Angeles Times*); INVASIÓN PUBLICITARIA (*The Sunday Times*, Londres); PUBLICIDAD AD INFINITUM (*The Washington Post*); DONDEQUIERA MI-

REMOS, ES CASI SEGURO QUE VEAMOS UN ANUNCIO (*The New York Times*); ANUNCIOS AQUÍ, ALLÍ Y EN TODAS PARTES (*USA Today*).

Críticos y activistas despreciaron «el mal gusto de los valores comerciales» y «el envilecimiento que acompañaba a la publicidad y al comercialismo». Se refirieron al comercialismo como «una pestilencia» que «entontece corazones, mentes y comunidades por todo el país». Algunos consideraron los anuncios como «una forma de contaminación». Una compradora a la que se preguntó por qué le disgustaba encontrar pegatinas con anuncios de películas en la fruta de la tienda de comestibles dijo: «No quiero una manzana profanada con anuncios». Incluso se citaron las palabras de un ejecutivo de publicidad: «No sé si todavía queda algo sagrado».[50]

Es difícil negar la fuerza moral de estas preocupaciones. Y, sin embargo, no resulta fácil explicar, en los términos prevalecientes en el discurso público, lo que está mal en la proliferación de anuncios publicitarios a que hemos asistido en las dos últimas décadas.

Por cierto que la publicidad agresiva, intrusiva, ha sido durante mucho tiempo tema de protesta en el mundo de la cultura. En 1914, Walter Lippmann lamentaba «el clamor engañoso que desfigura el paisaje, cubre vallas, salpica la ciudad y parpadea y nos hace guiños por las noches». Los anuncios parecían estar en todas partes. Al este, el cielo «se ilumina con goma de mascar; al norte, con cepillos dentales y ropa interior; al oeste, con whisky, y al sur, con enaguas; y el cielo entero brilla con mujeres escandalosamente insinuantes».[51]

Si Lippmann hubiese viajado por las carreteras del centro y del sur del país, sus temores se habrían confirmado. Habría visto miles de graneros mostrando anuncios de tabaco de mascar pintados con colores chillones: «Masque Mail Pouch Tobacco: elija lo mejor». En los últimos años de la década de 1890, los propietarios de la Mail Pouch Tobacco Company empezaron a pagar a los granjeros propietarios de graneros situados cerca de las rutas más transitadas de 1 a 10 dólares (con el trabajo de pintura gratis) para que transformaran los graneros en soportes publicitarios. Estos graneros con publicidad, uno de los primeros ejemplos de publicidad exterior, fueron tempranos precursores del reciente intento de pintar anuncios en casas de particulares.[52]

No obstante estos precedentes, el comercialismo de las dos últimas décadas es desmedido de una forma distinta, emblemática de un mundo en el que todo está en venta. Muchos encuentran este mundo perturbador, y con toda razón. Pero ¿qué es exactamente lo objetable de él?

Algunos dirán que «nada». Siempre que el espacio vendido a empresas anunciadoras —la casa o el granero, el estadio o los lavabos, el bíceps o la frente— pertenezca a la persona que lo vende y siempre que la venta sea voluntaria, nadie tiene derecho a objetar nada. Si es mi manzana, mi avión o mi equipo de béisbol, soy libre de vender derechos de denominación y espacios para publicidad si me place. En esto radica la defensa de un mercado publicitario ilimitado.

Como hemos visto en otros contextos, este argumento de *laissez-faire* invita a hacer dos tipos de objeción. Uno se refiere a la coerción y la injusticia, y el otro a la corrupción y la degradación.

La primera objeción acepta el principio de libertad de elección, pero cuestiona que toda elección dentro del mercado sea en verdad voluntaria. Si el propietario de una vivienda que se enfrenta a una ejecución inminente está de acuerdo en tener pintado en su casa un anuncio exagerado, puede que su elección no sea realmente libre, sino que de hecho venga coaccionada. Si un padre desesperadamente necesitado de dinero para comprar medicinas para su hijo está de acuerdo en dejarse tatuar el anuncio de un producto, puede que su elección no sea del todo voluntaria. La objeción de coerción mantiene que las relaciones de mercado pueden considerarse libres solo si las condiciones de fondo bajo las cuales compramos y vendemos son justas; solo si nadie está coaccionado por una necesidad económica seria.

La mayor parte de nuestros debates políticos actuales se articulan en estos términos —entre quienes están a favor de los mercados sin restricciones y quienes mantienen que las elecciones en los mercados solo son libres si se hacen en una situación libre de coacción, si los términos básicos de cooperación social son justos.

Pero ninguna de estas posiciones nos ayuda a explicar qué hay de perturbador en un mundo en el que el pensamiento y las relaciones mercantiles invaden toda actividad humana. Para describir lo inquietante de esta condición, necesitamos recurrir al vocabulario moral, a términos como corrupción y degradación. Y para hablar de corrupción y degradación hay que apelar, al menos de forma implícita, a concepciones de la vida buena.

Consideremos el lenguaje que emplean los críticos del comercialismo: «rebajamiento», «profanación», «tosquedad», «contaminación», pérdida de lo «sagrado»… Es un lenguaje espiritualmente cargado que alude a formas más elevadas de vivir y de ser. No se refiere a la coerción y la injusticia, sino a la degradación que implican ciertas actitudes, prácticas y bienes. La crítica moral al comercialismo es un ejemplo de lo que he llamado la objeción de corrupción.

Con los derechos de denominación y con la publicidad, la corrupción puede situarse en dos niveles. En algunos casos, la comercialización de una práctica es degradante en sí misma. Así, por ejemplo, exhibir en público un anuncio tatuado en la frente es degradante aunque la decisión de hacerlo haya sido libre.

O consideremos este ejemplo de derechos de denominación que solo puede calificarse de extremo: en 2001, una pareja que esperaba un hijo varón lo puso a subasta en eBay y Yahoo para recibir un nombre. Esperaban que una empresa comprase el derecho de denominación y así proveyese a los amantes padres de dinero suficiente para comprar una vivienda confortable y que su creciente familia pudiera disfrutar de otras comodidades. Al final, ninguna compañía pagó el precio de 500.000 dólares, y los padres abandonaron la idea y pusieron a su hijo un nombre normal (lo llamaron Zane).[53]

Podría argüirse que vender a una compañía el derecho de poner su nombre al niño está mal porque este no ha dado su consentimiento (la objeción de coerción). Pero esta no es la razón principal de que esta práctica sea objetable. Después de todo, los niños no suelen ponerse ellos mismos su nombre. Casi todos tenemos el nombre que nuestros padres nos pusieron, y no vemos en esto una coerción. La única razón para hablar de coerción en el caso de un niño cuyo nombre es una marca comercial es que llevar ese nombre toda la vida (por ejemplo, Walmart Wilson o Pepsi Peterson o Jamba Juice Jones) es degradante, incluso si el niño consiente en ello.

No todos los ejemplos de comercialismo son corruptores. Algunos son dignos, como los carteles que durante mucho tiempo han adornado los marcadores de los estadios o incluso sus muros exteriores. Pero no es lo mismo cuando las bromas publicitarias de empresas invaden la cabina de transmisiones y se hacen valer en cada nuevo lanzamiento o deslizamiento hacia la segunda base. Esto es como publicitar un nombre en una novela. Quien haya escuchado la transmisión de un partido de béisbol en la radio o la televisión sabrá a qué me refiero. Los implacables eslóganes de empresas patrocinadoras proferidos por los anunciantes importunan a quienes ven el partido y estropean la inventiva, la auténtica narración en que una descripción de cada jugada puede consistir.

Para decidir cuál es y cuál no es el terreno de la publicidad, no basta, por tanto, con referirse, por un lado, a los derechos de propiedad y, por otro, a la justicia. También hay que fijarse en el significado de las prácticas sociales y en los bienes en ellas involucrados. Y hemos de preguntarnos en cada caso si la comercialización de una práctica la degrada.

Todavía nos queda hacer una consideración más: algunos ejemplos de publicidad que en sí mismos no son corruptores pueden, sin embargo, contribuir a la comercialización de la vida social como un todo. La analogía con la contaminación es aquí apropiada. Emitir dióxido de carbono no es malo en sí mismo; lo hacemos cada vez que respiramos. Pero el exceso de emisiones de este gas puede ser nocivo para el medio ambiente. De modo similar, otras extensiones inobjetables de la publicidad a las novelas pueden contribuir, si se generalizan, a crear una sociedad dominada por los patrocinios empresariales y el consumismo, una sociedad en la que cualquier cosa «nos la ofrece» MasterCard o McDonald's. Esta es también una forma de degradación.

Recordemos a la compradora que no quería manzanas «profanadas» con pegatinas publicitarias. Estrictamente hablando, se trata de una hipérbole. Una etiqueta no profana una fruta (suponiendo que no deje una marca). No altera el sabor de la manzana o del plátano. Durante mucho tiempo, los plátanos han exhibido pegatinas que los identificaban como de la marcha Chiquita, y pocos se han quejado de esto. ¿No es extraño quejarse ahora de que vengan con la pegatina que publicita una película o un programa de televisión? No necesariamente. La objeción del comprador no es, presumiblemente, a la publicidad en la manzana, sino a la invasión de los anuncios comerciales en la vida cotidiana. La «profanación» no es la de la manzana, sino la del mundo en que habitamos, cada vez más dominado por los valores mercantiles y la dimensión comercial.

El efecto corrosivo de la publicidad importa menos en los comercios de alimentación que en la plaza pública, donde los derechos de denominación y los patrocinios de las compañías se generalizan. A esto se llama «marketing municipal», y es algo que amenaza con llevar el comercialismo al corazón de la vida cívica. En las dos últimas décadas, las ciudades y los estados financieramente deficitarios han intentado arreglárselas vendiendo el acceso de la publicidad a espacios públicos como playas, parques, subterráneos, colegios y centros culturales.

MARKETING MUNICIPAL

La tendencia comenzó en los años noventa. Cuando los acuerdos para la denominación de estadios demostraron ser provechosos para los grandes equipos de liga, los funcionarios de los gobiernos empezaron a buscar compañías patrocinadoras de servicios e instalaciones públicos.

Socorristas y derechos de distribución de bebidas

En el verano de 1998, las personas que iban a pasar un día en la playa pública de Seaside Heights, en New Jersey, se encontraron con cinco mil marcas de tarros de Skippy Peanut Butter cubriendo la arena hasta donde podía alcanzar la mirada. Esto era obra de un artefacto recién inventado capaz de estampar en la arena anuncios comerciales, y Skippy pagó a la ciudad una suma por colocar sus anuncios en la arena de la playa.[54]

En el condado de Orange, California, los socorristas de todas las playas de la región eran enviados a salvar a la gente en Chevrolet. En un contrato de patrocinio de 2,5 millones de dólares, General Motors se había comprometido a regalar a los socorristas cuarenta y dos nuevos vehículos de salvamento y Chevy Blazer* con la denominación de «Vehículo Oficial de Seguridad Marina de las playas de la costa de Orange». El contrato daba también al Chevrolet libre acceso a las playas para hacer fotos. Los Ford Ranger eran los vehículos oficiales de las playas para el condado vecino de Los Ángeles, donde los socorristas vestían trajes de baño patrocinados por Speedo.[55]

En 1999, Coca-Cola pagó 6 millones de dólares por ser la bebida no alcohólica oficial de Huntington Beach, en California. En el contrato, Coke obtenía derechos exclusivos de venta de sus bebidas, zumos y agua embotellada en las playas, los parques y edificios públicos de la ciudad, junto con el uso del logo «Huntington Beach's Surf City» en su publicidad.

Alrededor de una decena de ciudades del condado habían cerrado contratos similares con compañías de bebidas. En San Diego, Pepsi obtuvo los derechos exclusivos de distribución de bebidas tras cerrar un contrato de 6,7 millones de dólares. San Diego tenía unos cuantos contratos con patrocinadores, entre ellos uno que hacía de Verizon la «radio oficial» del lugar y otro que convertía a una compañía llamada Cardiac Science en la suministradora oficial de desfibriladores de la ciudad.[56]

En la ciudad de Nueva York, el alcalde Michael Bloomberg, un firme defensor del marketing municipal, nombró en 2003 al primer jefe de marketing de la ciudad. Su primera gran iniciativa fue un

---

* Chevrolet Blazer. *(N. del T.)*

contrato con Snapple por cinco años y 166 millones de dólares que concedía a la compañía productora de bebidas el derecho exclusivo a vender zumos y agua en los colegios públicos de la ciudad, así como a vender té, agua y bebidas de chocolate en seis mil edificios propiedad de la ciudad. Los detractores dijeron que se estaba vendiendo la Gran Manzana para convertirla en la Big Snapple. Pero el marketing municipal era un negocio cada vez mayor; de solo 10 millones de dólares en 1994 pasó a más de 175 millones en 2002.[57]

Estaciones de metro y senderos en la naturaleza

En algunas instalaciones públicas, los contratos sobre derechos de denominación tardaron en llegar. En 2001, la Autoridad de Transportes de la Bahía de Massachusetts intentó vender derechos de denominación para cuatro históricas estaciones del metro de Boston, pero ninguna compañía se interesó. Sin embargo, recientemente algunas ciudades han conseguido vender derechos de denominación a estaciones de metro. En 2009, la Autoridad Metropolitana de Transportes de Nueva York vendió al Barclays Bank el derecho a poner su nombre a una de las estaciones más antiguas y transitadas de Brooklyn por 4 millones de dólares durante más de veinte años. El banco, con sede en Londres, quería esos derechos porque la estación conduce a un campo de deportes que ostenta también el nombre de Barclays. Además de vender los derechos de denominación, la Autoridad Metropolitana de Transportes ha vendido con singular afán espacios para publicidad en las estaciones, cubriendo de anuncios trenes enteros y columnas, tornos y pasillos de la estación. Los ingresos por la publicidad subterránea de la red del metro neoyorquino aumentaron de 38 millones de dólares en 1997 a 125 millones en 2008.[58]

En 2010, la Autoridad de Transportes de Filadelfia vendió a AT&T el derecho a renombrar la estación de Pattison, una estación que había recibido el nombre de un gobernador de Pensilvania del siglo XXI. La compañía de telefonía pagó 3,4 millones de dólares a la autoridad más otros 2 millones a la agencia de publicidad que arregló el trato. La estación, ahora bautizada como AT&T Station, es un lugar muy destacado, pues acerca a los viajeros a los estadios donde juegan los equipos deportivos de Filadelfia. Los estadios ostentan por lo demás nombres de bancos y el de una compañía de servicios financieros: Citizens Bank Park (Phillies baseball), Wells Fargo Center (76ers basketball y Flyers hockey) y Lincoln Financial Field (Eagles football). Un antiguo presidente de un comité consultivo de la ciudadanía argumentó contra la venta del nombre de la estación observando que «el transporte en un servicio público y los nombres constituyen un importante vínculo con las calles y los barrios adyacentes». Pero un dirigente de los transportes le respondió que la agencia necesitaba el dinero y que vender el nombre «ayudaría a ahorrar gastos a usuarios y contribuyentes».[59]

Algunas ciudades y estados han buscado compañías patrocinadoras para parques, senderos y zonas verdes públicas. En 2003, los legisladores de Massachusetts aprobaron estudiar la factibilidad de vender derechos de denominación de los seiscientos parques, bosques y zonas de recreo estatales. El *Boston Globe* dijo en un editorial que el estanque Walden de Thoreau podría pasar a denominarse «estanque Wal-Mart». Massachusetts no continuó con aquel plan. Pero recientemente cierto número de patrocinadores con nombres conocidos han cerrado acuerdos que conceden a sus marcas una presencia en parques estatales de toda la región.[60]

North Face, fabricante de ropa de abrigo de lujo, tiene sus logotipos en las señalizaciones de los senderos que atraviesan los parques públicos de Virginia y Maryland. Coca-Cola tiene permiso para mostrar su logo en un parque del estado de California como patrocinadora de un proyecto de reforestación posterior a un incendio. La marca Juicy Juice de Nestlé figura en indicadores de varios parques estatales de Nueva York, donde la compañía instaló zonas de esparcimiento. Odwalla, una compañía rival fabricante de zumos, financió un programa de plantación de árboles a cambio de que se reconociera su marca en parques estatales de toda la región. En Los Ángeles, los detractores frustraron en 2010 la tentativa de vender publicidad en parques urbanos. La promoción habría colocado anuncios de una película del Oso Yogui en edificios, mesas de picnic y cubos de basura del parque.[61]

En 2011, la asamblea legislativa de Florida presentó proyectos que permitían la venta de derechos de denominación y anuncios comerciales a lo largo de los senderos naturales de propiedad estatal. La financiación estatal de la red de vías para bicicletas, excursionismo y piraguas se había reducido en los últimos años, y algunos legisladores vieron en la publicidad una manera de compensar la disminución presupuestaria. Una compañía denominada Government Solutions Group actúa como agente en los acuerdos entre los parques estatales y las empresas patrocinadoras. Shari Boyer, directora de la compañía, sostiene que los parques estatales son lugares ideales para la publicidad. Quienes visitan los parques estatales son «excelentes consumidores» con altos ingresos, explica. Además, el parque constituye «un entorno muy tranquilo para el marketing», y las distracciones son escasas. «Es un sitio estupendo para llegar a la gente, porque esta se encuentra en el mejor estado mental.»[62]

Coches de policía y tomas de agua

A principios de la década de 2000, a muchas ciudades y pueblos escasos de presupuesto les tentó una oferta que parecía demasiado buena para ser verdad. Una compañía de Carolina del Norte ofrecía coches de policía nuevos y totalmente equipados, con sus luces y barrotes en la parte trasera, por 1 dólar al año. La oferta ponía una pequeña condición: los coches estarían cubiertos, al estilo de la Asociación Nacional de Carreras de Automóviles de Serie (NASCAR, National Association for Stock Car Auto Racing), de anuncios y logotipos comerciales.[63]

Algunos cuerpos de policía y funcionarios urbanos consideraron que los anuncios eran el pequeño precio que había que pagar por unos coches patrulla que de otro modo les costarían 28.000 dólares cada uno. Más de 160 municipios de 28 estados se apuntaron a aquel trato. Government Acquisitions, la compañía que ofrecía los coches patrulla, firmó contratos con las localidades interesadas, y luego anunció los espacios para publicidad a compañías locales y nacionales. La compañía insistió en que los anuncios tenían que ser de buen gusto; no se aceptarían los de alcohol, tabaco, armas de fuego o juegos. Su página web ilustró este concepto con una foto de un coche de policía con los arcos dorados de McDonald's en el capó. Entre los clientes de la compañía estuvieron Dr Pepper, NAPA Auto Parts, la salsa picante Tabasco, el Servicio Postal de Estados Unidos, el ejército estadounidense y Valvoline. La compañía tenía previsto granjearse también el interés de bancos, compañías de televisión por cable, concesionarios de automóviles, compañías de seguros y emisoras de radio y televisión como potenciales anunciantes.[64]

La perspectiva de disponer de coches de policía adornados de anuncios suscitó controversias. Editorialistas y algunos agentes de la ley se opusieron a la idea por varios motivos. A unos les preocupaba el riesgo de favoritismo policial por determinados patrocinadores. Otros se temían un cuerpo de policía presentado por McDonald's o Dunkin's Donuts, o que la ferretería local rebajase la dignidad y la autoridad de los agentes de la ley. Y otros más argumentaron que el plan desacreditaría al propio gobierno y afectaría a la disposición de la ciudadanía a financiar servicios esenciales. «Algunas cosas son tan fundamentales para el buen orden de la sociedad —escribió el columnista Leonard Pitts Jr.—, tan intrínsecas a su dignidad, que tradicionalmente han sido confiadas solo a personas contratadas y equipadas colectivamente, por todos nosotros, en interés del bien común. La de agente de la ley es una de estas funciones. O al menos solía serla.»[65]

Los defensores del acuerdo reconocían lo violento que podía resultar que la policía anunciara productos comerciales. Pero en tiempos económicamente difíciles, sostenían, la ciudadanía preferiría una policía que exhibiera publicidad antes que ninguna. «La gente podrá reírse cuando la vea circular por la carretera con marcas [comerciales] —dijo un jefe de policía—. Pero siempre que vea un coche acudiendo a una emergencia, estará muy contenta de ver el coche ahí.» Un concejal de Omaha dijo que al principio no le agradó la idea, pero que el ahorro que suponía le inclinó a aceptarla. Y estableció una analogía: «Nuestro estadio exhibe publicidad en vallas y pasillos, al igual que nuestro auditorio público. Mientras se haga con buen gusto, la publicidad en los coches de policía no tendrá por qué ser diferente».[66]

Los derechos de denominación de estadios y los patrocinios empresariales resultaron ser moralmente contagiosos, o al menos tentadores. En el momento en que se originó la controversia en torno a los coches de policía, se había preparado mentalmente al público para asistir a nuevas incursiones de las prácticas comerciales en la vida civil.

Pero, finalmente, la compañía de Carolina del Norte no entregó los coches de policía. A la vista de la oposición pública, con campaña incluida para disuadir a los publicitarios nacionales, al parecer se abandonó el proyecto, que desde entonces ha quedado fuera del horizonte empresarial. Pero la idea de la publicidad en coches de policía no ha desaparecido. En Gran Bretaña, los coches de policía comercialmente patrocinados empezaron a aparecer en los años noventa, después de que el Ministerio del Interior estableciera nuevas regulaciones que permitían a los cuerpos de policía aumentar hasta un 1 por ciento sus presupuestos anuales con ingresos procedentes de los patrocinadores. «Hasta hace poco, esto era terreno prohibido —dijo un oficial de policía—. Ahora cualquier cosa está permitida.» En 1996, los almacenes Harrods presentaron en Londres agentes especiales de policía con un coche patrulla con la siguiente leyenda distintiva de los almacenes: «Automóvil financiado por Harrods».[67]

La publicidad en coches de policía llegó finalmente a Estados Unidos, aunque no al estilo NASCAR. En 2006, la policía de Littleton, Massachusetts, introdujo un coche patrulla con tres sencillos anuncios de Doneland's Supermarkets, una cadena local de supermercados. Los anuncios, unas pegatinas enormes que semejaban parachoques, aparecían en el maletero y en los guardabarros traseros. A cambio de la publicidad, el supermercado paga al municipio 12.000 dólares al año, un dinero que cubre el coste del arrendamiento de un coche.[68]

Que yo sepa, nadie ha intentado vender espacios para publicidad en camiones de bomberos. Pero en 2010, Kentucky Fried Chicken llegó a un acuerdo de patrocinio con el cuerpo de bomberos de Indianápolis para promocionar el lanzamiento de una novedad en su menú —alas de pollo «churruscadas» a la parrilla—. El acuerdo incluía una instantánea con el cuerpo de bomberos de Indianápolis y la exhibición de logos de KFC (con la imagen icónica del coronel Sanders incluida) en los extintores de los centros recreativos de la ciudad. En otro municipio de Indiana, KFC pagó en una promoción similar a cambio del derecho a colocar logos de KFC en las bocas de incendios.[69]

Cárceles y colegios

La publicidad ha invadido también las dos instituciones centrales de la autoridad civil y el sector público: las cárceles y los colegios. En 2011, el Centro de Detención del Condado de Erie, en Buffalo, Nueva York, empezó a exhibir publicidad en una pantalla de televisión de alta definición que los acusados ven momentos después de su arresto. ¿Qué pretenden los anunciantes hacer llegar a este público? Abogados defensores y pagadores de fianzas. Por los anuncios se pagan 40 dólares semanales con un compromiso de permanencia de un año. Y se muestran junto con información del centro de detención relativa a normas y horas de visita. Los anuncios también aparecen en una pantalla de un vestíbulo usado por familiares y amigos que visitan a los internos. El gobierno del condado recibe un tercio de los ingresos por esta publicidad, que engrosarán las arcas del condado en una suma entre 8.000 y 15.000 dólares.[70]

Los espacios para los anuncios se vendieron enseguida. N. Diina, director de la compañía de publicidad que estableció el acuerdo, explicó así su atractivo: «¿Qué quiere la gente cuando se encuentra en un centro de detención? Quiere salir. No quiere ser condenada. Por eso quiere una fianza. Y un abogado». Entre los anuncios y su público hay un perfecto acuerdo. «Se trata de anunciar a alguien justo cuando la gente quiere tomar su decisión —declaró Diina a *The Buffalo News*—. Esto es lo que aquí ocurre. Aquí está la principal audiencia cautiva.»[71]

Channel One transmite mensajes publicitarios a una audiencia cautiva de otra manera: los millones de adolescentes obligados a verlos en aulas de todo el país. El programa de noticias de televisión, de doce minutos de duración y comercialmente patrocinado, lo lanzó en 1989 el empresario Chris Whittle. Whittle ofreció a los colegios aparatos de televisión, equipos de vídeo y una conexión vía satélite, todo gratuito, a cambio de un acuerdo para emitir el programa cada día y exigir a los alumnos que lo vieran con sus dos minutos de anuncios. Aunque el estado de Nueva York prohibió la presencia de Channel One en sus colegios, la mayoría de los estados no lo hicieron, y en 2000 Channel One fue visto por ocho millones de alumnos en doce mil colegios. Desde que llegó hasta el 40 por ciento de los adolescentes de la nación, ha podido permitirse emitir anuncios de compañías como Pepsi, Snickers, Clearasil, Gatorade, Reebok, Taco Bell y los mejores sueldos del ejército de Estados Unidos, unos 200.000 dólares por *spot* de treinta segundos (comparable a las tarifas publicitarias de las cadenas de televisión).[72]

En 1994, un ejecutivo de Channel One explicó así este éxito financiero en una conferencia sobre marketing dirigida a la juventud: «El mayor atractivo que los anuncios tienen para los anunciantes [es que] obligamos a los niños a ver dos minutos de anuncios. El anunciante cuenta con un grupo de niños que no pueden ir a los lavabos, que no pueden cambiar de canal, que no pueden oír a sus madres gritarles de lejos, que no pueden jugar con la Nintendo y que no pueden tener conectados sus auriculares».[73]

Whittle vendió Channel One hace unos años, y ahora ha comenzado a regentar un colegio privado en Nueva York. Su antigua compañía ya no es tan potente como lo fue antaño. Tras alcanzar su pico máximo a principios de la década de 2000, Channel One ha perdido cerca de un tercio de sus colegios y muchos de sus anunciantes más importantes. Pero consiguió acabar con el tabú contra los anuncios en las aulas. Ahora, los colegios públicos están atestados de anuncios, patrocinios empresariales, reclamos de productos y hasta derechos de denominación.[74]

La presencia del comercialismo en las aulas no es algo completamente nuevo. En los años veinte, Ivory Soap donó a colegios pastillas de jabón para concursos de tallas en jabón. La colocación de los logos de la compañía en marcadores y de anuncios de la misma en anuarios del colegio ha sido durante mucho tiempo una práctica común. Pero en la década de 1990, la relación de las compañías con los colegios experimentó un auge espectacular. Las compañías abrumaron a los profesores con vídeos gratuitos, pósters y «kits de aprendizaje» diseñados para desplegar imágenes y grabar nombres de marcas en las mentes de los niños. Los llamaban «materiales educativos patrocinados». Los alumnos podían aprender cosas sobre la nutrición con materiales curriculares proporcionados por Hershey's Chocolate o por McDonald's, o estudiar los efectos de un vertido de petróleo en Alaska con un vídeo grabado por Exxon. Procter & Gamble ofreció un programa de estudios sobre medio ambiente que explicaba por qué los pañales desechables eran buenos para la tierra.[75]

En 2009, Scholastic, la mayor editorial del mundo de libros para niños, distribuyó gratuitamente materiales curriculares sobre la industria de la energía entre sesenta y seis mil profesores de cuarto curso. El programa de estudios, titulado «El Estados Unidos de la energía», lo creó la Fundación Americana del Carbón. El plan de enseñanza patrocinado por la industria destacaba los beneficios del carbón, pero no mencionaba los accidentes en las minas, los residuos tóxicos, los gases de efecto invernadero y otros efectos sobre el medio ambiente. Cuando la prensa recogió las numerosas críticas a aquel plan tan parcial, Scholastic anunció que reduciría sus publicaciones patrocinadas por compañías.[76]

No todos los regalos de los patrocinadores empresariales sustentan planes ideológicos. Algunos simplemente hacen publicidad de la marca. Un ejemplo bien conocido es el de la Campbell Soup Company, que mandaba kits gratuitos de ciencias con la idea de enseñar el método científico. Una cuchara con agujeros (incluida en el kit) servía para que los estudiantes comprobasen que la salsa para espaguetis Prego de Campbell's era más espesa que la de Ragú, la marca rival. General Mills envió a los profesores un programa de ciencias titulado «Gushers [efusiones]: maravillas de la Tierra», para el estudio de los volcanes. El kit incluía muestras gratuitas de sus caramelos Fruit Gushers con suaves rellenos que «fluían» (*gushed*) al morderlos. La guía para profesores sugería que los alumnos mordieran los caramelos y comparasen el efecto con una erupción geotérmica. Un kit de Tootsie Roll mostraba cómo los alumnos del tercer curso podían practicar matemáticas contando las golosinas llamadas Tootsie Rolls. Para un ejercicio de redacción recomendaba que los niños entrevistasen a miembros de sus familias sobre sus recuerdos de los Tootsie Rolls.[77]

El auge de la publicidad en los colegios refleja el incremento de la asignación de dinero a los niños para comprar artículos y la creciente influencia de los gastos de la familia. En 1983, las compañías estadounidenses gastaron 100 millones de dólares en publicidad dirigida a los niños. En 2005 gastaron 16.800 millones. Como los niños pasan la mayor parte del día en el colegio, los mercados tratan agresivamente de llegar hasta ellos. Entretanto, una financiación inadecuada de la educación ha hecho que los colegios públicos estén demasiado dispuestos a recibirlos.[78]

En 2001, un colegio de primaria de New Jersey se distinguió por ser el primer colegio público de la nación en vender derechos de denominación a una compañía patrocinadora. A cambio de una donación de 100.000 dólares de un supermercado local, cambió el nombre de su gimnasio por el de ShopRite del Brooklawn Center. A aquel acuerdo de denominación siguieron otros. Los más lucrativos fueron para los campos de rugby de los colegios de secundaria, con sumas entre 100.000 y 1 millón de dólares. En 2006, un nuevo colegio público de secundaria de Filadelfia pidió más. Publicó una lista de precios por derechos de denominación disponibles para el colegio: 1 millón de dólares para el pabellón de artes interpretativas, 750.000 para el gimnasio, 50.000 para los laboratorios de ciencias y 5 millones por renombrar el propio colegio. Microsoft dio 100.000 dólares por poner su nombre al centro de visitantes del colegio. Algunas oportunidades de denominar sitios no son tan caras. Un colegio de secundaria de Newburyport, Massachusetts, ofreció derechos de denominación para el despacho del director por 10.000 dólares.[79]

Muchos distritos escolares han optado por los anuncios directos en cualquier espacio imaginable. En 2011, un distrito escolar vendió espacios para publicidad en los boletines de calificaciones. Unos años antes, un colegio de primaria de Florida metió los boletines de calificaciones en fundas que anunciaban una promoción de McDonald's que incluía una caricatura de Ronald McDonald y el logotipo de los Golden Arches. El anuncio era en realidad parte de un sistema de «incentivos de boletín de calificaciones» que ofrecía a todos los niños con sobresalientes y notables en todas las asignaturas, o con menos de tres ausencias, una comida gratis en un McDonald's. Los opositores locales consiguieron cancelar la promoción.[80]

En 2011, siete estados habían aprobado la presencia de anuncios en los laterales de los autobuses escolares. Estos anuncios en autobuses escolares empezaron a aparecer en los años noventa en Colorado, cuyos colegios fueron también los primeros en aceptar anuncios en su interior. En Colorado Springs, anuncios de Mountain Dew adornaban pasillos de colegios, y anuncios de Burger King decoraban los laterales de los autobuses escolares. Más recientemente, colegios de Minnesota, Pensilvania y otros estados han consentido a los publicitarios instalar anuncios «supergráficos» de gran tamaño en paredes y suelos, y otros adheridos a armarios, bancos de vestuarios y mesas de cafetería.[81]

La comercialización rampante de los colegios es corruptora de dos formas. En primer lugar, el material curricular patrocinado por compañías está cargado de sesgos, distorsiones y cosas superficiales. Un estudio de la Unión de Consumidores observó algo nada sorprendente: que cerca del 80 por ciento de los materiales educativos patrocinados están enfocados al producto o al punto de vista del patrocinador. Pero aunque las compañías patrocinadoras proporcionasen herramientas de aprendizaje objetivas y de calidad impecable, la publicidad comercial seguiría siendo una presencia perniciosa en las aulas, pues es incompatible con la finalidad de los colegios. La publicidad anima a las personas a desear cosas y satisfacer sus deseos. La educación anima a las personas a reflexionar de forma crítica sobre sus deseos, a dominarlos o a elevarlos. La finalidad de la publicidad es reclutar consumidores; la de los colegios públicos, cultivar a los ciudadanos.[82]

No es fácil enseñar a los estudiantes a ser ciudadanos capaces de pensar de forma crítica acerca del mundo que los rodea cuando buena parte de la infancia la ocupa la capacitación básica para vivir en una sociedad de consumidores. En unos tiempos en que tantos niños asisten al colegio con aspecto de soportes publicitarios andantes, llenos de logotipos y etiquetas y vestidos con ropa de marca, es sumamente difícil —y sumamente importante— que los colegios se mantengan a cierta distancia de una cultura popular imbuida de los valores del consumismo.

Pero la publicidad aborrece la distancia. La publicidad desdibuja las fronteras entre ámbitos y hace de cada sitio un escenario comercial. «Descubre tu fuente de ingresos tras las puertas de los colegios —proclamaba un folleto de promoción de un congreso sobre marketing para anunciantes de colegios—. Desde los niños de primaria que aprenden a leer hasta los adolescentes que se compran su primer coche, garantizamos la introducción de tu producto y tu compañía en el espacio tradicional de estos estudiantes: en su aula.»[83]

Cuando los mercaderes se precipitan por las puertas de los colegios, los colegios necesitados de dinero, los castigados por la recesión, las subidas de los impuestos sobre la propiedad inmobiliaria, los recortes presupuestarios y las subidas de las matrículas, no tienen otra elección que consentírselo. Pero la culpa la tienen menos nuestros colegios que nosotros los ciudadanos. En vez de aumentar los fondos públicos necesitamos educar a nuestros hijos, pero elegimos vender su tiempo y arrendar sus mentes a Burger King y Mountain Dew.

«Palquificación»

El comercialismo no destruye todo lo que toca. De una boca de incendios con un logotipo de Kentucky Fried Chicken sigue saliendo agua para sofocar las llamas. Un vagón del metro con anuncios adheridos a sus flancos de una película de Hollywood todavía puede llevarnos a casa a comer. Los niños pueden aprender aritmética contando Tootsie Rolls. Los aficionados a los deportes todavía pueden alentar al equipo local en el Bank of America Stadium, el AT&T Park y el Lincoln Financial Field, aunque pocos podamos llamar a los equipos por el nombre de sus estadios y sus campos.

Sin embargo, estampar en las cosas logotipos de compañías cambia su significado. Los mercados dejan su marca. La inserción de nombres de productos en libros afecta a su integridad y corrompe la relación entre autor y lector. Los anuncios tatuados en partes del cuerpo degradan a la persona pagada por llevarlos y la reducen a la condición de objeto. Los anuncios en las aulas minan la finalidad educativa de los colegios.

Admito que estos juicios sean discutibles. La gente discrepa sobre el significado que puedan tener los libros, los cuerpos y los colegios, y sobre el valor que quepa atribuirles. De hecho, hay discrepancias sobre cuáles serían las normas apropiadas a muchos de los ámbitos que los mercados han invadido —vida familiar, amistad, sexo, procreación, salud, educación, naturaleza, arte, ciudadanía, deporte y la manera de enfrentarse a la perspectiva de la muerte—. Pero mi punto de vista es este: cuando vemos cómo los mercados y el intercambio comercial alteran el carácter de los bienes que tocan, tenemos que preguntarnos cuál es —y cuál no es— el sitio de los mercados. Y no podemos responder a esta pregunta sin reflexionar sobre el significado y la finalidad de los bienes y sobre los valores que deberían gobernarlos.

Estas reflexiones tocan inevitablemente concepciones divergentes de la vida buena. Este es un terreno que a veces tememos pisar. Por temor al desacuerdo vacilamos en manifestar nuestras convicciones morales y espirituales en la plaza pública. Pero retroceder ante estas cuestiones no las dejará en suspenso. Simplemente ocurrirá que los mercados las decidirán por nosotros. Tal es la lección de las tres últimas décadas. La era del triunfalismo del mercado ha coincidido con un tiempo en que el discurso público ha quedado en gran parte vaciado de sustancia moral y espiritual. Nuestra única esperanza de mantener a los mercados en su sitio es reflexionar de forma abierta y pública sobre el significado de los bienes y las prácticas sociales que valoramos.

Además de debatir sobre el significado de un bien u otro, también necesitamos hacernos una gran pregunta, debemos preguntarnos por el tipo de sociedad en que deseamos vivir. Cuando los derechos de denominación y el marketing municipal se adueñan del patrimonio común, reducen el carácter público del mismo. Además del daño que causa a los bienes particulares, el comercialismo afecta a la vida comunitaria. Cuantas más son las cosas que el dinero puede comprar, menos son las ocasiones en que las personas de todas las condiciones sociales pueden encontrarse. Es lo que comprobamos cuando asistimos a un partido de béisbol y miramos hacia arriba, donde están los palcos elevados, o desde ellos hacia abajo, según sea el caso. La desaparición de la experiencia, antaño posible en el estadio, de la mezcla de clases constituye una pérdida no solo para los que miran hacia arriba, sino también para los que miran hacia abajo.

Algo similar ha venido sucediendo en toda la sociedad. En una época de creciente desigualdad, la mercantilización de todas las cosas implica que la gente adinerada y la de recursos modestos vivan cada vez más separadas. Vivimos, trabajamos, compramos y representamos nuestros papeles en lugares diferentes. Nuestros hijos asisten a colegios diferentes. Podemos llamar a esto la palquificación de la vida estadounidense. Algo que no es bueno para la democracia ni es una forma de vivir satisfactoria.

La democracia no exige una igualdad perfecta, pero sí que los ciudadanos compartan una vida común. Lo esencial es que las personas de orígenes y posiciones sociales diferentes se encuentren y se topen unas con otras en el discurrir de la vida cotidiana. Porque así es como aprendemos a salvar y tolerar nuestras diferencias, y así es como custodiamos el bien común.

Y así, la cuestión de los mercados termina siendo en realidad la cuestión de cómo queremos vivir todos juntos. ¿Queremos una sociedad donde todo esté en venta? ¿O existen determinados bienes morales y cívicos que los mercados no honran y el dinero no puede comprar?

Notas

INTRODUCCIÓN: MERCADOS Y MORALIDAD

1. Jennifer Steinhauer, «For $82 a Day, Booking a Cell in a 5-Star Jail», *New York Times*, 29 de abril de 2007.

2. Daniel Machalaba, «Paying for VIP Treatment in a Traffic Jam: More Cities Give Drivers Access to Express Lanes-for a Fee», *Wall Street Journal*, 21 de junio de 2007.

3. Sam Dolnick, «World Outsources Pregnancies to India», *USA Today*, 31 de diembre de 2007; Amelia Gentleman, «India Nurtures Business of Surrogate Motherhood», *New York Times*, 10 de marzo de 2008.

4. Eliot Brown, «Help Fund a Project, and Get a Green Card», *Wall Street Journal*, 2 de febrero de 2011; Sumathi Reddy, «Program Gives Investors Chance at Visa», *Wall Street Journal*, 7 de junio de 2011.

5. Brendan Borrell, «Saving the Rhino Through Sacrifice», *Bloomberg Businessweek*, 9 de diciembre de 2010.

6. Tom Murphy, «Patients Paying for Extra Time with Doctor: "Concierge" Practices, Growing in Popularity, Raise Access Concerns», *Washington Post*, 24 de enero de 2010; Paul Sullivan, «Putting Your Doctor, or a Whole Team of Them, on Retainer», *New York Times*, 30 de abril de 2011.

7. El precio corriente en euros puede encontrarse en www.pointcarbon.com.

8. Daniel Golden, «At Many Colleges, the Rich Kids Get Affirmative Action: Seeking Donors, Duke Courts "Development Admits"», *Wall Street Journal*, 20 de febrero de 2003.

9. Andrew Adam Newman, «The Body as Billboard: Your Ad Here», *New York Times*, 18 de febrero de 2009.

10. Carl Elliott, «Guinea-Pigging», *New Yorker*, 7 de enero de 2008.

11. Matthew Quirk, «Private Military Contractors: A Buyer's Guide», *Atlantic*, septiembre de 2004, p. 39, citando a P. W. Singer; Mark Hemingway, «Warriors for Hire», *Weekly Standard*, 18 de diciembre de 2006; Jeffrey Gettleman, Mark Massetti y Eric Schmitt, «U.S. Relies on Contractors in Somalia Conflict», *New York Times*, 10 de agosto de 2011.

12. Sarah O'Connor, «Packed Agenda Proves Boon for Army Standing in Line», *Financial Times*, 13 de octubre de 2009; Lisa Lerer, «Waiting for Good Dough», *Politico*, 26 de julio de 2007; Tara Palmeri, «Homeless Stand in for Lobbyists on Capitol Hill», CNN, http://edition.cnn.com/2009/POLITICS/07/13/line.standers/.

13. Amanda Ripley, «Is Cash the Answer?», *Time*, 19 de abril de 2010, pp. 44-45.

14. En un estudio sobre adelgazamiento, los participantes ganaron una media de 378,49 dólares por perder seis kilos en dieciséis semanas. Véanse Kevin G. Volpp, «Paying People to Lose Weight and Stop Smoking», *Issue Brief*, Instituto Leonard Davis de Economía de la Salud, Universidad de Pensilvania, vol. 14, febrero de 2009; K. G. Volpp *et al.*, «Financial Incentive-Based Approaches for Weight Loss», *JAMA* 300 (10 de dciembre de 2008), pp. 2.631-2.637.

15. Sophia Grene, «Securitising Life Policies Has Dangers», *Financial Times*, 2 de agosto de 2010; Mark Maremont y Leslie Scism, «Odds Skew Against Investors in Bets on Strangers' Lives», *Wall Street Journal*, 21 de diciembre de 2010.

16. T. Christian Miller, «Contractors Outnumber Troops in Iraq», *Los Angeles Times*, 4 de julio de 2007; James Glanz, «Contractors Outnumber U.S. Troops in Afghanistan», *New York Times*, 2 de septiembre de 2009.

17. «Policing for Profit: Welcome to the New World of Private Security», *Economist*, 19 de abril de 1997.

18. Estoy aquí en deuda con las esclarecedoras explicaciones de Elizabeth Anderson en *Value in Ethics and Economics*, Harvard University Press, Cambridge, MA, 1993.

19. Edmund L. Andrews, «Greenspan Concedes Error on Regulation», *New York Times*, 24 de octubre de 2008.

20. «What Went Wrong with Economics», *The Economist*, 16 de julio de 2009.

21. Frank Newport, «Americans Blame Government More Than Wall Street for Economy», Gallup Poll, 19 de octubre de 2011, www.gallup.com/poll/150191/Americans-Blame-Gov-Wall-Street-Economy.aspx.

22. William Douglas, «Occupy Wall Street Shares Roots with Tea Party Protesters—but Different Goals», *Miami Herald*, 19 de octubre de 2011; David S. Meyer, «What Occupy Wall Street Learned from the Tea Party», *Washington Post*, 7 de octubre de 2011; Dunstan Prial, «Occupy Wall Street, Tea Party Movements Both Born of Bank Bailouts», Fox Business, 20 de octubre de 2011, www.foxbusiness.com/markets/2011/10/19/occupy-wall-street-tea-party-born-bank-bailouts.

1. Cómo librarse de las colas

1. Christopher Caldwell, «First-Class Privilege», *New York Times Magazine*, 11 de mayo de 2008, pp. 9-10.

2. La cola de United Airlines viene descrita en https://store.united.com/traveloptions/control/category?category_id=UMPMRLINE&navSource=Travel+Options+Main+Menu&linkTitle=UM_PMRLINE; David Millward, «Luton Airport Charges to Jump Security Queue», *Telegraph*, 26 de marzo de 2009, www.london-luton.co.uk/en/prioritylane.

3. Caldwell, «First-Class Privilege».

4. Ramin Setoodeh, «Step Right Up! Amusement-Park Visitors Pay Premium to Avoid Long Lines», *Wall Street Journal*, 12 de julio de 2004, p. B1; Chris Mohney, «Changing Lines: Paying to Skip the Queues at Theme Parks», *Slate*, 3 de julio de 2002; Steve Rushin, «The Waiting Game», *Time*, 10 de septiembre de 2007, p. 88; Harry Wallop, «£350 to Queue Jump at a Theme Park», *Telegraph*, 13 de febrero de 2011. La cita es de Mohney, «Changing Lines».

5. Setoodeh, «Step Right Up!»; Mohney, «Changing Lines»; www.universalstudioshollywood.com/ticket_front_of_line.html.

6. www.esbnyc.com/observatoryvisitorstips.asp; https://ticketing.esbnyc.com/Webstore/Content.aspx?Kind=LandingPage.

7. www.hbo.com/curb-your-enthusiasm/episodes/index.html#1/curb-your-enthusiasm/episodes/4/36-the-car-pool-lane/synopsis.html.

8. Timothy Egan, «Paying on the Highway to Get Out of First Gear», *New York Times*, 28 de abril de 2005, p. A1; Larry Copeland, «Solo in the

Car-pool Lane?», *USA Today*, 9 de mayo de 2005, p. 3A; Daniel Machalaba, «Paying for VIP Treatment in a Traffic Jam», *Wall Street Journal*, 21 de junio de 2007, p. 1; Larry Lane, «"HOT" Lanes Wide Open to Solo Drivers–For a Price», *Seattle Post-Intelligencer*, 3 de abril de 2008, p. A1; Michael Cabanatuan, «Bay Area's First Express Lane to Open on I-680», *San Francisco Chronicle*, 13 de septiembre de 2010.

9. Joe Dziemianowicz, «Shakedown in the Park: Putting a Price on Free Shakespeare Tickets Sparks an Ugly Drama», *Daily News*, 9 de junio de 2010, p. 39.

10. *Ibidem*; Glenn Blain, «Attorney General Andrew Cuomo Cracks Down on Scalping of Shakespeare in the Park Tickets», *Daily News*, 11 de junio de 2010; «Still Acting Like Attorney General, Cuomo Goes After Shakespeare Scalpers», *Wall Street Journal*, 11 de junio de 2010.

11. Brian Montopoli, «The Queue Crew», *Legal Affairs*, enero/febrero de 2004; Libby Copeland, «The Line Starts Here», *Washington Post*, 2 de marzo de 2005; Lisa Lerer, «Waiting for Good Dough», *Politico*, 26 de julio de 2007; Tara Palmeri, «Homeless Stand in for Lobbyists on Capitol Hill», CNN, http://edition.cnn.com/2009/POLITICS/07/13/line.standers.

12. Sam Hananel, «Lawmaker Wants to Ban Hill Line Standers», *Washington Post*, 17 de octubre de 2007; Mike Mills, «It Pays to Wait: On the Hill, Entrepreneurs Take Profitable Queue from Lobbyists», *Washington Post*, 24 de mayo de 1995; «Hustling Congress», *Washington Post*, 29 de mayo de 1995. Las palabras de la senadora McCaskill aparecen citadas en O'Connor, «Packed Agenda Proves Boon for Army Standing in Line», *Financial Times*, 13 de octubre de 2009.

13. Robyn Hagan Cain, «Need a Seat at Supreme Court Oral Arguments? Hire a Line Stander», FindLaw, 2 de septiembre de 2011, http://blogs.findlaw.com/supreme_court/2011/09/need-a-seat-at-supreme-court-oral-arguments-hire-a-line-stander.html; www.qmsdc.com/linestanding.html.

14. www.linestanding.com. Las palabras de Mark Gross se encuentran en http://qmsdc.com/Response%20to%20S-2177.htm.

15. Las palabras de Gomes se citan en Palmeri, «Homeless Stand in for Lobbyists on Capitol Hill».

16. *Ibidem*.

17. David Pierson, «In China, Shift to Privatized Healthcare Brings Long Lines and Frustration», *Los Angeles Times*, 11 de febrero de 2010; Evan

Osnos, «In China, Health Care Is Scalpers, Lines, Debt», *Chicago Tribune*, 28 de septiembre de 2005; «China Focus: Private Hospitals Shoulder Hopes of Revamping China's Ailing Medical System», Agencia de Noticias Xinhua, 11 de marzo de 2010, www.istockanalyst.com/ article/viewiStockNews/ articleid/3938009.

18. Yang Wanli, «Scalpers Sell Appointments for 3,000 Yuan», *China Daily*, 24 de diciembre de 2009, www.chinadaily.com.cn/bizchina/2009-12/24/content_9224785.htm; Pierson, «In China, Shift to Privatized Healthcare Brings Long Lines and Frustration».

19. Osnos, «In China, Health Care Is Scalpers, Lines, Debt».

20. Murphy, «Patients Paying for Extra Time with Doctor»; Abigail Zuger, «For a Retainer, Lavish Care by "Boutique Doctors"», *New York Times*, 30 de octubre de 2005.

21. Paul Sullivan, «Putting Your Doctor, or a Whole Team of Them, on Retainer», *New York Times*, 30 de abril de 2011, p. 6; Kevin Sack, «Despite Recession, Personalized Health Care Remains in Demand», *New York Times*, 11 de mayo de 2009.

22. Sack, «Despite Recession, Personalized Health Care Remains in Demand».

23. www.md2.com/md2-vip-medical.php.

24. www.md2.com/md2-vip-medical.php?qsx=21.

25. Samantha Marshall, «Concierge Medicine», *Town & Country*, enero de 2011.

26. Sullivan, «Putting Your Doctor, or a Whole Team of Them, on Retainer»; Drew Lindsay, «I Want to Talk to My Doctor», *Washingtonian*, febrero de 2010, pp. 27-33.

27. Zuger, «For a Retainer, Lavish Care by "Boutique Doctors"».

28. Lindsay, «I Want to Talk to My Doctor»; Murphy, «Patients Paying for Extra Time with Doctor»; Zuger, «For a Retainer, Lavish Care by "Boutique Doctors"»; Sack, «Despite Recession, Personalized Health Care Remains in Demand».

29. Un estudio reciente reveló que, en Massachusetts, la mayoría de los médicos de cabecera y de medicina interna no aceptaban nuevos pacientes. Véase Robert Pear, «U.S. Plans Stealth Survey on Access to Doctors», *New York Times*, 26 de junio de 2011.

30. N. Gregory Mankiw, *Principles of Microeconomics*, 5.ª ed., South-Western Cengage Learning, Mason, OH, 2009, pp. 147, 149 y 151.

31. N. Gregory Mankiw, *Principles of Microeconomics*, 1.ª ed., South-Western Cengage Learning, Mason, OH, 1998, p. 148 (hay trad. cast.: *Principios de economía*, McGraw Hill/Interamericana de España, Madrid, 2002).

32. Blain, «Attorney General Cuomo Cracks Down on Scalping of Shakespeare in the Park Tickets».

33. Richard H. Thaler, economista, citado en John Tierney, «Tickets? Supply Meets Demand on Sidewalk», *New York Times*, 26 de diciembre de 1992.

34. Marjie Lundstrom, «Scalpers Flipping Yosemite Reservations», *Sacramento Bee*, 18 de abril de 2011.

35. «Scalpers Strike Yosemite Park: Is Nothing Sacred?», editorial, *Sacramento Bee*, 19 de abril de 2011.

36. Suzanne Sataline, «In First U.S. Visit, Pope Benedict Has Mass Appeal: Catholic Church Tries to Deter Ticket Scalping», *Wall Street Journal*, 16 de abril de 2008.

37. John Seabrook, «The Price of the Ticket», *New Yorker*, 10 de agosto de 2009. La cifra de 4 millones de dólares la establecieron Marie Connolly y Alan B. Kreuger en «Rockonomics: The Economics of Popular Music», marzo de 2005, trabajo preparatorio, www.krueger.princeton.edu/working_papers.html.

38. Seabrook, «The Price of the Ticket».

39. Andrew Bibby, «Big Spenders Jump the Queue», *Mail on Sunday* (Londres), 13 de marzo de 2006; Steve Huettel, «Delta Thinks of Charging More for American Voice on the Phone», *St. Petersburg Times*, 28 de julio de 2004; Gersh Kuntzman, «Delta Nixes Special Fee for Tickets», *New York Post*, 29 de julio de 2004.

2. INCENTIVOS

1. Michelle Cottle, «Say Yes to CRACK», *New Republic*, 23 de agosto de 1999; William Lee Adams, «Why Drug Addicts Are Getting Sterilized for Cash», *Time*, 17 de abril de 2010. Hasta agosto de 2011, el número de drogadictos y alcohólicos (hombres y mujeres) que habían aceptado el pago del Proyecto Prevención por la Esterilización o la Contracepción por largo tiempo era de 3.848, según se informa en http://projectprevention.org/statistics.

2. Pam Belluck, «Cash for Sterilization Plan Draws Addicts and Critics», *New York Times*, 24 de julio de 1999; Adams, «Why Drug Addicts Are Getting Sterilized for Cash»; Cottle, «Say Yes to CRACK».

3. Adams, «Why Drug Addicts Are Getting Sterilized for Cash»; Jon Swaine, «Drug Addict Sterilized for Cash», *Telegraph*, 19 de octubre de 2010; Jane Beresford, «Should Drug Addicts Be Paid to Get Sterilized?», *BBC News Magazine*, 8 de febrero de 2010, http://news.bbc.co.uk/2/hi/uk_news/magazine/8500285.stm.

4. Deborah Orr, «Project Prevention Puts the Price of a Vasectomy— and for Forfeiting a Future—at £200», *Guardian*, 21 de octubre de 2010; Andrew M. Brown, «Paying Drug Addicts to be Sterilised Is Utterly Wrong», *Telegraph*, 19 de octubre de 2010; Michael Seamark, «The American Woman Who Wants to "Bribe" UK Heroin Users with £200 to Have Vasectomies», *Daily Mail*, 22 de octubre de 2010; Anso Thom, «HIV Sterilisation Shock: Health Ministry Slams Contraception Idea», *Daily News* (Sudáfrica), 13 de abril de 2011; «Outrage over "Cash for Contraception" Offer to HIV Positive Women», *Africa News*, 12 de mayo de 2011.

5. Adams, «Why Drug Addicts Are Getting Sterilized for Cash».

6. Gary S. Becker, *The Economic Approach to Human Behavior*, University of Chicago Press, Chicago, 1976, pp. 3-4.

7. *Ibid.*, pp. 5-8.

8. *Ibid.*, pp. 7-8.

9. *Ibid.*, p. 10. Cursiva en el original.

10. *Ibid.*, pp. 12-13.

11. Amanda Ripley, «Should Kids Be Bribed to Do Well in School?», *Time*, 19 de abril de 2010.

12. Los resultados de los estudios de Fryer se resumen en el artículo de la nota anterior. Para conocer todos los resultados, véase Roland G. Fryer Jr., «Financial Incentives and Student Achievement: Evidence from Randomized Trials», *Quarterly Journal of Economics* 126 (noviembre de 2011), 1755-98, www.economics.harvard.edu/ faculty/fryer/papers_fryer.

13. Fryer, «Financial Incentives and Student Achievement»; Jennifer Medina, «Next Question: Can Students Be Paid to Excel?», *New York Times*, 5 de marzo de 2008.

14. Fryer, «Financial Incentives and Student Achievement»; Bill Turque, «D.C. Students Respond to Cash Awards, Harvard Study Shows», *Washington Post*, 10 de abril de 2010.

15. Fryer, «Financial Incentives and Student Achievement».

16. *Ibidem*.

17. *Ibidem*.

18. Michael S. Holstead, Terry E. Spradlin, Margaret E. McGillivray y Nathan Burroughs, «The Impact of Advanced Placement Incentive Programs», Center for Evaluation & Education Policy, Education Policy Brief, Universidad de Indiana, vol. 8, invierno de 2010; Scott J. Cech, «Tying Cash Awards to AP-Exam Scores Seen as Paying Off», *Education Week*, 16 de enero de 2008; C. Kirabo Jackson, «A Little Now for a Lot Later: A Look at a Texas Advanced Placement Incentive Program», *Journal of Human Resources* 45 (2010), http://works.bepress.com/c_kirabo_jackson/1/.

19. «Should the Best Teachers Get More Than an Apple?», *Governing Magazine*, agosto de 2009; National Incentive-Pay Initiatives, National Center on Performance Incentives, Universidad Vanderbilt, www.performanceincentives.org/news/detail.aspx?pageaction=ViewSinglePublic&LinkID=46&ModuleID=28&NEWSPID=1; Matthew G. Springer *et al.*, «Teacher Pay for Performance», National Center on Performance Incentives, 21 de septiembre de 2010, www.performanceincentives.org/news/detail.aspx?pageaction=ViewSinglePublic&LinkID=561&ModuleID=48&NEWSPID=1; Nick Anderson, «Study Undercuts Teacher Bonuses», *Washington Post*, 22 de septiembre de 2010.

20. Sam Dillon, «Incentives for Advanced Work Let Pupils and Teachers Cash In», *New York Times*, 3 de octubre de 2011.

21. Jackson, «A Little Now for a Lot Later».

22. *Ibidem*.

23. Pam Belluck, «For Forgetful, Cash Helps the Medicine Go Down», *New York Times*, 13 de junio de 2010.

24. *Ibidem*; Theresa Marteau, Richard Ashcroft y Adam Oliver, «Using Financial Incentives to Achieve Healthy Behavior», *British Medical Journal* 338, 25 de abril de 2009, pp. 983-985; Libby Brooks, «A Nudge Too Far», *Guardian*, 15 de octubre de 2009; Michelle Roberts, «Psychiatric Jabs for Cash Tested», BBC News, 6 de octubre de 2010; Daniel Martin, «HMV Voucher Bribe for Teenage Girls to Have Cervical Jabs», *Daily Mail* (Londres), 26 de octubre de 2010.

25. Jordan Lite, «Money over Matter: Can Cash Incentives Keep People Healthy?», *Scientific American*, 21 de marzo de 2011; Kevin G. Volpp *et al.*, «A Randomized, Controlled Trial of Financial Incentives for Smo-

king Cessation», *New England Journal of Medicine* 360 (12 de febrero de 2009); Brendan Borrell, «The Fairness of Health Insurance Incentives», *Los Angeles Times*, 3 de enero de 2011; Robert Langreth, «Healthy Bribes», *Forbes*, 24 de agosto de 2009; Julian Mincer, «Get Healthy or Else...», *Wall Street Journal*, 16 de mayo de 2010.

26. www.nbc.com/the-biggest-loser.

27. K. G. Volpp *et al.*, «Financial Incentive-Based Approaches for Weight Loss», *JAMA* 300 (10 de diciembre de 2008), pp. 2.631-2.637; Liz Hollis, «A Pound for a Pound», *Prospect*, agosto de 2010.

28. Victoria Fletcher, «Disgust over NHS Bribes to Lose Weight and Cut Smoking», *Express* (Londres), 27 de septiembre de 2010; Sarah-Kate Templeton, «Anger Over NHS Plan to Give Addicts iPods», *Sunday Times* (Londres), 22 de julio de 2007; Tom Sutcliffe, «Should I Be Bribed to Stay Healthy?», *Independent* (Londres), 28 de septiembre de 2010; «MP Raps NHS Diet-for-Cash Scheme», BBC News, 15 de enero de 2009; Miriam Stoppard, «Why We Should Never Pay for People to Be Healthy!», *Mirror* (Londres), 11 de octubre de 2010.

29. Harald Schmidt, Kristin Voigt y Daniel Wikler, «Carrots, Sticks, and Health Care Reform—Problems with Wellness Incentives», *New England Journal of Medicine* 362 (14 de enero de 2010); Harald Schmidt, «Wellness Incentives Are Key but May Unfairly Shift Healthcare Costs to Employees», *Los Angeles Times*, 3 de enero de 2011; Julie Kosterlitz, «Better Get Fit—Or Else!», *National Journal*, 26 de septiembre de 2009; Rebecca Vesely, «Wellness Incentives Under Fire», *Modern Healthcare*, 16 de noviembre de 2009.

30. Para una discusión de la objeción de soborno en relación con otras objeciones, véase Richard E. Ashcroft, «Personal Financial Incentives in Health Promotion: Where Do They Fit in an Ethic of Autonomy?» *Health Expectations* 14 (junio de 2011), pp. 191-200.

31. V. Paul-Ebhohimhen y A. Avenell, «Systematic Review of the Use of Financial Incentives in Treatments for Obesity and Overweight», *Obesity Reviews* 9 (julio de 2008), pp. 355-367; Lite, «Money over Matter»; Volpp, «A Randomized, Controlled Trial of Financial Incentives for Smoking Cessation»; Marteau, «Using Financial Incentives to Achieve Healthy Behaviour».

32. Gary S. Becker, «Why Not Let Immigrants Pay for Speedy Entry», en Gary S. Becker y Guity Nashat Becker, eds., *The Economics of Life*, McGraw Hill, Nueva York, 1997, pp. 58-60, artículo originalmente publicado

en *BusinessWeek*, 2 de marzo de 1987; Gary S. Becker, «Sell the Right to Immigrate», Becker-Posner Blog, 21 de febrero de 2005, www.becker-posner-blog.com/2005/02/sell-the-right-to-immigrate-becker.html.

33. Julian L. Simon, «Auction the Right to Be an Immigrant», *New York Times*, 28 de enero de 1986.

34. Sumathi Reddy y Joseph de Avila, «Program Gives Investors Chance at Visa», *Wall Street Journal*, 7 de junio de 2011; Eliot Brown, «Help Fund a Project, and Get a Green Card», *Wall Street Journal*, 2 de febrero de 2011; Nick Timiraos, «Foreigners' Sweetener: Buy House, Get a Visa», *Wall Street Journal*, 20 de octubre de 2011.

35. Becker, «Sell the Right to Immigrate».

36. Peter H. Schuck, «Share the Refugees», *New York Times*, 13 de agosto de 1994; Peter H. Schuck, «Refugee Burden-Sharing: A Modest Proposal», *Yale Journal of International Law* 22 (1997), pp. 243-297.

37. Uri Gneezy y Aldo Rustichini, «A Fine Is a Price», *Journal of Legal Studies* 29 (enero de 2000), pp. 1-17.

38. Peter Ford, «Egalitarian Finland Most Competitive, Too», *Christian Science Monitor*, 26 de octubre de 2005; «Finn's Speed Fine Is a Bit Rich», BBC News, 10 de febrero de 2004, http://news.bbc.co.uk/2/hi/business/3472785.stm; «Nokia Boss Gets Record Speeding Fine», BBC News, 14 de enero de 2002, http://news.bbc.co.uk/2/hi/europe/1759791.stm.

39. Sandra Chereb, «Pedal-to-Metal Will Fill Nevada Budget Woes?», Associated Press State and Local Wire, 4 de septiembre de 2010; Rex Roy, «Pay to Speed in Nevada», AOL original, 2 de octubre de 2010, http://autos.aol.com/article/pay-to-speed-nevada/.

40. Henry Chu, «Paris Metro's Cheaters Say Solidarity Is the Ticket», *Los Angeles Times*, 22 de junio de 2010.

41. Malcolm Moore, «China's One-Child Policy Undermined by the Rich», *Telegraph* (Londres), 15 de junio de 2009; Michael Bristow, «Grey Areas in China's One-Child Policy», BBC News, 21 de septiembre de 2007, http://news.bbc.co.uk/2/hi/asia-pacific/7002201.stm; Clifford Coonan, «China Eases Rules on One Child Policy», *Independent* (Londres), 1 de abril de 2011; Zhang Ming'ai, «Heavy Fines for Violators of One-Child Policy», china.org.cn, 18 de septiembre de 2007, www.china.org.cn/english/government/224913.htm.

42. «Beijing to Fine Celebrities Who Break "One Child" Rule», Agencia de Noticias Xinhua, 20 de enero de 2008, http://english.sina.com/

china/1/2008/0120/142656.html; Melinda Liu, «China's One Child Left Behind», *Newsweek*, 19 de enero de 2008; Moore, «China's One-Child Policy Undermined by the Rich».

43. Kenneth E. Boulding, *The Meaning of the Twentieth Century*, Harper, Nueva York, 1964, pp. 135-136.

44. David de la Croix y Axel Gosseries, «Procreation, Migration and Tradable Quotas», CORE Discussion Paper n.° 2006/98, noviembre de 2006, disponible en SSRN, http://ssrn.com/abstract=970294.

45. Michael J. Sandel, «It's Immoral to Buy the Right to Pollute», *New York Times*, 15 de diciembre de 1997.

46. Cartas al director de Sanford E. Gaines, Michael Leifman, Eric S. Maskin, Steven Shavell y Robert N. Stavins en «Emissions Trading Will Lead to Less Pollution», *New York Times*, 17 de diciembre de 1997. Algunas de estas cartas, junto con el artículo original, se hallan reproducidas en Robert N. Stavins, ed., *Economics of the Environment: Selected Readings*, 5.ª ed., Norton, Nueva York, 2005, pp. 355-358. Véase también Mark Sagoff, «Controlling Global Climate: The Debate over Pollution Trading», *Report from the Institute for Philosophy & Public Policy* 19, n.° 1 (invierno de 1999).

47. Unas palabras en mi defensa: en el artículo original no decía en modo alguno que emitir dióxido de carbono fuese algo intrínsecamente objetable, aunque el provocativo título: «Es inmoral comprar el derecho a contaminar» (que eligió el director, no yo) pueda haber sugerido esta interpretación. El hecho de que tantas personas que lo leyeron lo interpretaran de esta manera es razón suficiente para aclarar mi objeción. Agradezco a Peter Cannavo y a Joshua Cohen haber tenido en cuenta este punto. También estoy en deuda con Jeffrey Skopek, a la sazón estudiante de derecho en Harvard, que escribió un artículo esclarecedor para mi seminario sobre este tema.

48. Paul Krugman, «Green Economics», *New York Times Magazine*, 11 de abril de 2010.

49. Véase Richard B. Stewart, «Controlling Environmental Risks Through Economic Incentives», *Columbia Journal of Environmental Law* 13 (1988), pp. 153-169; Bruce A. Ackerman y Richard B. Stewart, «Reforming Environmental Law», *Stanford Law Review* 37 (1985); Bruce A. Ackerman y Richard B. Stewart, «Reforming Environmental Law: The Democratic Case for Market Incentives», *Columbia Journal of Environmental Law* 13 (1988), pp. 171-199; Lisa Heinzerling, «Selling Pollution, Forcing De-

mocracy», *Stanford Environmental Law Journal* 14 (1995), pp. 300-344.Véase, en general, Stavins, *Economics of the Environment*.

50. John M. Broder, «From a Theory to a Consensus on Emissions», *New York Times*, 17 de mayo de 2009; Krugman, «Green Economics».

51. Broder, «From a Theory to a Consensus on Emissions». Para una valoración crítica del sistema de bonos para las emisiones sulfurosas, véase James Hansen, «Cap and Fade», *New York Times*, 7 de diciembre de 2009.

52. Véase la web de BP *target neutral*: www.bp.com/sectionbodycopy. do ?categoryId=9080&contentId=7058126; 20 libras anuales es la estimación que aparece en www.bp.com/sectiongenericarticle.do?categoryId=9 032616&contentId=7038962; sobre los proyectos de compensación de British Airways por el dióxido de carbono, véase www.britishairways.com/travel/csr-projects/public/en_gb.

53. Jeffrey M. Skopek, un estudiante de mi seminario en la Facultad de Derecho de Harvard, desarrolla muy eficazmente esta crítica de las compensaciones por las emisiones de dióxido de carbono en «Note: Uncommon Goods: On Environmental Virtues and Voluntary Carbon Offsets», *Harvard Law Review* 123, n.º 8 (junio de 2010), pp. 2.065-2.087.

54. Para una defensa de las compensaciones por emisiones de dióxido de carbono por parte de un economista, véase Robert M. Frank, «Carbon Offsets: A Small Price to Pay for Efficiency», *New York Times*, 31 de mayo de 2009.

55. Brendan Borrell, «Saving the Rhino Through Sacrifice», *Bloomberg Businessweek*, 9 de diciembre de 2010.

56. *Ibidem*.

57. C. J. Chivers, «A Big Game», *New York Times Magazine*, 25 de agosto de 2002.

58. *Ibidem*.

59. Paul A. Samuelson, *Economics: An Introductory Analysis*, 4.ª ed., McGraw-Hill, Nueva York, 1958, pp. 6-7 (hay trad. cast.: *Economía*, McGraw-Hill, Interamericana de España, Madrid, 1986).

60. N. Gregory Mankiw, *Principles of Economics*, 3.ª ed., Thomson South-Western, Mason, OH, 2004, p. 4 (hay trad. cast.: *Principios de economía*, McGraw-Hill, Interamericana de España, Madrid, 2002).

61. Steven D. Levitt y Stephen J. Dubner, *Freakonomics: A Rogue Economist Explores the Hidden Side of Everything*, ed. corregida y aumentada,

William Morrow, Nueva York, 2006, p. 16 (hay trad. cast.: *Freakonomics: un economista políticamente incorrecto explora el lado oculto de lo que nos afecta*, Círculo de Lectores, Barcelona, 2006).

62. Para una discusión esclarecedora del concepto de incentivo y su historia, véase Ruth W. Grant, «Ethics and Incentives: A Political Approach», *American Political Science Review* 100 (febrero de 2006), pp. 29-39.

63. Google Books Ngram Viewer, http://ngrams.googlelabs.com/graph?content=incentives&yearstart=1940&yearend=2008&corpus=0&smoothing=3. Consulta realizada el 9 de septiembre de 2011.

64. Levitt y Dubner, *Freakonomics*, p. 16.

65. *Ibid.*, p. 17.

66. Google Books Ngram Viewer, http:/ngrams.googlelabs.com/graph?content=incentivize&year_start=1990&year_end=2008&008corpus=0&smoothing=3. Consulta realizada el 9 de septiembre de 2011.

67. Búsqueda académica en LexisNexis entre los principales diarios de la frecuencia en que aparecen los verbos *incentivize* o *incentivise*. Consulta realizada el 9 de septiembre de 2011.

68. Datos recopilados por el American Presidency Project, Universidad de California, Santa Bárbara, archivo de Comunicaciones Públicas de los Presidentes, www.presidency.ucsb.edu/ws/index.php#1TLVOyrZt.

69. Alocución del primer ministro en el Foro Económico Mundial, Davos, 28 de enero de 2011, www.number10.gov.uk/news/prime-ministers-speech-at-the-world-economic-forum/; las palabras de Cameron después de los disturbios de Londres aparecen citadas en John F. Burns y Alan Cowell, «After Riots, British Leaders Offer Divergent Proposals», *New York Times*, 16 de agosto de 2011.

70. Levitt y Dubner, *Freakonomics*, pp. 190, 46 y 11.

71. Mankiw, *Principles of Economics*, p. 148.

72. Para una discusión más amplia de esta objeción al utilitarismo, véase Michael J. Sandel, *Justice: What's the Right Thing to Do?*, Farrar, Straus and Giroux, Nueva York, 2009, pp. 41-48 y 52-56.

3. DE QUÉ MANERA LOS MERCADOS DESPLAZAN LA MORAL

1. Daniel E. Slotnik, «Too Few Friends? A Web Site Lets You Buy Some (and They're Hot)», *New York Times*, 26 de febrero de 2007.

2. Heathcliff Rothman, «I'd Really Like to Thank My Pal at the Auction House», *New York Times*, 12 de febrero de 2006.

3. Richard A. Posner, «The Regulation of the Market in Adoptions», *Boston University Law Review* 67 (1987), pp. 59-72; Elizabeth M. Landes y Richard A. Posner, «The Economics of the Baby Shortage», *Journal of Legal Studies* 7 (1978), pp. 323-348.

4. Elisabeth Rosenthal. «For a Fee, This Chinese Firm Will Beg Pardon for Anyone», *New York Times*, 3 de enero de 2001.

5. Rachel Emma Silverman, «Here's to My Friends, the Happy Couple, a Speech I Bought: Best Men of Few Words Get Them on the Internet to Toast Bride and Groom», *Wall Street Journal*, 19 de junio de 2002; Eilene Zimmerman, «A Toast from Your Heart, Written by Someone Else», *Christian Science Monitor*, 31 de mayo de 2002.

6. www.theperfecttoast.com; www.instantweddingtoasts.com.

7. Joel Waldfogel, «The Deadweight Loss of Christmas», *American Economic Review* 83, n.º 5 (diciembre de 1993), pp. 1.328-1.336; Joel Waldfogel, *Scroogenomics: Why You Shouldn't Buy Presents for the Holidays*, Princeton University Press, Princeton, 2009, p. 14.

8. Waldfogel, *Scroogenomics*, pp. 14-15.

9. Joel Waldfogel, «You Shouldn't Have: The Economic Argument for Never Giving Another Gift», *Slate*, 8 de diciembre de 2009, www.slate.com/articles/business/the_dismal_science/2009/12/you_shouldnt_have.html.

10. Mankiw, *Principles of Economics*, 3.ª ed., p. 483.

11. Alex Tabarrok, «Giving to My Wild Self», 21 de diciembre de 2006, http://marginalrevolution.com/marginalrevolution/2006/12/giving_to_my_wi.html.

12. Waldfogel, *Scroogenomics*, p. 48.

13. *Ibid.*, pp. 48-50 y 55.

14. Stephen J. Dubner y Steven D. Levitt, «The Gift-Card Economy», *New York Times*, 7 de enero de 2007.

15. Waldfogel, *Scroogenomics*, pp. 55-56.

16. Jennifer Steinhauer, «Harried Shoppers Turned to Gift Certificates», *New York Times*, 4 de enero de 1997; Jennifer Pate Offenberg, «Markets: Gift Cards», *Journal of Economic Perspectives* 21, n.º 2 (primavera de 2007), pp. 227-238; Yian Q. Mui, «Gift-Card Sales Rise After Falling for Two Years», *Washington Post*, 27 de diciembre de 2010; 2010 National Retail Federation Holiday Consumer Spending Report, citado en «Gift Cards:

Opportunities and Issues for Retailers», Grant Thornton LLP, 2011, p. 2, www.grantthornton.com/portal/site/gtcom/menuitem.91c078ed5c0ef4c a80cd8710033841ca/?vgnextoid=a047bfc210VgnVCM1000003a8314R CRD&vgnextfmt=default.

17. Judith Martin, citada en Tracie Rozhon, «The Weary Holiday Shopper Is Giving Plastic This Season», *New York Times*, 9 de diciembre de 2002; Liz Pulliam Weston, «Gift Cards Are Not Gifts», MSN Money, http://articles.moneycentral.msn.com/SavingandDebt/FindDealsOnline/Gift-CardsAreNotGifts.aspx.

18. «Secondary Gift Card Economy Sees Significant Growth in 2010», Marketwire, 20 de enero de 2011, www.marketwire.com/press-release/secondary -gift-card-economy-sees-significant-growth-in-2010-1383451. htm; los valores de tarjetas listados son las cantidades que se ofrecían en la web de Plastic Jungle el 21 de octubre de 2011, www.plasticjungle.com.

19. Offenberg, «Markets: Gift Cards», p. 237.

20. Sabra Chartrand, «How to Send an Unwanted Present on Its Merry Way, Online and Untouched», *New York Times*, 8 de diciembre de 2003; Wesley Morris, «Regifter's Delight: New Software Promises to Solve a Holiday Dilemma», *Boston Globe*, 28 de diciembre de 2003.

21. Véase Daniel Golden, *The Price of Admission*, Crown, Nueva York, 2006; Richard D. Kahlenberg, ed., *Affirmative Action for the Rich*, Century Foundation Press, Nueva York, 2010.

22. Véanse los comentarios del rector de Yale, Rick Levin, en Kathrin Lassila, «Why Yale Favors Its Own», *Yale Alumni Magazine*, noviembre-diciembre de 2004, www.yalealumnimagazine.com/issues/2004_11/q_a/html, y los de la rectora de Princeton, Shirley Tilghman, en John Hechinger, «The Tiger Roars: Under Tilghman, Princeton Adds Students, Battles Suits, Takes on the Eating Clubs», *Wall Street Journal*, 17 de julio de 2006.

23. En 1998 presenté una versión de estas dos objeciones a la mercantilización en mis Tanner Lectures en el Brasenose College, Universidad de Oxford. En esta sección ofrezco una versión revisada de aquel planteamiento. Véase Michael J. Sandel, «What Money Can't Buy», en Grethe B. Peterson, ed., *The Tanner Lectures on Human Values*, vol. 21, University of Utah Press, Salt Lake City, 2000, pp. 87-122.

24. Bruno S. Frey, Felix Oberholzer-Gee y Reiner Eichenberger, «The Old Lady Visits Your Backyard: A Tale of Morals and Markets», *Journal of Political Economy* 104, n.º 6 (diciembre de 1996), pp. 1.297-1.313; Bruno

S. Frey y Felix Oberholzer-Gee, «The Cost of Price Incentives: An Empirical Analysis of Motivation Crowding-Out», *American Economic Review* 87, n.º 4 (septiembre de 1997), pp. 746-755. Véase también Bruno S. Frey, *Not Just for the Money: An Economic Theory of Personal Motivation*, Edward Elgar Publishing, Cheltenham, UK, 1997, pp. 67-78.

25. Frey, Oberholzer-Gee y Eichenberger, «The Old Lady Visits Your Backyard», pp. 1.300 y 1.307; Frey y Oberholzer-Gee, «The Cost of Price Incentives», p. 750. Las sumas ofrecidas iban de los 2.175 a los 8.700 dólares al año por toda la vida de la instalación. Los ingresos medios mensuales de los encuestados eran de 4.565 dólares. Howard Kunreuther y Doug Easterling, «The Role of Compensation in Siting Hazardous Facilities», *Journal of Policy Analysis and Management* 15, n.º 4 (otoño de 1996), pp. 606-608.

26. Frey, Oberholzer-Gee y Eichenberger, «The Old Lady Visits Your Backyard», p. 1.306.

27. Frey y Oberholzer-Gee, «The Cost of Price Incentives», p. 753.

28. Kunreuther y Easterling, «The Role of Compensation in Siting Hazardous Facilities», pp. 615-619; Frey, Oberholzer-Gee y Eichenberger, «The Old Lady Visits Your Backyard», p. 1.301. Para un argumento favorable a la compensación económica, véase Michael O'Hare, «"Not on *My* Block You Don't": Facility Siting and the Strategic Importance of Compensation», *Public Policy* 25, n.º 4 (otoño de 1977), pp. 407-458.

29. Carol Mansfield, George L. Van Houtven y Joel Huber, «Compensating for Public Harms: Why Public Goods Are Preferred to Money», *Land Economics* 78, n.º 3 (agosto de 2002), pp. 368-389.

30. Uri Gneezy y Aldo Rustichini, «Pay Enough or Don't Pay at All», *Quarterly Journal of Economics* (agosto de 2000), pp. 798-799.

31. *Ibid.*, pp. 799-803.

32. *Ibid.*, pp. 802-807.

33. Uri Gneezy y Aldo Rustichini, «A Fine Is a Price», *Journal of Legal Studies* 29, n.º 1 (enero de 2000), pp. 1-17.

34. Fred Hirsch, *The Social Limits to Growth*, Harvard University Press, Cambridge, MA, 1976, pp. 87, 92 y 93.

35. Dan Ariely, *Predictably Irrational*, edición revisada, Harper, Nueva York, 2010, pp. 75-102 (hay trad. cast.: *Las trampas del deseo: cómo controlar los impulsos irracionales que nos llevan al error*, Ariel, Barcelona, 2008); James Heyman y Dan Ariely, «Effort for Payment», *Psychological Science* 15, n.º 11 (2004), pp. 787-793.

36. Una exposición general con análisis de 128 estudios sobre los efectos de las recompensas extrínsecas sobre motivaciones intrínsecas puede verse en Edward L. Deci, Richard Koestner y Richard M. Ryan, «A Meta-Analytic Review of Experiments Examining the Effects of Extrinsic Rewards on Intrinsic Motivation», *Psychological Bulletin* 125, n.° 6 (1999), pp. 627-668.

37. Bruno S. Frey y Reto Jegen, «Motivation Crowding Theory», *Journal of Economic Surveys* 15, n.° 5 (2001), p. 590. Véase también Maarten C. W. Janssen y Ewa Mendys-Kamphorst, «The Price of a Price: On the Crowding Out and In of Social Norms», *Journal of Economic Behavior & Organization* 55 (2004), pp. 377-395.

38. Richard M. Titmuss, *The Gift Relationship: From Human Blood to Social Policy*, Pantheon, Nueva York, 1971, pp. 231-232.

39. *Ibid.*, pp. 134-135 y 277.

40. *Ibid.*, pp. 223-224 y 177.

41. *Ibid.*, p. 224.

42. *Ibid.*, pp. 255, 270-274 y 277.

43. Kenneth J. Arrow, «Gifts and Exchanges», *Philosophy & Public Affairs* 1, n.° 4 (verano de 1972), pp. 343-362. Una penetrante réplica a Arrow puede verse en Peter Singer, «Altruism and Commerce: A Defense of Titmuss Against Arrow», *Philosophy & Public Affairs* 2 (primavera de 1973), pp. 312-320.

44. Arrow, «Gifts and Exchanges», pp. 349-350.

45. *Ibid.*, p. 351.

46. *Ibid.*, pp. 354-355.

47. Sir Dennis H. Robertson, «What Does the Economist Economize?», Columbia University, mayo de 1954, reimpreso en Dennis H. Robertson, *Economic Commentaries*, Greenwood Press, Westport, CT, 1978 [1956], p. 148.

48. *Ibidem*.

49. *Ibid.*, p. 154.

50. Aristóteles, *Ética a Nicómaco*, Libro II, capítulo 1 [1.103a, 1.103b].

51. Jean-Jacques Rousseau, *Du contract social*, libro III, cap. 15 (hay trad. cast.: *Del contrato social*, Alianza, Madrid, 2012).

52. Lawrence H. Summers, «Economics and Moral Questions», Morning Prayers, Iglesia Conmemorativa, 15 de septiembre de 2003, reimpreso en *Harvard Magazine*, noviembre-diciembre de 2003, www.harvard.edu/president/speeches/summers_2003/prayer.php.

4. Mercados de la vida y de la muerte

1. Associated Press, «Woman Sues over Store's Insurance Policy», 7 de diciembre de 2002; Sarah Schweitzer, «A Matter of Policy: Suit Hits Wal-Mart Role as Worker Life Insurance Beneficiary», *Boston Globe*, 10 de diciembre de 2002.

2. Associated Press, «Woman Sues over Store's Insurance Policy».

3. Schweitzer, «A Matter of Policy».

4. *Ibidem.*

5. Ellen E. Schultz y Theo Francis, «Valued Employees: Worker Dies, Firm Profits—Why?», *Wall Street Journal*, 19 de abril de 2002.

6. *Ibidem;* Theo Francis y Ellen E. Schultz, «Why Secret Insurance on Employees Pays Off», *Wall Street Journal*, 25 de abril de 2002.

7. Ellen E. Schultz y Theo Francis, «Why Are Workers in the Dark?», *Wall Street Journal*, 24 de abril de 2002.

8. Theo Francis y Ellen E. Schultz, «Big Banks Quietly Pile Up "Janitors Insurance"», *Wall Street Journal*, 2 de mayo de 2002; Ellen E. Schulz y Theo Francis, «Death Benefit: How Corporations Built Finance Tool Out of Life Insurance», *Wall Street Journal*, 30 de diciembre de 2002.

9. Schultz y Francis, «Valued Employees»; Schultz y Francis, «Death Benefit».

10. Schultz y Francis, «Death Benefit»; Ellen E. Schultz, «Banks Use Life Insurance to Fund Bonuses», *Wall Street Journal*, 20 de mayo de 2009.

11. Ellen E. Schultz y Theo Francis, «How Life Insurance Morphed Into a Corporate Finance Tool», *Wall Street Journal*, 30 de diciembre de 2002.

12. *Ibidem.*

13. Schultz y Francis, «Valued Employees».

14. Las deducciones relacionadas con los seguros de vida cuestan a los contribuyentes 1.900 millones al año en ingresos perdidos, según se estimó al hacer los presupuestos federales de 2003. Véase Theo Francis, «Workers' Lives: Best Tax Break?», *Wall Street Journal*, 19 de febrero de 2003.

15. En esta sección reproduzco partes de mi artículo titulado «You Bet Your Life», *New Republic*, 7 de septiembre de 1998.

16. Palabras de William Scott Page citadas en Helen Huntley, «Turning Profit, Helping the Dying», *St. Petersburg Times*, 25 de enero de 1998.

17. David W. Dunlap, «AIDS Drugs Alter an Industry's Math: Recalculating Death-Benefit Deals», *New York Times*, 30 de julio de 1996; Marcia

Vickers, «For "Death Futures", the Playing Field Is Slippery», *New York Times*, 27 de abril de 1997.

18. Stephen Rae, «AIDS: Still Waiting», *New York Times Magazine*, 19 de julio de 1998.

19. Palabras de William Kelley citadas en «Special Bulletin: Many Viatical Settlements Exempt from Federal Tax», Viatical Association of America, octubre de 1997, citado en Sandel, «You Bet Your Life».

20. Molly Ivins, «Chisum Sees Profit in AIDS Deaths», *Austin American-Statesman*, 16 de marzo de 1994. Véase también Leigh Hop, «AIDS Sufferers Swap Insurance for Ready Cash», *Houston Post*, 1 de abril de 1994.

21. Charles LeDuff, «Body Collector in Detroit Answers When Death Calls», *New York Times*, 18 de septiembre de 2006.

22. John Powers, «End Game», *Boston Globe*, 8 de julio de 1998; Mark Gollom, «Web "Death Pools" Make a Killing», *Ottawa Citizen*, 15 de febrero de 1998; Marianne Costantinou, «Ghoul Pools Bet on Who Goes Next», *San Francisco Examiner*, 22 de febrero de 1998.

23. Victor Li, «Celebrity Death Pools Make a Killing», Columbia News Service, 26 de febrero de 2010, http://columbianewsservice.com/2010/02/celebrity-death-pools-make-a-killing/; http://stiffs.com/blog/rules/.

24. Laura Pedersen-Pietersen, «The Ghoul Pool: Morbid, Tasteless, and Popular», *New York Times*, 7 de junio de 1998; Bill Ward, «Dead Pools: Dead Reckoning», *Minneapolis Star Tribune*, 3 de enero de 2009. Pueden encontrarse listas actualizadas de celebridades en http://stiffs.com/stats y www.ghoulpool.us/?page_id=571. Gollom, «Web "Death Pools" Make a Killing»; Costantinou, «Ghoul Pools Bet on Who Goes Next».

25. Pedersen-Pietersen, «The Ghoul Pool».

26. www.deathbeeper.com/; palabras de Bakst citadas en Ward, «Dead Pools: Dead Reckoning».

27. Geoffrey Clark, *Betting on Lives: The Culture of Life Insurance in England, 1695-1775*, Manchester University Press, Manchester, 1999, pp. 3-10; Roy Kreitner, *Calculating Promises: The Emergence of Modern American Contract Doctrine*, Stanford University Press, Stanford, 2007, pp. 97-104; Lorraine J. Daston, «The Domestication of Risk: Mathematical Probability and Insurance 1650-1830», en Lorenz Kruger, Lorraine J. Daston y Michael Heidelberger, eds., *The Probabilistic Revolution*, vol. 1, MIT Press, Cambridge, MA, 1987, pp. 237-260.

28. Clark, *Betting on Lives*, pp. 3-10; Kreitner, *Calculating Promises*, pp. 97-104; Daston, «The Domestication of Risk»; Viviana A. Rotman Zelizer, *Morals & Markets: The Development of Life Insurance in the United States*, Columbia University Press, Nueva York, 1979, pp. 38 (donde cita al magistrado francés Emerignon) y 33.

29. Clark, *Betting on Lives*, pp. 8-10 y 13-27.

30. Kreitner, *Calculating Promises*, pp. 126-129.

31. Clark, *Betting on Lives*, pp. 44-53.

32. *Ibid.*, p. 50; Zelizer, *Morals & Markets*, p. 69, donde cita a John Francis, *Annals, Anecdotes, and Legends*, Longman, Brown, Green, and Longmans, Londres, 1853, p. 144.

33. Ley de Seguros de 1774, cap. 48 14 Geo 3, www.legislation.gov.uk/apgb/Geo3/14/48/introduction; Clark, *Betting on Lives*, pp. 9, 22, 34-35 y 52-53.

34. Zelizer, *Morals & Markets*, pp. 30 y 43. Véanse también, en general, las pp. 91-112 y 119-147.

35. *Ibid.*, p. 62.

36. *Ibid.*, p. 108.

37. *Ibid.*, p. 124.

38. *Ibid.*, pp. 146-147.

39. *Ibid.*, pp. 71-72; Kreitner, *Calculating Promises*, pp. 131-146.

40. *Grigsby v. Russell*, 222 U.S. 149 (1911), p. 154. Véase Kreitner, *Calculating Promises*, pp. 140-142.

41. *Grigsby v. Russell*, pp. 155-156.

42. Carl Hulse, «Pentagon Prepares a Futures Market on Terror Attacks», *New York Times*, 29 de julio de 2003; Carl Hulse, «Swiftly, Plan for Terrorism Futures Market Slips into Dustbin of Ideas», *New York Times*, 29 de julio de 2003.

43. Ken Guggenheim, «Senators Say Pentagon Plan Would Allow Betting on Terrorism, Assassination», Associated Press, 28 de julio de 2003; Josh Meyer, «Trading on the Future of Terror: A Market System Would Help Pentagon Predict Turmoil», *Los Angeles Times*, 29 de julio de 2003.

44. Bradley Graham y Vernon Loeb, «Pentagon Drops Bid for Futures Market», *Washington Post*, 30 de julio de 2003; Hulse, «Swiftly, Plan for Terrorism Futures Market Slips into Dustbin of Ideas».

45. Guggenheim, «Senators Say Pentagon Plan Would Allow Betting on Terrorism, Assassination»; Meyer, «Trading on the Future of Terror»;

Robert Schlesinger, «Plan Halted for a Futures Market on Terror», *Boston Globe*, 30 de julio de 2003; Graham y Loeb, «Pentagon Drops Bid for Futures Market».

46. Hulse, «Pentagon Prepares a Futures Market on Terror Attacks».

47. Hal R. Varian, «A Market in Terrorism Indicators Was a Good Idea; It Just Got Bad Publicity», *New York Times*, 31 de julio de 2003; Justin Wolfers y Eric Zitzewitz, «The Furor over "Terrorism Futures"», *Washington Post*, 31 de julio de 2003.

48. Michael Schrage y Sam Savage, «If This Is Harebrained, Bet on the Hare», *Washington Post*, 3 de agosto de 2003; Noam Scheiber, «Futures Markets in Everything», *New York Times Magazine*, 14 de diciembre de 2003, p. 117; Floyd Norris, «Betting on Terror: What Markets Can Reveal», *New York Times*, 3 de agosto de 2003; Mark Leibovich, «George Tenet's "Slam-Dunk" into the History Books», *Washington Post*, 4 de junio de 2004.

49. Schrage y Savage, «If This Is Harebrained». Véanse también Kenneth Arrow *et al.*, «The Promise of Prediction Markets», *Science* 320 (16 de mayo de 2008), pp. 877-878; Justin Wolfers y Eric Zitzewitz, «Prediction Markets», *Journal of Economic Perspectives* 18 (primavera de 2004), pp. 107-126; Reuven Brenner, «A Safe Bet», *Wall Street Journal*, 3 de agosto de 2003.

50. Sobre las limitaciones de los mercados en sus predicciones, véase Joseph E. Stiglitz, «Terrorism: There's No Futures in It», *Los Angeles Times*, 31 de julio de 2003. Para una defensa de los mismos, véanse Adam Meirowitz y Joshua A. Tucker, «Learning from Terrorism Markets», *Perspectives on Politics* 2 (junio de 2004), y James Surowiecki, «Damn the Slam PAM Plan!», *Slate*, 30 de julio de 2003, www.slate.com/articles/news_and_politics/hey_wait_a_minute/2003/07/damn_the_slam_pam_plan.html. Para una exposición general, véase Wolfers y Zitzewitz, «Prediction Markets».

51. Palabras de Robin D. Hanson, un economista de la Universidad George Mason, citadas en David Glenn, «Defending the "Terrorism Futures" Market», *Chronicle of Higher Education*, 15 de agosto de 2003.

52. Liam Pleven y Rachel Emma Silverman, «Cashing In: An Insurance Man Builds a Lively Business in Death», *Wall Street Journal*, 26 de noviembre de 2007.

53. *Ibidem*; www.coventry.com/about-coventry/index.asp.

54. www.coventry.com/life-settlement-overview/secondary-market.asp.

55. Véase Susan Lorde Martin, «Betting on the Lives of Strangers: Life Settlements, STOLI, and Securitization», *University of Pennsylvania Journal of Business Law* 13 (otoño de 2010), p. 190. El porcentaje de pólizas canceladas en 2008 fue del 38 por ciento, según el *ACLI Life Insurers Fact Book*, 8 de diciembre de 2009, p. 69, citado en Martin.

56. Mark Maremont y Leslie Scism, «Odds Skew Against Investors in Bets on Strangers' Lives», *Wall Street Journal*, 21 de diciembre de 2010.

57. *Ibidem*; Mark Maremont, «Texas Sues Life Partners», *Wall Street Journal*, 30 de julio de 2011.

58. Maria Woehr, «"Death Bonds" Look for New Life», The Street, 1 de junio de 2011, www.thestreet.com/story/11135581/1/death-bonds-look-for-new-life.html.

59. Charles Duhigg, «Late in Life, Finding a Bonanza in Life Insurance», *New York Times*, 17 de diciembre de 2006.

60. *Ibidem*.

61. *Ibidem*.

62. Leslie Scism, «Insurers Sued Over Death Bets», *Wall Street Journal*, 2 de enero de 2011; Leslie Scism, «Insurers, Investors Fight Over Death Bets», *Wall Street Journal*, 9 de julio de 2011.

63. Pleven y Silverman, «Cashing In».

64. *Ibidem*. Las citas proceden de la página web de la Asociación Institucional de Mercados de Seguros de Vida, www.lifemarketsassociation.org/.

65. Martin, «Betting on the Lives of Strangers», pp. 200-206.

66. Testimonio de Doug Head, director ejecutivo de Life Insurance Settlement Association, en la conferencia de la Florida Office of Insurance Regulation Informational, 28 de agosto de 2008, www.floir.com/site Documents/LifeInsSettlementAssoc.pdf.

67. Jenny Anderson, «Wall Street Pursues Profit in Bundles of Life Insurance», *New York Times*, 6 de septiembre de 2009.

68. *Ibidem*.

69. *Ibidem*.

70. Leslie Scism, «AIG Tries to Sell Death-Bet Securities», *Wall Street Journal*, 22 de abril de 2011.

5. DERECHOS DE DENOMINACIÓN

1. El sueldo de Killebrew en 1969 está recogido en el Baseball Almanac, www.baseball-almanac.com/players/player.php?p=killeha01.

2. Tyler Kepner, «Twins Give Mauer 8-Year Extension for $184 Million», *New York Times*, 21 de marzo de 2010; http://espn.go.com/espn/thelife/salary/index?athle teID=5018022.

3. Los precios de las entradas para los Twins en 2012 figuran en http://minnesota.twins.mlb.com/min/ticketing/season-ticket_prices.jsp; y los precios de las entradas para lo Yankees en 2012 en http://newyork.yankees.mlb.com/nyy/ballpark/seating_pricing.jsp.

4. Rita Reif, «The Boys of Summer Play Ball Forever, for Collectors», *New York Times*, 17 de febrero de 1991.

5. Michael Madden, «They Deal in Greed», *Boston Globe*, 26 de abril de 1986; Dan Shaughnessy, «A Card-Carrying Hater of These Types of Shows», *Boston Globe*, 17 de marzo de 1997; Steven Marantz, «The Write Stuff Isn't Cheap», *Boston Globe*, 12 de febrero de 1989.

6. E. M. Swift, «Back Off!», *Sports Illustrated*, 13 de agosto de 1990.

7. Sabra Chartrand, «When the Pen Is Truly Mighty», *New York Times*, 14 de julio de 1995; Shaughnessy, «A Card-Carrying Hater of These Types of Shows».

8. Fred Kaplan, «A Grand-Slam Bid for McGwire Ball», *Boston Globe*, 13 de enero de 1999; Ira Berkow, «From "Eight Men Out" to EBay: Shoeless Joe's Bat», *New York Times*, 25 de julio de 2001.

9. Daniel Kadlec, «Dropping the Ball», *Time*, 8 de febrero de 1999.

10. Rick Reilly, «What Price History?», *Sports Illustrated*, 12 de julio de 1999; Kadlec, «Dropping the Ball».

11. Joe Garofoli, «Trial Over Bonds Ball Says It All–About Us», *San Francisco Chronicle*, 18 de noviembre de 2002; Dean E. Murphy, «Solomonic Decree in Dispute Over Bonds Ball», *New York Times*, 19 de diciembre de 2002; Ira Berkow, «73d Home Run Ball Sells for $450,000», *New York Times*, 26 de junio de 2003.

12. John Branch, «Baseball Fights Fakery With an Army of Authenticators», *New York Times*, 21 de abril de 2009.

13. Paul Sullivan, «From Honus to Derek, Memorabilia Is More Than Signed Bats», *New York Times*, 15 de julio de 2011; Richard Sandomir, «Jeter's Milestone Hit Is Producing a Run on Merchandise», *New York Ti-*

mes, 13 de julio de 2011; Richard Sandomir, «After 3,000, Even Dirt Will Sell», *New York Times*, 21 de junio de 2011.

14. www.peterose.com.

15. Alan Goldenbach, «Internet's Tangled Web of Sports Memorabilia», *Washington Post*, 18 de mayo de 2002; Dwight Chapin, «Bizarre Offers Have Limited Appeal», *San Francisco Chronicle*, 22 de mayo de 2002.

16. Richard Sandomir, «At (Your Name Here) Arena, Money Talks», *New York Times*, 2004; David Biderman, «The Stadium-Naming Game», *Wall Street Journal*, 3 de febrero de 2010.

17. Sandomir, «At (Your Name Here) Arena, Money Talks»; Rick Horrow y Karla Swatek, «Quirkiest Stadium Naming Rights Deals:What's in a Name?», *Bloomberg Businessweek*, 10 de septiembre de 2010, http://images.businessweek.com/ss/09/10/1027_quirkiest_stadium_naming_rights_deals/1.htm; Evan Buxbaum, «Mets and the Citi: $400 Million for Stadium-Naming Rights Irks Some», CNN, 13 de abril de 2009, http://articles.cnn.com/2009-04-13/us/mets.ballpark_1_citi-field-mets-home-stadium-naming?_s=PM:US.

18. Chris Woodyard, «Mercedes-Benz Buys Naming Rights to New Orleans' Superdome», *USA Today*, 3 de octubre de 2011; Brian Finkel, «MetLife Stadium's $400 Million Deal», *Bloomberg Businessweek*, 22 de agosto de 2011, http://images.businessweek.com/slideshows/20110822/nfl-stadiums-with-the-most-expensive-naming-rights/.

19. Sandomir, «At (Your Name Here) Arena, Money Talks», donde se citan las declaraciones de Dean Bonham, un ejecutivo de marketing deportivo, sobre el número y el valor de los acuerdos en derechos de denominación.

20. Bruce Lowitt, «A Stadium by Any Other Name?», *St. Petersburg Times*, 31 de agosto de 1996; Alan Schwarz, «Ideas and Trends: Going, Going,Yawn:Why Baseball Is Homer Happy», *New York Times*, 10 de octubre de 1999.

21. «New York Life Adds Seven Teams to the Scoreboard of Major League Baseball Sponsorship Geared to "Safe" Calls», comunicado de prensa de New York Life, 19 de mayo de 2011, www.newyorklife.com/nyl/v/index.jsp?vgnextoid=c4fbd4d392e10310VgnVCM100000ac841cacRCRD.

22. Scott Boeck, «Bryce Harper's Minor League At-Bats Sponsored by Miss Utility», *USA Today*, 16 de marzo de 2011; Emma Span, «Ad Nau-

seum», Baseball Prospectus, 29 de marzo de 2011, www.baseballprospectus. com/article.php?articleid=13372.

23. Darren Rovell, «Baseball Scales Back Movie Promotion», ESPN. com, 7 de mayo de 2004, http://sports.espn.go.com/espn/sportsbusiness/ news/story?id=1796765.

24. En este y los siguientes parágrafos reproduzco textos de mi artículo «Spoiled Sports», New Republic, 25 de mayo de 1998.

25. Tom Kenworthy, «Denver Sports Fans Fight to Save Stadium's Name», USA Today, 27 de octubre de 2000; Cindy Brovsky, «We'll Call It Mile High», Denver Post, 8 de agosto de 2001; David Kesmodel, «Invesco Ready to Reap Benefits: Along with P.R., Firm Gets Access to Broncos», Rocky Mountain News, 14 de agosto de 2001; Michael Janofsky, «Denver Newspapers Spar Over Stadium's Name», New York Times, 23 de agosto de 2001.

26. Jonathan S. Cohn, «Divided the Stands: How Skyboxes Brought Snob Appeal to Sports», Washington Monthly, diciembre de 1991; Frank Deford, «Seasons of Discontent», Newsweek, 29 de diciembre de 1997; Robert Bryce, «Separation Anxiety», Austin Chronicle, 4 de octubre de 1996.

27. Richard Schmalbeck y Jay Soled, «Throw Out Skybox Tax Subsidies», New York Times, 5 de abril de 2010; Russell Adams, «So Long to the Suite Life», Wall Street Journal, 17 de febrero de 2007.

28. Robert Bryce, «College Skyboxes Curb Elbow-to-Elbow Democracy», New York Times, 23 de septiembre de 1996; Joe Nocera, «Skybox U.», New York Times, 28 de octubre de 2007; Daniel Golden, «Tax Breaks for Skyboxes», Wall Street Journal, 27 de diciembre de 2006.

29. John U. Bacon, «Building—and Building on—Michigan Stadium», Michigan Today, 8 de septiembre de 2010, http://michigantoday. umich.edu/story.php?id=7865; Nocera, «Skybox U».

30. www.savethebighouse.com/index.html.

31. «Michigan Stadium Suite and Seats Sell Slowly, Steadily in Sagging Economy», Associated Press, 12 de febrero de 2010, www.annarbor. com/sports/um-football/michigan-stadium-suite-and-seats-sell-slowly-steadily-in-sagging-economy/.

32. Adam Sternbergh, «Billy Beane of "Moneyball" Has Given Up on His Own Hollywood Ending», New York Times Magazine, 21 de septiembre de 2011.

33. Ibidem; Allen Barra, «The "Moneyball" Myth», Wall Street Journal, 22 de septiembre de 2011.

34. Rector Lawrence H. Summers, «Fourth Annual Marshall J. Seidman Lecture on Health Policy», Boston, 27 de abril de 2004, www.harvard.edu/president/speeches/summers_2004/seidman.php .

35. Jahn K. Hakes y Raymond D. Sauer, «An Economic Evaluation of the Moneyball Hypothesis», *Journal of Economic Perspectives* 20 (verano de 2006), pp. 173-85; Tyler Cowen y Kevin Grier, «The Economics of Moneyball», *Grantland*, 7 de diciembre de 2011, www.grantland.com/story/_/id/7328539/the-economics-moneyball.

36. Cowen y Grier, «The Economics of *Moneyball*».

37. Richard Tomkins, «Advertising Takes Off», *Financial Times*, 20 de julio de 2000; Carol Marie Cropper, «Fruit to Walls to Floor, Ads Are on the March», *New York Times*, 26 de febrero de 1998; David S. Joachim, «For CBS's Fall Lineup, Check Inside Your Refrigerator», *New York Times*, 17 de julio de 2006.

38. Steven Wilmsen, «Ads Galore Now Playing at a Screen Near You», *Boston Globe*, 28 de marzo de 2000; John Holusha, «Internet News Screens: A New Haven for Elevator Eyes», *New York Times*, 14 de junio de 2000; Caroline E. Mayer, «Ads Infinitum: Restrooms, ATMs, Even Fruit Become Sites for Commercial Messages», *Washington Post*, 5 de febrero de 2000.

39. Lisa Sanders, «More Marketers Have to Go to the Bathroom», *Advertising Age*, 20 de septiembre de 2004; «Restroom Advertising Companies Host Annual Conference in Vegas», nota de prensa, 19 de octubre de 2011, http://indooradvertising.org/pressroom.shtml.

40. David D. Kirkpatrick, «Words From Our Sponsor: A Jeweler Commissions a Novel», *New York Times*, 3 de septiembre de 2001; Martin Arnold, «Placed Products, and Their Cost», *New York Times*, 13 de septiembre de 2001.

41. Kirkpatrick, «Words From Our Sponsor»; Arnold, «Placed Products, and Their Cost».

42. Un ejemplo reciente de libro electrónico con propaganda viene descrito en Erica Orden, «This Book Brought to You by...», *Wall Street Journal*, 26 de abril de 2011; Stu Woo, «Cheaper Kindle in Works, But It Comes With Ads», *Wall Street Journal*, 12 de abril de 2011. En enero de 2012, Amazon vendió el Kindle Touch «con ofertas especiales» por 99 dólares, y «sin ofertas especiales» por 139 dólares, www.amazon.com/gp/product/B005890G8Y/ref=famstripekt.

43. Eric Pfanner, «At 30,000 Feet, Finding a Captive Audience for Advertising», *New York Times*, 27 de agosto de 2007; Gary Stoller, «Ads Add Up for Airlines, but Some Fliers Say It's Too Much», *USA Today*, 19 de octubre de 2011.

44. Andrew Adam Newman, «Your Ad Here on My S.U.V., and You'll Pay?», *New York Times*, 27 de agosto de 2007; www.myfreecar.com/.

45. Allison Linn, «A Colorful Way to Avoid Foreclosure», MSNBC, 7 de abril de 2001, http://lifeinc/today/msnbc/msn.com/_news/2011/04/07/6420648-a-colorful-way-to-avoid-foreclosure; Seth Fiegerman, «The New Product Placement», The Street, 28 de mayo de 2011, www.thestreet.com/story/11136217/1/the-new-product-placement.html?cm_ven=GOOGLEN. La compañía ha cambiado su nombre por Godialing: www.godialing.com/paintmyhouse.php.

46. Steve Rubenstein, «$5.8 Million Tattoo: Sanchez Family Counts the Cost of Lunch Offer», *San Francisco Chronicle*, 14 de abril de 1999.

47. Erin White, «In-Your-Face Marketing: Ad Agency Rents Foreheads», *Wall Street Journal*, 11 de febrero de 2003.

48. Andrew Adam Newman, «The Body as Billboard: Your Ad Here», *New York Times*, 18 de febrero de 2009.

49. Aaron Falk, «Mom Sells Face Space for Tattoo Advertisement», *Deseret Morning News*, 30 de junio de 2005.

50. Noticias tomadas de Commercial Alert, de Ralph Nader: «Nader Starts Group to Oppose the Excesses of Marketing, Advertising and Commercialism», 8 de septiembre de 1998, www.commercialalert.org/issues/culture/ad-creep/nader-starts-group-to-oppose-the-excesses-of-marketing-advertising-and-commercialism; Micah M. White, «Toxic Culture: A Unified Theory of Mental Pollution», *Adbusters* #96, 20 de junio de 2011, www.adbusters.org/magazine/96/unified-theory-mental-pollution.html; palabras de la compradora citadas en Cropper, «Fruit to Walls to Floor, Ads Are on the March»; palabras del ejecutivo de publicidad citadas en Skip Wollenberg, «Ads Turn Up in Beach Sand, Cash Machines, Bathrooms», Associated Press, 25 de mayo de 1999. Véanse en general la revista *Adbusters*, www.adbusters.org/magazine; Kalle Lasn, *Culture Jam: The Uncooling of America*, Morrow, Nueva York, 1999, y Naomi Klein, *No Logo: Taking Aim at the Brand Bullies*, Picador, Nueva York, 2000 (hay trad. cast.: *No logo: el poder de las marcas*, Paidós Ibérica, Barcelona, 2002).

51. Walter Lippmann, *Drift and Mastery: An Attempt to Diagnose the Current Unrest*, Mitchell Kennerley, Nueva York, 1914, p. 68.

52. Para un estudio sobre estos graneros acompañado de interesantes fotografías, véase William G. Simmonds, *Advertising Barns: Vanishing American Landmarks*, MBI Publishing, St. Paul, MN, 2004.

53. Janet Kornblum, «A Brand-New Name for Daddy's Little eBaby», *USA Today*, 26 de julio de 2001; Don Oldenburg, «Ringing Up Baby: Companies Yawned at Child Naming Rights, but Was It an Idea Ahead of Its Time?», *Washington Post*, 11 de septiembre de 2001.

54. Joe Sharkey, «Beach-Blanket Babel», *New York Times*, 5 de julio de 1998; Wollenberg, «Ads Turn Up in Beach Sand, Cash Machines, Bathrooms».

55. David Parrish, «Orange County Beaches Might Be Ad Vehicle for Chevy», *Orange County Register*, 16 de julio de 1998; Shelby Grad, «This Beach Is Being Brought to You by...», *Los Angeles Times*, 22 de julio de 1998; Harry Hurt III, «Parks Brought to You by...», *U.S. News & World Report*, 11 de agosto de 1997; Melanie Wells, «Advertisers Link Up with Cities», *USA Today*, 28 de mayo de 1997.

56. Verne G. Kopytoff, «Now, Brought to You by Coke (or Pepsi): Your City Hall», *New York Times*, 29 de noviembre de 1999; Matt Schwartz, «Proposed Ad Deals Draw Critics», *Houston Chronicle*, 26 de enero de 2002.

57. Terry Lefton, «Made in New York: A Nike Swoosh on the Great Lawn?», *Brandweek*, 8 de diciembre de 2003; Gregory Solman, «Awarding Keys to the Newly Sponsored City: Private/Public Partnerships Have Come a Long Way», *Adweek*, 22 de septiembre de 2003.

58. Carey Goldberg, «Bid to Sell Naming Rights Runs Off Track in Boston», *New York Times*, 9 de marzo de 2001; Michael M. Grynbaum, «M.T.A. Sells Naming Rights to Subway Station», *New York Times*, 24 de junio de 2009; Robert Klara, «Cities for Sale», *Brandweek*, 9 de marzo de 2009.

59. Paul Nussbaum, «SEPTA Approves Changing Name of Pattison Station to AT&T», *Philadelphia Inquirer*, 25 de junio de 2010.

60. Cynthia Roy, «Mass. Eyes Revenue in Park Names», *Boston Globe*, 6 de mayo de 2003; «On Wal-Mart Pond?», *Boston Globe*, editorial del 15 de mayo de 2003.

61. Ianthe Jeanne Dugan, «A Whole New Name Game», *Wall Street Journal*, 6 de diciembre de 2010; Jennifer Rooney, «Government Solutions Group Helps Cash-Strapped State Parks Hook Up with Corporate Spon-

sor Dollars», *Advertising Age*, 14 de febrero de 2011; «Billboards and Parks Don't Mix», *Los Angeles Times*, editorial del 3 de diciembre de 2011.

62. Fred Grimm, «New Florida State Motto:"This Space Available"», *Miami Herald*, 1 de octubre de 2011; Rooney, «Government Solutions Group Helps Cash-Strapped State Parks Hook Up with Corporate Sponsor Dollars».

63. Daniel B. Wood, «Your Ad Here: Cop Cars as the Next Billboards», *Christian Science Monitor*, 3 de octubre de 2002; Larry Copeland, «Cities Consider Ads on Police Cars», *USA Today*, 30 de octubre de 2002; Jeff Holtz, «To Serve and Persuade», *New York Times*, 9 de febrero de 2003.

64. Holtz, «To Serve and Persuade»; «Reject Police-Car Advertising», *Charleston (South Carolina) Post and Courier*, editorial del 29 de noviembre de 2002; «A Creepy Commercialism», *Hartford Courant*, editorial del 28 de enero de 2003.

65. «Reject Police-Car Advertising»; «A Creepy Commercialism»; «A Badge, a Gun–and a Great Deal on Vinyl Siding», *Roanoke (Virginia) Times & World News*, editorial del 29 de noviembre de 2002; «To Protect and to Sell», *Toledo Blade*, editorial del 6 de noviembre de 2002; Leonard Pitts Jr., «Don't Let Cop Cars Become Billboards», *Baltimore Sun*, 10 de noviembre de 2002.

66. Holtz, «To Serve and Persuade»; Wood, «Your Ad Here».

67. Helen Nowicka, «A Police Car Is on Its Way», *Independent* (Londres), 8 de septiembre de 1996; Stewart Tendler, «Police Look to Private Firms for Sponsorship Cash», *Times* (Londres), 6 de enero de 1997.

68. Kathleen Burge, «Ad Watch: Police Sponsors Put Littleton Cruiser on the Road», *Boston Globe*, 14 de febrero de 2006; Ben Dobbin, «Some Police Agencies Sold on Sponsorship Deals», *Boston Globe*, 26 de diciembre de 2011.

69. Anthony Schoettle, «City's Sponsorship Plan Takes Wing with KFC», *Indianapolis Business Journal*, 11 de enero de 2010.

70. Matthew Spina, «Advertising Company Putting Ads in County Jail», *Buffalo News*, 27 de marzo de 2011.

71. *Ibidem*.

72. Michael J. Sandel, «Ad Nauseum», *New Republic*, 1 de septiembre de 1997; Russ Baker, «Stealth TV», *American Prospect* 12 (12 de febrero de 2001); William H. Honan, «Scholars Attack Public School TV Program», *New York Times*, 22 de enero de 1997; «Captive Kids: A Report on Commercial Pressures on Kids at School», Consumers Union, 1997, www.con-

sumersunion.org/other/captivekids/c1vcnn_chart.htm; Simon Dumenco, «Controversial Ad-Supported In-School News Network Might Be an Idea Whose Time Has Come and Gone», *Advertising Age*, 16 de julio de 2007.

73. Palabras citadas en Baker, «Stealth TV».

74. Jenny Anderson, «The Best School $75 Million Can Buy», *New York Times*, 8 de julio de 2011; Dumenco, «Controversial Ad-Supported In-School News Network Might Be an Idea Whose Time Has Come and Gone»; Mya Frazier, «Channel One: New Owner, Old Issues», *Advertising Age*, 26 de noviembre de 2007; «The End of the Line for Channel One News?», comunicado de prensa, Campaign for a Commercial-Free Childhood, 30 de agosto de 2011, www.commondreams.org/newswire/2011/08/30-0.

75. Deborah Stead, «Corporate Classrooms and Commercialism», *New York Times*, 5 de enero de 1997; Kate Zernike, «Let's Make a Deal: Businesses Seek Classroom Access», *Boston Globe*, 2 de febrero de 1997; Sandel, «Ad Nauseum»; «Captive Kids», www.consumersunion.org/other/captivekids/evaluations.htm; Alex Molnar, *Giving Kids the Business: The Commercialization of American Schools*, Westview Press, Boulder, CO, 1996.

76. Tamar Lewin, «Coal Curriculum Called Unfit for 4th Graders», *New York Times*, 11 de mayo de 2011; Kevin Sieff, «Energy Industry Shapes Lessons in Public Schools», *Washington Post*, 2 de junio de 2011; Tamar Lewin, «Children's Publisher Backing Off Its Corporate Ties», *New York Times*, 31 de julio de 2011.

77. David Shenk, «The Pedagogy of Pasta Sauce», *Harper's*, septiembre de 1995; Stead, «Corporate Classrooms and Commercialism»; Sandel, «Ad Nauseum»; Molnar, *Giving Kids the Business*.

78. Juliet Schor, *Born to Buy: The Commercialized Child and the New Consumer Culture*, Scribner, Nueva York, 2004, p. 21; Bruce Horovitz, «Six Strategies Marketers Use to Get Kids to Want Stuff Bad», *USA Today*, 22 de noviembre de 2006, con citas de James McNeal.

79. Bill Pennington, «Reading, Writing and Corporate Sponsorships», *New York Times*, 18 de octubre de 2004; Tamar Lewin, «In Public Schools, the Name Game as a Donor Lure», *New York Times*, 26 de enero de 2006; Judy Keen, «Wisconsin Schools Find Corporate Sponsors», *USA Today*, 28 de julio de 2006.

80. «District to Place Ad on Report Cards», KUSA-TV, Colorado, 13 de noviembre de 2011, http://origin.9news.com/article/229521/222/

District-to-place-ad-on-report-cards; Stuart Elliott, «Straight A's, With a Burger as a Prize», *New York Times*, 6 de diciembre de 2007; Stuart Elliott, «McDonald's Ending Promotion on Jackets of Children's Report Cards», *New York Times*, 18 de enero de 2008.

81. Catherine Rampell, «On School Buses, Ad Space for Rent», *New York Times*, 15 de abril de 2011; Sandel, «Ad Nauseum»; Christina Hoag, «Schools Seek Extra Cash Through Campus Ads», Associated Press, 19 de septiembre de 2010; Dan Hardy, «To Balance Budgets, Schools Allow Ads», *Philadelphia Inquirer*, 16 de octubre de 2011.

82. «Captive Kids», www.consumersunion.org/other/captivekids/evaluations.htm. En este y en los dos siguientes párrafos reproduzco textos de Sandel, «Ad Nauseum».

83. Prospecto de 4th Annual Kid Power Marketing Conference; palabras citadas en Zernike, «Let's Make a Deal».

Agradecimientos

El origen de este libro queda muy lejano en el tiempo. Desde mis años de estudiante universitario me han intrigado las implicaciones normativas de la economía. Y desde que, poco después de que en 1980 empezara a enseñar en Harvard, he explorado este tema mientras impartía cursos para estudiantes y licenciados sobre la relación entre los mercados y la moral. Durante muchos años he enseñado ética, economía y derecho; he dirigido un seminario en la Facultad de Derecho de Harvard para estudiantes de derecho y doctorados en teoría política, filosofía, economía e historia. Este seminario cubre la mayoría de los temas tratados en este libro, y he aprendido no pocas cosas de muchos estudiantes sobresalientes que han asistido a él.

También he tenido la ventaja de poder impartir cursos junto con colegas de Harvard sobre temas relacionados con este libro. En la primavera de 2005 impartí con Lawrence Summers un curso para estudiantes universitarios sobre la globalización y sus críticos. El curso dio ocasión a una serie de intensos debates sobre los beneficios morales, políticos y económicos de la doctrina del libre mercado aplicada a la globalización. Mi amigo Thomas Friedman, que en sus argumentaciones estuvo con bastante frecuencia de parte de Larry, nos reunió en varias sesiones. Estoy muy agradecido a los dos y también a David Grewal, a la sazón licenciado en teoría política y hoy una promesa del cuerpo docente de la Facultad de Derecho de Yale, donde me educó en historia del pensamiento económico y me ayudó a prepararme para el combate intelectual con Larry y Tom. En la primavera de 2008 impartí un curso para licenciados sobre ética, economía y mercado junto con Amartya Sen y Philippe van Parijs, un filósofo de la Universidad Católica de Lovaina que entonces visitaba Harvard. A pesar de que nuestras opiniones sobre temas políticos eran muy similares, nuestros puntos de vista sobre los mercados divergían considerablemente, y nuestras discusiones fueron muy provechosas para mí. Aunque no impartimos ningún curso juntos, Richard Tuck y yo mantuvimos durante años muchas discusiones sobre economía y teoría política, las cuales siempre me han enriquecido e iluminado.

El curso sobre justicia que impartí a estudiantes también me ha ofrecido oportunidades para explorar los temas de este libro. En diversas ocasiones invité a N. Gregory Mankiw, que imparte en Harvard el curso de introducción a la economía, a sumarse a nuestras discusiones sobre el razonamiento mercantil y el razonamiento moral. Estoy muy agradecido a Greg, cuya presencia nos ilustró, a los estudiantes y a mí, sobre las distintas maneras que los economistas y los filósofos de la política tienen de pensar acerca de cuestiones sociales, económicas y políticas. En un par de ocasiones, mi amigo Richard Posner, pionero en la aplicación del razonamiento económico al derecho, se ha unido a mí en el curso sobre justicia para participar en los debates sobre los límites morales del mercado. Hace unos años, Dick me invitó a reunirme con él y con Gary Becker en una sesión del seminario sobre elección racional que lleva largo tiempo dirigiendo en la Universidad de Chicago, lugar de origen del enfoque económico de todas las cosas. Esta invitación fue para mí una oportunidad única para poner a prueba mis argumentos ante una audiencia cuya fe en el pensamiento mercantil como clave del comportamiento humano era mayor que la mía.

Mi primera formulación del argumento que se convertiría en el presente libro la presenté en las Tanner Lectures sobre valores humanos pronunciadas en 1998 en el Brasenose College de la Universidad de Oxford. Una beca de investigación concedida para el período 2000-2002 por el Carnegie Scholars Program de la Carnegie Corporation de Nueva York me proporcionó un soporte indispensable en las primeras etapas de este proyecto. Estoy sumamente agradecido a Vartan Gregorian, Patricia Rosenfield y Heather McKay por su paciencia, su amabilidad y su firme apoyo. También estoy en deuda con el taller de verano de la Facultad de Derecho de Harvard, donde tuve ocasión de someter partes de este proyecto al criterio de un estimulante grupo de colegas de dicha facultad. En 2009, una invitación de BBC Radio 4 para encargarme de las Reith Lectures me desafió a intentar traducir mis argumentos sobre los límites morales del mercado a un lenguaje accesible a una audiencia no académica. El tema general de las conferencias era «Una nueva ciudadanía», pero dos de las cuatro trataron de los mercados y la moralidad. Debo expresar mi gratitud a Mark Thompson, Mark Damazer, Mohit Bakaya, Gwyneth Williams, Sue Lawley, Sue Ellis y Jim Frank, quienes hicieron que aquella experiencia me resultase sumamente agradable.

En este mi segundo libro con la editorial Farrar, Straus, and Giroux, estoy también en deuda con Jonathan Galassi y su magnífico equipo integrado por Eric Chinski, Jeff Seroy, Katie Freeman, Ryan Chapman, Debra Helfand, Karen Maine, Cynthia Merman y, sobre todo, mi espléndido editor, Paul Elie. En una época en que las presiones de los mercados arrojan largas sombras sobre las empresas dedicadas a la edición, las personas de esta editorial ven en la edición de libros una vocación, y no una simple mercancía. Con ellas coincide mi agente literaria Esther Newberg. Estoy muy agradecido a todas ellas.

Mi mayor deuda la tengo con mi familia. Sentado a la mesa con ella y en los viajes familiares, mis hijos Adam y Aaron estuvieron siempre dispuestos a dar respuestas sagaces y moralmente enfocadas a cualquiera de los nuevos dilemas éticos sobre los mercados que yo exponía. Y siempre mirando, ellos y yo, a Kiku para que nos dijera quién tenía razón. A ella he dedicado este libro con amor.

Índice alfabético